KARL MATTHIAE / WINFRIED THIEL

BIBLISCHE
ZEITTAFELN

NEUKIRCHENER VERLAG

1. Auflage 1985
Neukirchener Verlag des Erziehungsvereins GmbH, Neukirchen-Vluyn
Mit Genehmigung der Evangelischen Verlagsanstalt GmbH. Berlin,© 1985
Alle Rechte vorbehalten
Überzug- und Umschlaggestaltung: Kurt Wolff, Düsseldorf-Kaiserswerth
Titelbild: Felsenfestung Masada
Zeichnung der Karten und Tafel: Sigrid Groß-Kaiser
Satz und Druck: VOB Buch- und Offsetdruck, Leipzig
Printed in the German Democratic Republic
ISBN 3-7887-0795-X

Inhalt

Einleitung

In den biblischen Texten begegnen uns Namen von historischen Persönlichkeiten; es werden Erlasse von Herrschern genannt, der Bau von Städten und Wasseranlagen beschrieben, Kämpfe zwischen Städten und Völkern geschildert und andere Geschehnisse erwähnt. Wir hören hierbei von Ereignissen, die wir auch aus anderen Quellen kennen. Verschiedentlich werden sogar überlieferte Dokumente von Nachbarvölkern durch Aussagen in biblischen Schriften bestätigt und erläutert. Denn das biblische Heilsgeschehen vollzieht sich in der Geschichte.

Für das Verständnis alttestamentlicher und neutestamentlicher Aussagen ist die Kenntnis dieser Dimension wichtig. Eine Beschäftigung mit der Geschichte Israels und seiner Nachbarvölker gehört zum Bibelstudium. Im Anhang von Bibelausgaben wie in theologischen Lehrbüchern finden sich aus diesem Grunde Zeittafeln und Übersichten.

In dieser Veröffentlichung ist Arbeitsmaterial über den geschichtlichen Raum des alttestamentlichen und neutestamentlichen Geschehens zusammengetragen, das dazu beitragen will, Aussagen der Bibel verständlicher zu machen: In einer *synchronoptischen Darstellung* kann die Geschichte des Volkes Israel und seiner Nachbarn bis zu den Anfängen der Kirche – in Zeitbändern nachgezeichnet – mit einem Blick erfaßt werden. Auf einer Anzahl von *Tafeln* sind Überblicke zu einzelnen Themen geboten, vor allem Stammbäume und Dynastien. Bei den *geschichtlichen Abrissen* werden die Hauptlinien der Entwicklung Israels und Judas sowie der Nachbarreiche skizziert. Mehrere *Landkarten* machen mit den damaligen politischen Verhältnissen bekannt.

Für die Ausarbeitung der einzelnen Stücke war die Orientierung an dem biblischen Geschehen bestimmend. Das kommt vor allem bei den synchronoptischen Übersichten zum Ausdruck, die durch ihre umgreifende Darstellung deutlich machen, daß das alttestamentliche und das neutestamentliche Geschehen auch sachlich zusammen gehören und darum zusammen zu sehen sind – entsprechend der Bibel, die als Kanon der Kirche die Schriften des alten und des neuen Bundes umfaßt. Die Erläuterungen zu den verschiedenen Tafeln und Karten geben den Bezug auf einzelne Textstellen an. Hinweise auf außerbiblische Quellen oder Aufnahmen antiker Texte hätten zu weit geführt und den Rahmen des Heftes gesprengt. Denn es galt, eine leicht überschaubare Darstellung zu bringen, was zwangsläufig Beschränkungen auferlegt.

Ein besonderes Problem bilden die Zeitangaben. Die Chronologie des Altertums bereitet große Schwierigkeiten. Je weiter wir in die Geschichte zurückgreifen, desto unsicherer werden die Ansetzungen und sind oft nur noch vermutungsweise möglich. Unterschiedliche chronologische Systeme in den einzelnen Ländern (z. B. seleukidische und ägyptische Zeitrechnung oder Ansetzung des Jahresbeginns im Herbst oder im Frühjahr) komplizieren die Umrechnung in unsere Datierungsweise. Zahlreiche Datenangaben auf den Zeitbändern und Tafeln sind daher nur vermutet, ungefähr angesetzt oder nicht absolut sicher.

Für die hinsichtlich der Datierung besonders problematischen altorientalischen Jahrhunderte wurde, soweit wie möglich, ein relativ geschlossenes chronologisches System zugrunde gelegt, das A. Jepsen erarbeitet hat, vgl. A. Jepsen (Hg.), Von Sinuhe bis Nebukadnezar, Berlin ³1979, 204–218. Bei den Zeitangaben für Ägypten und die anderen Gebiete wurden wissenschaftliche Veröffentlichungen konsultiert. Dabei ist durchweg zu beachten, daß die Jahre eigentlich in gebrochenen Zahlen (z. B. 1012/11) wiedergegeben werden müßten, da der altvorderorientalische Jahresbeginn nicht mit dem unseren übereinstimmt. Um der Übersichtlichkeit willen wurden (mit A. Jepsen) in der Regel glatte Zahlen gewählt.

Die Namen der in der Bibel begegnenden Personen und Orte sind mit wenigen Ausnahmen in der Schreibweise der revidierten Lutherübersetzung (vor 1978) wiedergegeben. In der

Schreibung altorientalischer Namen wurde die bei Jepsen (s. o.) gebräuchliche Form bevorzugt. Ansonsten wurde die allgemein übliche Transkription verwendet, so durchweg bei den griechischen Namen, aber auch bei Namen aus anderen Sprachen. Eine letzte Einheitlichkeit ließ sich hier selbstverständlich nicht erreichen.

Geschichtliche Abrisse einzelner Reiche

Die folgenden »Abrisse« wollen in knapper Form über die Geschichte derjenigen Völker und Staaten informieren, die auf die Geschichte Palästinas in alt- und neutestamentlicher Zeit direkt und indirekt eingewirkt haben. Obwohl der Bezug auf das biblische Geschehen im Vordergrund steht, wurde gleichwohl angestrebt, eine möglichst vollständige und abgerundete Darstellung der einzelnen Länder und Reiche zu geben. Deshalb bilden ihre Anfänge in der Regel auch den Ausgangspunkt der Darlegungen.

Um jeden Abschnitt in sich zusammenhängend und verständlich zu gestalten, wurden Wiederholungen und Überschneidungen nicht gescheut. Nicht selten wurden außerdem Querverweise auf die Geschichte der anderen Völker angebracht, die einerseits demonstrieren, wie stark sich die Entwicklungen der einzelnen Staaten ineinander verschlingen, andererseits aber auch auf andernorts breiter ausgeführte Darstellungen eines nur genannten oder gestreiften Sachverhaltes hinweisen. Textstellen als Belege für geschilderte Tatbestände wurden nur selten eingebracht, um Knappheit und Übersichtlichkeit der Darstellung nicht zu gefährden.

Geschichtsverläufe waren auch schon im Altertum außerordentlich komplizierte und verschlungene Phänomene. In den »Abrissen« konnte es aber nur darum gehen, die Entwicklung jeweils in großen Zügen nachzuzeichnen. Den feinsten Verästelungen der Vorgänge (z. B. in der ganz undurchsichtigen Zeit der Diadochenkriege mit ihren ständig wechselnden Konstellationen) nachzugehen, erwies sich als unmöglich und mit dem angestrebten Ziel einer kurzen und übersichtlichen Information unvereinbar. Eine eingehendere Beschäftigung mit bestimmten Perioden oder Ereignissen erfordert die Heranziehung von Fach- oder Spezialliteratur. Hinzuweisen ist vor allem auf S. Herrmann, Geschichte Israels in alttestamentlicher Zeit, München ²1980/Berlin 1981, ein Werk, das allerdings einer anderen Chronologie folgt, aber eine äußerst eingehende Literaturübersicht (478–490) bietet.

Israel und Juda

In der zweiten Hälfte des 2. Jahrtausends v. Chr. entstand auf dem Boden Palästinas das Volk Israel, dessen Geschichte sich im Alten Testament niedergeschlagen hat. Im 15. Jh., als die ersten frühisraelitischen Gruppen im Lande erschienen, stand Palästina unter der Oberherrschaft Ägyptens. Das Land zerfiel in zahlreiche Stadtstaaten, die sich vor allem in den fruchtbaren Ebenen drängten. Ihre Fürsten galten als Beamte des ägyptischen Königs. In Schwächeperioden der Oberherrschaft versuchten sie immer wieder, eine weitgehende Selbständigkeit zurückzugewinnen und ihr Territorium auf Kosten der Nachbarstaaten zu erweitern. Diese Instabilität der Verhältnisse, besonders im 14. und dann seit dem Ende des 13. Jh., erlaubte es fremden ethnischen Einheiten, im Lande Fuß zu fassen, und erleichterte auch das Einsickern der Frühisraeliten. Ihre Ansiedlung zog sich über Jahrhunderte hin. Sie vollzog sich im Zusammenhang der sog. aramäischen Wanderung, die auch zur Bildung der Völker Edom, Moab und Ammon im Ostjordanland und der aramäischen Reiche in Nordpalästina und Syrien führte. Diese Völkerschaften mögen ähnlich wie die Frühisraeliten durch eine lange Zeit halbnomadischer Wanderungen Beziehungen zu den Regionen aufgenommen haben, in denen sie sich dann festsetzten.

Die Israeliten wurden zunächst in den bewaldeten und wenig besiedelten Gebirgsregionen Palästinas seßhaft, in denen ein Herrschaftsvakuum existierte. In die Gebiete der kanaanäischen Stadtstaaten griffen sie kaum über. Das erste außerisraelitische Zeugnis, das Israel in Palästina voraussetzt, ist die sog. Israel-Stele des Pharao Merneptah (um 1219). Das Band, das die sich formierenden israelitischen Stämme einte und gegenüber den Kanaanäern abgrenzte, war nicht so sehr die Erinnerung an die gemeinsame halbnomadische Vergangenheit mit ihren egalitären sozialen Strukturen als vielmehr der Glaube an den Gott Jahwe, den die frühisraelitischen Sippen in der Steppe südlich von Palästina kennengelernt hatten, ein Gott der geschichtlichen Führung und Errettung, der – abweichend von den sonstigen Religionsformen des Alten Vorderen Orients – die Exklusivität seiner Verehrung forderte. Besondere Brisanz bekam der Jahweglaube durch die Erlebnisse einiger frühisraelitischer Gruppen, die sich drückenden Fronarbeiten im Ägypten der Zeit Ramses' II. unter Führung Moses durch die Flucht entzogen hatten und vor einer verfolgenden ägyptischen Truppe durch das Eingreifen Jahwes gerettet worden waren. Diese Erfahrung vermittelten sie den anderen Stämmen, und sie wurde schließlich von ganz Israel übernommen, so daß sie im Alten Testament als Widerfahrnis des Gesamtvolkes dargestellt ist.

Nachdem sich die israelitischen Stämme in ihren Siedlungsgebieten konsolidiert hatten, suchten sie ihr Territorium auszuweiten und kamen dadurch in stärkeren Kontakt mit den kanaanäischen Stadtstaaten. In den dabei entstehenden Konflikten zogen auch die militärisch überlegenen Kanaanäer mehrfach den kürzeren, und den Israeliten gelang die Eroberung einiger Städte. Im großen und ganzen blieben den Israeliten die Gebiete mit Stadtstaatenkonzentrationen verschlossen, nämlich die Küstenebene, eine südliche Städtekette zwischen Jerusalem und Geser, die Jesreelebene und die Bucht von Akko (Ri 1). Die Nordstämme gerieten z. T. sogar in Abhängigkeit von den kanaanäischen oder phönizischen Städten. Dies änderte sich wohl erst, als den nord- und mittelpalästinensischen Stämmen in der Jesreelebene um 1120 ein entscheidender Sieg gegen eine kanaanäische Koalition gelang (sog. Deboraschlacht; Ri 4–5). Der Selbständigkeit der Kanaanäerstädte machte allerdings erst David ein Ende.

Aber auch gegen Feinde von außen mußten sich die Stämme in ihren Siedlungsgebieten zur Wehr setzen, so gegen ein Herübergreifen der Moabiter über den Jordan in das südliche Westjordanland, gegen Razzien der durch ihre Reitkamele schnell beweglichen Midianiter sowie gegen Bedrohungen des ostjordanischen Stammes Gilead durch die Ammoniter. Den Abwehrkampf führten in der Regel die betroffenen Stämme unter der Führung eines spontan auftretenden oder (wie Jephtha) angeworbenen Stammesführers. In der Konzeption des Richterbuches werden diese charismatischen Helden als aufeinanderfolgende »Richter« dargestellt (vgl. Taf. 6), die gesamtisraelitische Kompetenzen wahrnahmen. Diese Vorstellung einer »Richterzeit« ist aber relativ spät entstanden und stellt eine Vereinfachung komplizierterer Sachverhalte dar. Es ist möglich, daß sie letzten Endes auf die Existenz eines Richter-Amtes zurückgeht, das die Einzelstämme übergreifende Rechtsfunktionen innehatte (vgl. Taf. 6). Ansonsten war diese Periode eine Zeit des freien Eigenlebens der Stämme, deren Zusammengehörigkeit auf anderem als auf politisch-militärischem Gebiet beruhte.

Eine ihre freie Existenz nachhaltig bedrohende Gefahr erwuchs den Stämmen in den Philistern. Diese waren mit der Seevölkerwoge, die um die Wende vom 13. zum 12. Jh. Syrien und Palästina überrollt hatte und an der Grenze Ägyptens zum Stehen gekommen war, ins Land gelangt und hatten sich – wohl unter Billigung der Ägypter – an der Küstenebene Palästinas niedergelassen. Bald warfen sie die nur noch nominelle ägyptische Oberhoheit ab und erhoben gleichsam als Rechtsnachfolger des Pharaonenreiches Anspruch auf die Hegemonie über

Palästina. Als sie diesen auch im zentralen Bergland durchzusetzen suchten, stießen sie auf den Widerstand der starken mittelpalästinensischen Stämme, die eine politische Oberherrschaft nicht kannten und auch nicht zu dulden bereit waren. Der schwerfällige Stämmeheerbann war dem gut organisierten und ausgebildeten Heer der Philister nicht gewachsen und erlitt bei Eben-Ezer zwei entscheidende Niederlagen. Die Philister erbeuteten sogar die in den Kampf mitgeführte Gotteslade und zerstörten das religiöse Zentrum der Stämme, den von der Priesterfamilie der Eliden (vgl. Taf. 7) betreuten Ladetempel in Silo. Damit war die Freiheit der Stämme verloren und für Jahrzehnte eine philistäische Oberherrschaft begründet.

In der Erkenntnis, daß nur eine zentrale militärische Führung einen wirksamen Widerstand gegen die Fremdherrschaft verbürgen könne, schritten die Stämme zur Etablierung einer Institution, die in den Nachbarreichen längst existierte, die man in Israel aber bisher vermieden hatte: das Königtum. Die Wahl fiel auf den Benjaminiten *Saul* (vgl. Taf. 8). Er bewährte sich im Abwehrkampf gegen die ostjordanischen Ammoniter und wurde daraufhin spontan zum König ausgerufen. Seine Hauptaufgabe war die Organisierung des Widerstandes gegen die Philister. Seine Herrschaft (ca. 1012–1004) stellte lediglich ein Heerkönigtum mit minimaler administrativer Ausstattung dar. Sauls Machtmittel waren offenbar zu gering und seine Gefolgschaft zu klein, um eine dauerhafte Unabhängigkeit von den Philistern zu erkämpfen und zu behaupten. In der Entscheidungsschlacht am Berge Gilboa erlitt er eine vernichtende Niederlage und kam selbst ums Leben.

Nach dem Tod Sauls kam es zu einer politischen Teilung Israels (vgl. Taf. 9). Während über die mittel- und nordpalästinensischen Stämme ein Sohn Sauls, *Eschbaal*, die Herrschaft ausübte, wählten die südpalästinensischen Stämme (das sog. Groß-Juda), die jetzt in das volle Licht der Geschichte treten, einen ehemaligen Feldherrn Sauls, den Judäer *David* (vgl. Taf. 10), zum König. Nach der Ermordung Eschbaals wurde David auch von den Nordstämmen als König anerkannt und regierte von Hebron aus in Personalunion über alle israelitischen Stämme. Die Philister, die die Doppelherrschaft toleriert hatten, sahen mit Recht in dem als geschickten Heerführer bekannten David eine Bedrohung ihres Herrschaftsanspruches und suchten ihn durch zwei Angriffe zu stürzen. Dabei wurden sie aber von David so gründlich besiegt, daß sie niemals wieder eine ernstliche Gefahr für die Unabhängigkeit Israels werden konnten. Vielmehr gerieten sie jetzt selbst in Abhängigkeit von David.

David hat Israel in seiner langen Regierungszeit (1004–965) zu einem ebenso unerwarteten wie kurzlebigen Höhepunkt der Machtentfaltung geführt. Er rundete das Staatsterritorium durch Einverleibung der noch selbständigen Kanaanäerstädte ab. Mit der Eroberung des jebusitischen Stadtstaates Jerusalem schuf er sich eine von den Stammesterritorien unabhängige Hauptstadt. Mit der Überführung der altisraelitischen Gotteslade in die Stadt begann der Aufstieg Jerusalems zu seiner singulären Stellung als heilige Stadt. In mehreren Feldzügen okkupierte bzw. unterwarf David die Nachbarvölker Edom, Moab und Ammon sowie die Aramäerstaaten in Nordpalästina und Syrien bis zum Euphrat. So herrschte David schließlich über ein Großreich, das zwar an den Grenzen der traditionellen Großmächte Ägypten und Mesopotamien haltmachte, in seinen Dimensionen aber den altorientalischen Imperien vergleichbar war.

Unter der durchweg friedlichen Regierung seines Sohnes *Salomo* (965–926) bröckelten Teile des Reiches ab. So ging das südliche Edom verloren. Im Norden machten sich die Aramäer von Damaskus selbständig und gründeten einen Staat, der bald zu einem der gefährlichsten Feinde Israels werden sollte. Das internationale Ansehen Israels blieb aber zunächst ungeschmälert, wie die Verschwägerung Salomos mit dem ägyptischen Königshaus (wahrscheinlich Pharao Siamon) zeigt. Salomos Regierung widmete sich vor allem dem Ausbau der Verwaltung (vgl. Taf. 11), der Urbanisierung des Landes durch Neuanlage von Städten, der Förderung des Handels sowie der Pflege von Kunst und Wissenschaften, so daß man von einem »salomonischen Humanismus« sprechen kann. Unter seiner Herrschaft entstanden wohl die ersten Geschichtswerke, wurde altorientalisches Kulturgut gesammelt und aufgezeichnet und Jerusalem zu einer weltoffenen Kapitale ausgebaut. Von besonderer Bedeutung für die Folgezeit war die Errichtung des Tempels als Teil des größeren Palastkomplexes. Sein Charakter als königliche Kultstätte mit dem ehrwürdigen Stämmeheiligtum der Lade im Allerheiligsten sicherte dem Jerusalemer Tempel von vornherein ein Übergewicht über die zahlreichen Kultstätten im Lande, deren Ansehen auf langer Tradition beruhte. Salomos Herrschaft, deren Prachtentfaltung und kommerzielle Unternehmungen bis hin zum Flottenbau und Überseehandel sehr kostspielig waren, trug despotische Züge und bürdete den Untertanen schwere Lasten auf. Nach seinem Tod zerbrach daran der Zusammenhalt des Reiches.

Als Salomos Sohn *Rehabeam* dem Wunsch der Nordstämme nach Erleichterung der Abgaben und Frondienste nicht nachkam, sagten diese sich von dem davidischen Königtum los und wählten mit *Jerobeam I.* einen eigenen König (1 Kön 12). Die Episode der staatlichen Einheit Israels, die kein Jahrhundert überdauert hatte (1004–926), war damit beendet. Das Großreich zerfiel in die beiden Kleinstaaten (Nord-)Israel und Juda, die bald zum Spielball der aufkommenden Großmächte wurden. Während sich in Juda das David-Geschlecht bis zum Ende des Reiches (587) in der Herrschaft behaupten konnte (vgl. Taf. 12), war die Geschichte des Nordreiches von dauernden Machtwechseln gekennzeichnet (vgl. Taf. 13). Zwei Herrscherhäuser konnten sich über längere Zeit hinweg halten, die Omri- und die Jehu-Dynastie. Ansonsten aber wurden die Versuche einer Dynastiebildung meist schon im zweiten Glied durch Rebellion und Thronbesteigung eines Usurpators unterbunden. Das schuf ein Moment ständiger Unruhe und Diskontinuität in der Geschichte Nordisraels.

Zunächst aber suchte Jerobeam sein Reich von Jerusalem kultisch unabhängig zu machen. Zu diesem Zwecke erhob er die traditionsreichen Kultstätten von Bethel und Dan in den Rang von Reichsheiligtümern und stattete sie mit goldenen Stierstatuen aus, die als Postamente des unsichtbar darüber thronenden Gottes Jahwe gedacht waren. In der späteren Überlieferung wurde diese Tat zur »Sünde Jerobeams« perhorresziert, weil die Stierbilder auch Symbole des kanaanäischen Fruchtbarkeitsgottes Baal waren und so leicht zu einem Einfallstor kanaanäischer Religiosität in den Jahweglauben werden konnten.

Noch zu Lebzeiten Jerobeams und Rehabeams führte der ägyptische König Schoschenk I. (= Schischak) einen Feldzug gegen Palästina. Durch einen reichen Tribut aus dem Tempel- und Palastschatz kaufte Rehabeam Jerusalem und Juda von der Brandschatzung los. Der Negev, das Nordreich und sogar das Ostjordanland wurden von den Ägyptern schwer verwüstet. Jerobeam gab seine Hauptstadt Sichem preis, zog sich nach Pnuël in Transjordanien zurück und baute dann Tirza als Residenz aus. Der Feldzug Schoschenks war wohl lediglich ein Beutezug von demonstrativem Charakter, führte jedenfalls nicht zur Errichtung einer ägyptischen Hegemonie.

Die Folgezeit ist durch Grenzstreitigkeiten zwischen Nord- und Südreich charakterisiert. Mit Unterstützung der Aramäer gelang es dem judäischen König *Asa*, die Grenze Judas nach Norden zu verschieben und damit ein notwendiges militärisches Vorfeld für Jerusalem zu gewinnen. Das war der erste Eingriff des Aramäerreiches von Damaskus in das Territorium des Nordreiches. Von nun an sollten die Aramäer eine ständige Bedrohung Nordisraels bilden. Dieser Gefahr zu begegnen, war der leitende Gesichtspunkt in der Politik *Omris von Israel* und der von ihm begründeten Dynastie. Omri beendete die ständigen Kleinkriege mit dem Südreich und stellte durch Verschwägerung mit den Herrscherhäusern in Jerusalem und Tyros freundschaftliche Beziehungen zu Juda und Phönizien her. Im Inneren des Reiches suchte er den Dualismus zwischen Israeliten und Kanaanäern durch Gleichberechtigung zu überwinden. Das bedeutete aber eine Konzessionierung des kanaanäischen Fruchtbarkeitskultes, der auch in der neugegründeten Hauptstadt Samaria seine Pflegestätte fand. Diese Religionspolitik rief die Opposition von streng jahwegläubigen Kreisen wach, die darin eine Verletzung der Intention des ersten Gebotes sahen. Exponenten des Protestes unter Omri und seinen Nachfolgern waren der Prophet Elia, die Prophetengruppen um Elisa und die Rechabiter.

Infolge ihrer Bündnispolitik mögen Omri und sein ebenso tatkräftiger Sohn *Ahab* erste Erfolge gegen die Aramäer erreicht haben. Die Einfälle des Assyrerkönigs Salmanasser III. in Syrien ließen die kommende vorderorientalische Großmacht erkennen: das Assyrerreich. Unter dem Eindruck des überlegenen Gegners stellten Israeliten und Aramäer ihre Feindschaft zurück und schlossen sich einer Koalition syrisch-palästinensischer Fürsten an, die 853 bei Karkar in Syrien den Assyrern in den Weg trat. In dieser Schlacht, die im Alten Testament nicht genannt wird, stellte Ahab von Israel neben Hadadeser von Damaskus ein bedeutendes Kontingent. Es gelang, den Vormarsch der Assyrer aufzuhalten; die syrisch-palästinensischen Herrscher konnten sich nun wieder ihren Konflikten untereinander zuwenden.

Das Jahr 845 markierte eine Wende. In Juda, Israel und Damaskus kam es zu folgenschweren Thronwechseln. Der israelitische Heerführer *Jehu* stürzte die Omridenherrschaft, rottete die Königsfamilie aus und gründete eine eigene Dynastie. Unterstützt wurde Jehu von den jahwetreuen Kreisen. Seine Herrschaft bedeutete eine Zurückdrängung des kanaanäischen Bevölkerungsteils und seiner Religion, zugleich aber auch eine Isolierung Israels und eine Schwächung seiner Widerstandsfähigkeit. Bei seinem Aufruhr hatte Jehu auch den gerade im Nordreich weilenden judäischen König *Ahasja* und zahlreiche Mitglieder der judäischen Königsfamilie umbringen lassen. In Jerusalem riß nun die Königsmutter *Athalja* aus der nordisraelitischen Omri-Familie die Macht an sich und versuchte, die Davidfamilie zu beseitigen und offenbar eine Herrschaft nach omridischem Muster aufzurichten. Das gelang jedoch nicht. Nach fünf Jahren wurde Athalja gestürzt und die Herrschaft der Davididen durch die Inthronisation des überlebenden Prinzen Joas restituiert. Schließlich gab es im Jahre 845 auch einen Umsturz in Damaskus. Hier usurpierte Hasaël den Thron und wurde zu einem der erfolgreichsten und rücksichtslosesten Gegner Israels.

Die Möglichkeit eines Bündnisses zwischen Israel und Aram gegen die wiederholt anrückenden Assyrer wurde gar nicht mehr versucht, sondern man unterwarf sich und befriedigte Salmanasser III. durch Tributlieferungen. Als die Assyrer nach 838 ihre Syrienfeldzüge vorerst einstellten, konsolidierte Hasaël seine Macht und richtete sie gegen Israel. Jehu und seine Nachfolger hatten den Aramäern nicht viel entgegenzusetzen. Nach wechselnden Kämpfen geriet Israel in die Stellung eines Vasallenstaates der Aramäer, die sogar bis nach Juda vorstießen und Jerusalem bedrohten, durch die Zahlung eines Tributes jedoch zum Abzug bewegt werden konnten (818). Erst nach dem Tod Hasaëls und der Belagerung und Unterwerfung von Damaskus durch die Assyrer unter Adad-nirāri III. (802) war die Macht der Aramäer gebrochen.

Der Niedergang des Aramäerreiches und die jahrzehntelange Untätigkeit Assyriens bescherten Israel und Juda unter den etwa zeitgleichen Königen *Jerobeam II.* (787–747) und *Asarja (Usia)* (787–736) noch einmal eine Periode des Friedens und der Prosperität. In dieser Zeit traten Männer auf, die Propheten Amos und Hosea (vgl. Taf. 14), die im Namen Jahwes den Untergang Israels durch ein furchtbares Gottesgericht wegen der Verfehlungen des Volkes auf religiösem und sozialem Gebiet ankündigten. Diese Botschaft war zwar schockierend, wirkte aber auf die Zeitgenossen unglaubwürdig und fand nur wenig Gehör. Die Zeit der Ruhe und des Wohlstands für Israel war aber bald vorüber.

Im Jahre 745 bestieg mit Tiglath-Pileser III. ein Assyrerkönig den Thron, der mit Energie die Aufrichtung und Konsolidierung eines assyrischen Weltreiches betrieb. Bereits 738 unterwarf er Syrien. Unter den Tributleistenden befinden sich auch die Könige Razon (= Rezin) von Damaskus und *Menahem von Israel*, der als Usurpator das Erbe der gestürzten Jehu-Dynastie angetreten hatte. 734 erschien Tiglath-Pileser in Palästina, annektierte Teile Nordisraels und empfing wahrscheinlich einen Tribut Judas. Israel und Aram gaben jedoch den Versuch nicht auf, die assyrische Herrschaft wieder abzuschütteln. Zu diesem Zweck führten *Pekach von Israel* und Rezin von Damaskus zunächst einen Feldzug gegen Jerusalem. Dieser sog. syrisch-ephraimitische (richtiger: aramäisch-israelitische) Krieg hatte das Ziel, *Ahas von Juda* zu stürzen und durch einen der antiassyrischen Koalition geneigteren König zu ersetzen. Gegen den Rat des Propheten Jesaja (vgl. Taf. 14) rief Ahas Tiglath-Pileser selbst zu Hilfe.

Die aramäisch-israelitische Koalition brach zusammen. Pekach von Israel wurde auf das Gebiet Ephraims um die Hauptstadt Samaria beschränkt, die übrigen Teile Nordisraels wurden zu assyrischen Provinzen. Im folgenden Jahr (732) beseitigte Tiglath-Pileser auch das Aramäerreich von Damaskus. Nach seinem Tod und der Thronbesteigung Salmanassers V. kündigte der letzte israelitische König *Hosea*, anscheinend von Ägypten veranlaßt, den Assyrern die Gefolgschaft auf. Das Unternehmen endete mit der völligen Zerschlagung Israels. Mit der Eroberung Samarias (722) durch Salmanasser oder seinen Nachfolger Sargon II. scheidet das Nordreich Israel aus der Geschichte aus. Seine Oberschicht wurde in andere Teile des Großreiches deportiert und durch fremde Bevölkerungselemente ersetzt. Es entstand eine Mischbevölkerung, die die spätere Trennung zwischen Juden und (unreinen) Samaritanern präjudizierte. Die Geschichte Israels verlief von jetzt an allein über Juda.

Hiskia von Juda behielt zunächst seinen Vasallenstatus bei. Erst nach dem Tode Sargons II. und der Thronbesteigung Sanheribs (704) schloß er sich der von Ägypten geschürten Aufstandsbewegung in den Philisterstädten an und stellte sich offenbar an ihre Spitze. Sogar mit dem Babylonierkönig Marduk-apal-iddin (= Merodach-Baladan) knüpfte er Beziehungen an. In Jerusalem ließ er die Befestigungen verstärken und den Hiskia-Tunnel anlegen, der die Wasserversorgung der Stadt im Belagerungsfalle sichern sollte. Erst 701, nach der Unterwerfung Babyloniens, erschien Sanherib in Palästina, schlug eine ägyptische Truppe bei Eltheke, bestrafte die Philister und besetzte und verwüstete Juda. Schließlich belagerte er Jerusalem. Doch begnügte er sich mit der Unterwerfung und einer Tributleistung Hiskias und zog ab, ohne die Stadt einzunehmen und den Abfall an ihr zu rächen. Allerdings wurde die Landschaft Juda vorübergehend abgetrennt und Hiskia auf Jerusalem beschränkt. Das assyrische Großreich erreichte den Zenit seiner Macht durch die Eroberung Ägyptens unter Assarhaddon und Assurbanipal. *Manasse von Juda* bewahrte in dieser Zeit unerschütterlich die Loyalität gegenüber dem Oberherrn. Doch nach dem Höhepunkt brach die assyrische Macht sehr rasch zusammen. Schon unter Assurbanipal begann der Koloß des Großreichs zu wanken, und unter seinen Nachfolgern zerfiel es in seine Bestandteile. In Babylonien machte sich Nabopolassar selbständig und begründete die neubabylonische Dynastie. Bald hatten die Assyrer in ihrem Kernland um ihre Existenz zu kämpfen. Von den Babyloniern, den Medern und dem vorübergehend auftretenden Volk der Umman-manda in die Zange genommen, erlagen die Assyrer der Übermacht. 612 fiel Ninive, 609 ein Reststaat um Haran. Assyrien verschwand aus der Geschichte.

Den Niedergang der assyrischen Macht nutzte auch *Josia von Juda*, um die Fremdherrschaft abzuwerfen. Dabei stieß er nach Norden vor und besetzte die assyrischen Provinzen auf dem Boden des ehemaligen Nordreiches. 622 führte Josia eine Kultreform durch, die sich auf die Weisungen eines im Tempel gefundenen Gesetzbuches stützte, das wohl als eine Frühform des heutigen Buches Deuteronomium (= 5 Mose) anzusprechen ist. Der König zerstörte und entweihte die im Lande vorhandenen Kultstätten und brachte ihre Priester an den Tempel von Jerusalem, der von nun an als das alleinige legitime Jahweheiligtum galt (2 Kön 22–23). Von dieser josianischen Reform ab datiert die einzigartige Stellung Jerusalems und seines Tempels als des exklusiven Ortes der Jahweverehrung. Die offenbar hochfliegenden Pläne Josias zur Restitution eines großisraelitischen Reiches wurden durch das Eingreifen Ägyptens vereitelt. 609 durchzog Pharao Necho Palästina und Syrien, um den Assyrern gegen ihre Bedränger Beistand zu leisten. Als sich ihm Josia bei Megiddo in den Weg stellte, wurde er getötet. In Assyrien kam Necho zu spät; Haran war bereits gefallen. Dafür übte Necho nun faktisch die Oberherrschaft über Syrien und Palästina aus, setzte in Juda den dort als Nachfolger Josias inthronisierten *Joahas* ab und erhob *Jojakim* auf den Thron. Doch währte der ägyptische Herrschaftstraum nur kurz. Bereits 605 wurde Necho von dem babylonischen Kronprinzen Nebukadnezar entscheidend geschlagen. Dieser Sieg leitete die Epoche des neubabylonischen Großreiches ein.

Im nächsten Jahr zog Nebukadnezar, der indessen den Thron in Babylon bestiegen hatte, nach Syrien, und die syrisch-palästinensischen Fürsten, unter ihnen Jojakim von Juda, unterwarfen sich ihm. Veranlaßt durch Ägypten, kündigte Jojakim sein Vasallenverhältnis nach kurzer Zeit wieder auf. Nebukadnezar ließ Jerusalem einschließen. Jojakims Sohn *Jojachin* kapitulierte (597) und wurde mit dem Hof und der Oberschicht nach Babylonien deportiert. Der Süden Judas wurde abgetrennt und von den Edomitern besetzt. Als neuen König ließ Nebukadnezar *Zedekia* den Thron in Jerusalem besteigen. Gegen die Warnungen des Propheten Jeremia und angetrieben von einer antibabylonischen Hofpartei und von ägyptischen Beistandszusagen, versuchte auch Zedekia den Ausbruch aus der babylonischen Hegemonie. Das Heer Nebukadnezars besetzte aber rasch das Land, warf ein vom Pharao Apriës (= Hophra) entsandtes Kontingent zurück und nahm 587 Jerusalem ein. Nebukadnezar ließ Zedekia drakonisch bestrafen, Jerusalem schleifen und den Tempel verbrennen sowie die Oberschicht in die Deportation führen. Juda wurde zur babylonischen Provinz. Damit schien das Ende der Geschichte Israels erreicht: Das verheißene Land war Fremden in die Hände gefallen, der Tempel war verbrannt, die heilige Stadt stark zerstört, die »ewige Dynastie« abgebrochen.

Die dunkle Exilszeit führte zu einer Neubesinnung sowohl unter den Exulanten als auch unter den im Lande Zurückgebliebenen. Das Nachdenken über die Ursachen der Katastrophe setzte ein und damit ein Rückblick in die eigene Geschichte. Die Traditionen des Volkes wurden gesammelt; Prophetenbücher und Geschichtswerke entstanden. Die Zerstreuung der Judäer nach Mesopotamien, Ägypten und ins Ostjordanland schuf eine starke Diaspora, die sich von ihrer Umwelt besonders durch die Beschneidung und die Beachtung des Sabbats unterschied.

Der Bestand des neubabylonischen Reiches war im wesentlichen an die große Persönlichkeit Nebukadnezars gebunden. Nach seinem Tod (562) zerfiel es rasch. Der achämenidische Fürst Kyros (= Cyrus), der in glänzendem Aufstieg ein persisch-medisch-lydisches Reich geschaffen hatte, nahm 539 ohne große Mühe Babylon ein. Wie eine reife Frucht fielen ihm Mesopotamien, Syrien und Palästina zu. Sein Sohn Kambyses II. vermochte 525 noch Ägypten einzuverleiben und somit ein beispielloses Großreich zu schaffen.

Die persischen Herrscher suchten den Zusammenhalt ihres riesigen Reiches dadurch zu festigen, daß sie – anders als ihre vorderorientalischen Vorgänger – die Eigenarten, Überlieferungen und bodenständigen Kulte der einzelnen Völkerschaften respektierten und förderten. Bald nach seinem Einzug in Babylon ordnete Kyros den Wiederaufbau des Jerusalemer Tempels und die Rückgabe der von Nebukadnezar erbeuteten Tempelgeräte an. Mit dieser Aufgabe wurde der Statthalter *Scheschbazar* betraut. Doch infolge der kläglichen wirtschaftlichen Lage in Juda und im zerstörten Jerusalem blieb das Aufbauwerk stecken. Unter dem Eindruck der prophetischen Verkündigung Haggais und Sacharjas wurde es von dem Statthalter *Serubabel*, einem Abkömmling des David-Geschlechts, wieder aufgenommen und 515 durch die Tempelweihe abgeschlossen. Neben seinem äußeren, administrativen Status als Teil der persischen Satrapie »Transeuphrat« war das nachexilische Juda im Inneren eine Kultgemeinde, die sich um den Tempel und seinen Hohenpriester scharte.

Doch blieben die Verhältnisse in Juda unbefriedigend und harrten der Neuregelung. Ihre Konsolidierung ist der Mission *Esras und Nehemias* zu verdanken. Leider ist die Überlieferung hier so wenig deutlich, daß die präzise Ansetzung der Tätigkeit beider und ihre zeitliche

Relation problematisch bleiben. Wahrscheinlich lag ihre Wirksamkeit in der zweiten Hälfte des 5. Jh., in der Regierungszeit Artaxerxes' I., und überschnitt sich teilweise. Beide stammten aus Familien judäischer Exulanten und bekleideten hohe Positionen am persischen Hofe, die sie zur Erreichung von Sondergenehmigungen zugunsten Judas und Jerusalems nutzten. Nehemia setzte gegen den Widerstand des Statthalters Sanballat von Samaria die Wiederherstellung der Ummauerung Jerusalems und einen Neuaufbau der Stadt durch. Um die Bewohnerzahl aufzufüllen, siedelte er einen Teil der Landbevölkerung in die Stadt um. Die vorhandene soziale Differenzierung milderte er, indem er die Bevölkerung auf einen allgemeinen Schuldenerlaß und auf die Rückgabe verpfändeten oder verkauften Bodenbesitzes verpflichtete. In einer zweiten Mission beseitigte Nehemia kultische Mißstände am Tempel, sorgte für den regelmäßigen Eingang der Abgaben an das Heiligtum und für die genaue Beachtung der Sabbatruhe. Schließlich schritt er gegen den stark eingerissenen Brauch der Ehen von Judäern mit Angehörigen der Nachbarvölker ein und legte die Repräsentanten auf die Einhaltung seiner Anordnungen fest.

Esra trug den Titel »Schreiber der Gesetze des Himmelsgottes«; er war demnach persischer Beamter mit der modern zu umschreibenden Funktion »Referent für judäische Religionsangelegenheiten«. Er ließ sich nach Jerusalem entsenden, um innere Probleme der judäischen Kultgemeinde zu ordnen. Dafür wurde er vom König mit einer Heimkehrgenehmigung für Rückkehrwillige und mit einer Ermächtigung für eine Spendensammlung unter den babylonischen Exulanten ausgestattet. Vor allem aber ging es Esra darum, das Leben der Jerusalemer Kultgemeinde auf eine feste Grundlage zu stellen. In einem feierlichen, gottesdienstlichen Akt verpflichtete er das Volk auf das »Gesetz des Himmelsgottes«, ein nicht mehr zu rekonstruierendes Substrat gesetzlicher Passagen des Pentateuch (= Mosebücher). Man hat diesen Akt nicht selten als die »Geburtsstunde des Judentums« bezeichnet. Jedenfalls trugen die Maßnahmen Nehemias und Esras zur Verbreiterung der schon traditionellen Kluft zwischen Jerusalem und Samaria und zur späteren Absonderung der Samaritaner von der jüdischen Gemeinde bei.

Im übrigen ist die lange Zeit der persischen Herrschaft über Palästina eine ausgesprochen dunkle Periode, die durch verhältnismäßig wenige Zeugnisse nur notdürftig erhellt wird. Die Jerusalemer Gemeinde führte innerhalb des Großreiches eine friedliche, aber bedeutungslose Randexistenz, an der die geschichtlichen Ereignisse vorübergingen. Ohne nennenswerte Gegenwehr fiel Palästina nach der Schlacht bei Issos (333) in die Hände Alexanders d. Gr., womit die hellenistische Zeit für den Vorderen Orient anbrach.

Die Nachbarreiche Israels

In der Folge der sog. aramäischen Wanderung, die in der zweiten Hälfte des 2. Jahrtausends v. Chr. die Kulturländer Vorderasiens erfaßte, entstanden neue Bevölkerungsrelationen in Mesopotamien, Syrien und Palästina. Aus dieser Bewegung erwuchs nicht nur Israel, sondern auch seine südlichen und östlichen Nachbarn, die Edomiter, Moabiter und Ammoniter, sowie die aramäischen Staaten in Nordpalästina und Syrien. Diesen Völkern fühlte Israel sich verwandt und fixierte diesen Tatbestand in der Genealogie seiner Stammväter (vgl. Taf. 3, 4, 5 mit Anm. 1). Auch in Zeiten kriegerischer Konflikte hat Israel das Bewußtsein der gegenseitigen Verwandtschaft und seiner aramäischen Herkunft (Dtn 26,5) bewahrt.

Eine Geschichte der kleinen Völkerschaften an der Peripherie Palästinas zu schreiben, ist angesichts der schmalen Quellengrundlage kaum möglich. Wohl aber kann man mit Hilfe von alttestamentlichen und außerbiblischen Nachrichten bestimmte Marksteine ihrer Entwicklung feststellen. (Hinsichtlich der am Südrand Palästinas schweifenden nomadischen Midianiter und Amalekiter ist nicht einmal das möglich.) Sie scheinen sich ziemlich rasch nach der Einwanderung zu seßhaften Völkern formiert zu haben. Durch Inschriften Ramses' II. wird die Existenz von Edom (= Seïr) und Moab im südlichen Transjordanien für die erste Hälfte des 13. Jh. v. Chr. bezeugt. Die Entstehung von Ammon wird man nicht viel später anzusetzen haben. Diese Völker gelangten früher als Israel zur Staatsbildung. Anfangs scheint es sich um ein Wahlkönigtum gehandelt zu haben, bis sich schließlich das dynastische Prinzip durchsetzte. Vielleicht wegen dieser frühen Zusammenfassung der Kräfte unter einem Monarchen waren diese kleinen Völker in der Lage, in Gebiete des vorstaatlichen Israel hinüberzugreifen und so seine territoriale Integrität zu bedrohen, bis sie sich schließlich der überlegenen Macht Davids beugen mußten.

Die *Edomiter* hatten ihren Ansiedlungsschwerpunkt südlich des Toten Meeres, auf der Ostseite des Grabenbruches (Araba) zwischen Totem Meer und Golf von Aqaba. Von dort aus scheinen sie sich auch nach Westen ausgedehnt und Gebiete im südlichen Negev und im Nordteil der Sinai-Halbinsel unter ihre Kontrolle gebracht zu haben. Dabei ging es wohl weniger um die Kupfererzvorkommen dieses Bereiches, deren Ausbeutung durch Edomiter und Israeliten noch nicht zweifelsfrei bezeugt ist, sondern eher um die Beherrschung der Handelswege nach Ägypten und Südarabien sowie um den Zugang zum Golf von Aqaba. Durch diese edomitische Expansion nach Westen ergab sich eine Grenzberührung mit den südjudäischen Gruppen im Negev.

Zu ernsthaften Konflikten führte diese Gemengelage in der Zeit Davids. Die Edomiter wurden geschlagen und ihr Gebiet in das Großreich Davids einbezogen. Noch zu Lebzeiten Salomos konnte ein nach Ägypten geflohener edomitischer Prinz Hadad sein Land und die Unabhängigkeit zurückgewinnen. Möglicherweise verblieben Salomo die Kontrolle über die Gebiete westlich der Araba und der Zugang zu dem Hafen Ezjon-Geber bei Elath am Golf von Aqaba, von dem aus er Seehandelsunternehmungen ausrichtete. Nach der Reichsteilung verschwanden zunächst alle Reste israelitischer Oberhoheit über edomitisches Territorium. Umstritten blieben freilich der Weg zum Roten Meer und die Kontrolle über Ezjon-Geber und Elath. Durch Josaphat von Juda wurde Edom noch einmal unterworfen, erlangte nach dessen Tod aber die Unabhängigkeit zurück. Ein Kriegszug, den Amazja von Juda gegen das edomitische Kerngebiet östlich der Araba führte, war nur ein vorübergehender Erfolg. Amazjas Sohn Asarja (Usia) mußte erneut Elath erobern. Die Edomiter nutzten aber die Bedrohung Judas im syrischephraimitischen Krieg (vgl. S. 11), um Elath endgültig zurückzugewinnen.

In der Zeit der assyrischen Oberherrschaft über Palästina befanden sich die Edomiter unter den Tributärstaaten der Assyrer. Gegenüber den Babyloniern (vgl. S. 30) dürften sie sich ähnlich verhalten haben. Beim Untergang Judas und Jerusalems (587) scheinen sie eine besonders aktive Rolle gespielt zu haben. Auch territorial profitierten sie von dem Desaster Judas. Durch die von Osten einwandernden Nabatäer waren sie schon vorher aus ihrem Kerngebiet nach Westen gedrängt worden. Nun benutzten sie das Siedlungsvakuum, um den Negev und Südjudäa bis zur Höhe von Hebron zu besetzen. Dieses Gebiet wird in der persischen und hellenistischen Verwaltung dann als Unterprovinz »Idumäa« gezählt. Nach zahlreichen Spannungen mit der judäischen Gemeinde wurden die Idumäer um 128 v. Chr. durch Johannes Hyrkan I. unterworfen und zwangsjudaisiert. Aus einer derartigen ins Judentum integrierten idumäischen Familie stammte Herodes d. Gr. (vgl. S. 49).

Die nördlichen Nachbarn der Edomiter waren die *Moabiter*. Sie besiedelten die fruchtbare Hochebene östlich des Toten Meeres. In der vorstaatlichen Zeit Israels reichte ihr Territorium bis an das Nordende des Toten Meeres, von wo sie auch in das Westjordanland einzufallen in der Lage waren. Durch einwandernde israelitische Sippen (Stamm Gad) wurden sie aber offensichtlich zurückgedrängt und auf das Gebiet südlich des Arnon beschränkt. Von David wurde Moab unterworfen und zum Vasallen gemacht. Nach der Reichsteilung verblieben die Moabiter in Abhängigkeit von dem nordisraelitischen Staat.

In der zweiten Hälfte des 9. Jh. erkämpfte der König Mescha von Moab, bekannt durch seine Siegesstele (vgl. auch 2 Kön 3,4f.), die Unabhängigkeit seines Landes und dehnte seine Herrschaft wieder bis an das Nordende des Toten Meeres aus. Ein Feldzug der vereinigten Israeliten, Judäer und Edomiter gegen Moab hatte keinen bleibenden Erfolg. Auch Jerobeam II. konnten die Moabiter nur vorübergehend zurückdrängen. In der Zeit der assyrischen und der babylonischen Oberherrschaft war Moab ein Vasallenstaat der Großmächte. Möglicherweise verlor es schließlich diesen Status und wurde eine Provinz des neubabylonischen Reiches. In dieser Zeit begann Moab, das eine beachtliche Kultur entwickelt hatte, seine Königsstadt in Kir-Hareseth (heute Kerak) oder in Dibon besaß und den Staatsgott Kamos verehrte, seine ethnische Identität einzubüßen. Von ammonitischen, nomadischen und schließlich nabatäischen Einwanderern aufgesogen, verschwinden die Moabiter nach dem 6. Jh. aus der Geschichte.

Die *Ammoniter* bewohnten ein schmales Gebiet am Rande der ostjordanischen Wüste. Ihr Zentrum war die Hauptstadt Rabbat Ammon (= Rabba, die Stadt der Ammoniter), das heutige Ammān. Bei ihren Versuchen, ihren Siedlungsraum nach Westen auszudehnen, trafen sie auf die israelitischen Siedler in Gilead. Ein solcher ammonitischer Angriff veranlaßte die Ältesten von Gilead, den Freischarführer Jephtha zum Stammeshaupt zu erheben. In ähnlicher Weise führte eine Belagerung, die der ammonitische König Nahasch über die Stadt Jabesch in Gilead verhängte, zur Etablierung des Königtums in Israel. Saul schlug die Ammoniter und befreite die Stadt. Das war der Anlaß zu seiner Königsproklamation. Nahasch scheint in der Folgezeit gute Beziehungen zu David unterhalten zu haben.

Als sein Sohn Hanun diese Politik änderte und in völliger Verkennung der Machtverhältnisse einen Krieg mit Israel provozierte, konnten ihn auch rasch herbeigerufene aramäische Hilfstruppen nicht retten. Das Heer der Verbündeten wurde in die Flucht geschlagen. David bestieg selbst den ammonitischen Thron, gliederte das Land seinem Großreich ein und verurteilte die Ammoniter zu Zwangsarbeiten. Nach der Reichsteilung dürften diese die Freiheit zurückgewonnen haben.

In der Zeit der assyrischen und neubabylonischen Herrschaft über Palästina gehörte Ammon zu den Tributärstaaten, wurde vielleicht schließlich sogar babylonische Provinz. In der Perserzeit gibt es kein eigenes Königtum mehr. Angehörige eines ammonitisch-israelitischen Geschlechtes, die Tobiaden, übten als persische Kommissare bis in die hellenistische Zeit hinein eine Regionalherrschaft aus, die zeitweise auch Judäa beeinflußte. Spätestens im Schmelztiegel des Hellenismus verschwinden auch die Ammoniter.

Die *Aramäer* haben anscheinend zunächst im mittleren Ostjordanland Fuß gefaßt, wurden dann aber von den israelitischen Siedlern Gileads nach Norden gedrängt. Um 1000 v. Chr. waren zahlreiche, meist kleinere Aramäerstaaten in Nordpalästina und Syrien entstanden. Über einen großen Teil von ihnen übte der König Hadadeser von Zoba eine Oberherrschaft aus. Als die von David bedrängten Ammoniter Hadadeser zu Hilfe riefen, schickte dieser eine aus den Aramäerreichen von Zoba (im Libanongebiet), Rehob (in Nordgaliläa), Tob (im Hauran) und Maacha (im Hermonbereich) ausgehobene Armee, um Rabba zu entsetzen. David besiegte die Verbündeten und schlug ein noch größeres Heer im Folgejahr. Hadadeser mußte sich unterwerfen und Tribut leisten. Daraufhin erstreckte sich Davids Macht bis an den Euphrat. Das Aramäerreich von Damaskus, das Hadadeser zu Hilfe kommen wollte, gliederte David seinem Reich ein und postierte einen Statthalter in Damaskus. Dagegen hielten die Aramäerreiche von Geschur (im Golangebiet) und von Hamath (in Mittelsyrien) freundschaftliche oder gar verwandtschaftliche Beziehungen zu David aufrecht.

Nach dem Tod Davids machte sich das Aramäerreich von Damaskus unter Reson wieder selbständig und entwickelte sich im Laufe der Zeit zur vorherrschenden Macht im nordpalästinensischen und syrischen Bereich. Seine stärksten Kontrahenten waren im Norden der mittelsyrische Staat von Hamath und im Süden das Nordreich Israel, dessen Kraft freilich infolge der Reichsteilung und der dauernden Thronwechsel geschwächt war. Zunächst allerdings bestand eine Art Nichtangriffspakt zwischen Aram und Israel. Dieses Abkommen verletzte Benhadad von Damaskus, als er auf Ersuchen des judäischen Königs Asa in Galiläa einfiel. Vermutlich wurde er durch Baësa von Israel wieder zurückgeschlagen, aber dieser büßte für den Schutz seiner Nordgrenze einen Landstrich im Süden ein, den Bereich des Stammes Benjamin, den Asa von Juda besetzte.

Im Laufe des 9. Jh. erstarkte das Aramäerreich von Damaskus immer mehr und wurde zur kaum bestrittenen Vormacht unter den syrischen Aramäerstaaten. Gleichzeitig vergrößerte sich sein Druck auf die Nordgrenze Israels. Besonders das Ostjordanland war ein dauerndes Ziel aramäischer Expansionsbestrebungen. Von diesen wechselnden Kämpfen vermögen wir uns kein vollständiges Bild zu verschaffen, da die Angaben im Alten Testament lückenhaft und oft noch dazu an chronologisch falscher Stelle eingeordnet sind.

Ein ebenbürtiger Gegner erwuchs den Aramäern in der nordisraelitischen Omri-Dynastie (882–845), die durch eine Bündnispolitik nach außen und innen alle Kräfte gegen die Aramäer sammelte und ihren Invasionen Einhalt gebot. Die besetzten Teile des Ostjordanlandes mußten sie räumen. Umkämpft blieb das nördliche Transjordanien, das Gebiet von Ramoth in Gilead.

Eine Änderung der Mächtekonstellation trat ein, als die Assyrer als neue Großmacht in Syrien auftraten. Die syrischen und nordpalästinensischen Staaten stellten ihre Feindseligkeiten ein und schlossen ein Bündnis gegen die größere Gefahr. In der Schlacht von Karkar (853) kämpfte Hadadeser von Damaskus gemeinsam mit Ahab von Israel und Irchuleni von Hamath gegen Salmanasser III., der zum Rückzug gezwungen wurde. Salmanasser erkannte im Aramäerreich von Damaskus den Hauptgegner und wandte die nächsten Feldzüge daran, diesen zu vernichten. Das gelang ihm nicht, obwohl die Thronwechsel in Damaskus, Samaria und Jerusalem (845) und der darauffolgende Zerfall der antiassyrischen Koalition ihm freie Bahn gaben. Hasaël von Damaskus (845–802), der seinen Vorgänger beseitigt und den Thron usurpiert hatte, verteidigte sich zäh gegen die erbitterten Angriffe der Assyrer. Zwar wurde er mehrfach im offenen Kampf von Salmanasser geschlagen und sein Gebiet furchtbar verwüstet, doch behauptete er sich in Damaskus, das die Assyrer nicht einzunehmen vermochten.

Als die assyrischen Einfälle nach 838 aufhörten, festigte Hasaël nicht nur seinen Staat, sondern führte ihn auch auf den Gipfel seiner Macht. In seiner Regierungszeit war Damaskus unbestritten die überragende Großmacht in Syrien und auch in Palästina. Besonders erfolgreich war Hasaël in seinem Kampf gegen Israel. Er hetzte nicht nur Philister und Ammoniter gegen Israel und Juda und besetzte selbst große Teile des Ostjordanlandes; er führte sein Heer auch ins Herz des israelitischen Territoriums, gegen die Hauptstadt Samaria. Offenbar gelang es ihm, Israel zu entwaffnen und in den Status eines Vasallen zu versetzen. 818 führte er sogar einen Kriegszug durch israelitisches und philistäisches Gebiet gegen Juda und ließ sich nur durch Zahlung eines Tributes zum Abzug bewegen.

Eine Wende der Situation führten wiederum die Assyrer herbei. Im Todesjahr Hasaëls (802) brach Adad-nirāri III. in Syrien ein. Er belagerte Damaskus und zwang es zur Unterwerfung und Tributleistung. Von diesem Schlag hat sich das Aramäerreich von Damaskus nie mehr erholt. Hasaëls Sohn Benhadad konnte die Eroberungen seines Vaters in Palästina nicht halten. Israel machte sich unter Joas wieder selbständig und gewann die verlorenen Gebiete zurück. In seiner Rolle als aramäische Vormacht Syriens wurde Damaskus nun durch das aufstrebende Reich von Hamath abgelöst, das in der ersten Hälfte des 8. Jh. sukzessive die mittel- und nordsyrischen Staaten unter seinem Zepter vereinigte. Aram-Damaskus wurde auf sein Kernland in Südsyrien beschränkt und verlor anscheinend noch Gebiete an seiner Südgrenze an Jerobeam II. von Israel.

In der zweiten Hälfte des 8. Jh. machte die konsequente Expansionspolitik des Assyrerkönigs Tiglath-Pileser III. der Selbständigkeit und schließlich der politischen Existenz der syrischen

Aramäerstaaten ein Ende. 740 eroberte er Nordsyrien, 738 trennte er große Teile des Reiches von Hamath ab und bezog sie in das assyrische Provinzsystem ein. Eniel von Hamath wurde ebenso tributpflichtiger Vasall wie Razon (= Rezin) von Damaskus und Menahem von Israel. Der Versuch Razons von Damaskus und Pekachs von Israel (733), Juda gewaltsam in eine antiassyrische Koalition hineinzuziehen (sog. syrisch-ephraimitischer Krieg, vgl. S. 11), veranlaßte Tiglath-Pileser zum sofortigen Eingreifen. 732 fiel Damaskus. Das Aramäerreich wurde zerschlagen und in assyrische Provinzen aufgeteilt. 720 machte Sargon II. auch dem Rest des Staates von Hamath ein Ende. Damit schied die aramäische Staatenwelt als geschichtswirksamer Faktor aus. Die assyrische Provinzeinteilung wirkte noch in neubabylonischer und persischer Zeit nach. Die politische Existenz der Aramäer wurde weit überdauert von ihrer Sprache, dem Aramäischen, das in einer Kunstform (sog. Reichs-Aramäisch) zur Verwaltungssprache des persischen Großreiches wurde und in Palästina das Hebräische als Umgangssprache ablöste.

Die Nachbarn Israels im Nordwesten waren die *Phönizier*. Sie waren allerdings nicht aramäischer, sondern kanaanäischer Herkunft. Möglicherweise haftet gerade an ihrem Gebiet der Name »Kanaan« von Hause aus. Sie bewohnten die Hafenstädte an der (heute libanesischen) Mittelmeerküste und bildeten autonome Stadtstaaten mit wechselnden Abhängigkeitsverhältnissen. Als typisches Handels- und Seefahrervolk vermieden sie in der Regel militärische Abenteuer. Wegen ihres Reichtums und ihrer Verfügungsgewalt über den Libanon mit seinen begehrten Zedern waren sie allerdings oft das Objekt fremden Zugriffs.

Der Niedergang der ägyptischen Oberherrschaft gegen Ende des 2. Jahrtausends v. Chr. bescherte den Phönizierstädten einige Jahrhunderte der Unabhängigkeit. Dies war die eigentlich formative Periode in der phönizischen Geschichte und Kultur. In ihr entwickelte sich, offenbar von Kreta beeinflußt, die phönizische Buchstabenschrift. Jetzt entstanden auch die ersten phönizischen Überseekolonien (u. a. Karthago in Nordafrika). Zunächst hatte anscheinend Sidon die Vormachtstellung unter den Phönizierstädten inne. Sogar die galiläischen Stämme Dan und Asser gerieten unter ihren Einfluß. Aus dieser Zeit dürfte auch die nicht nur im Alten Testament belegte Bezeichnung »Sidonier« für die Phönizier insgesamt stammen. Bald aber verlor Sidon seine Prädominanz an die südlicher gelegene Inselstadt Tyros.

Hiram von Tyros (973–942) unterhielt freundschaftliche Beziehungen zu Israel. Er lieferte Salomo nicht nur Zedernholz, sondern stellte ihm auch Spezialisten für den Palast- und Tempelbau in Jerusalem sowie für seine Seefahrtsunternehmungen zur Verfügung. Salomo geriet in Zahlungsschwierigkeiten und trat daher Hiram einen Landstrich an der Nordgrenze ab. Nach dem Tod Hirams häuften sich gewaltsame Thronwechsel in Tyros. Die Politik guter Beziehungen zu Israel wurde aber beibehalten. Sie gewann einen Höhepunkt unter der Omri-Dynastie in Nordisrael, die gegen den aramäischen Druck Anlehnung an Tyros suchte. Ittobaal von Tyros (873–842) verheiratete seine Tochter Isebel mit Ahab von Israel, eine Maßnahme, die dem Kult des tyrischen Stadtgottes Melqart eine Heimstatt in Samaria eröffnete. In Konflikte mit den Aramäern haben sich die Phönizier aber anscheinend nicht verwickeln lassen. Die Ausmordung der Omriden nebst der alten Königsmutter Isebel durch Jehu dürfte das Verhältnis der Tyrier zu Israel abgekühlt haben.

Vom 9. Jh. an griff das erstarkende neuassyrische Reich auch in das Gebiet der Phönizier ein. Die Städte, die sich nur z. T. an der erfolgreichen Abwehrschlacht von Karkar (853) beteiligt hatten, befolgten die Methode, die Assyrer durch Unterwerfungserklärungen und Tributlieferungen zufriedenzustellen. Sie konnten weitgehende Autonomie wahren, zumal die Assyrer von ihrem Handel und ihren maritimen Unternehmungen zu profitieren gedachten. Erst als nach dem Tod Sargons II. (705) eine Aufstandswelle durch das assyrische Großreich ging, schloß sich Tyros der von Hiskia von Juda geführten Rebellion an. Doch erlag das tyrische Heer dem Angriff Sanheribs rasch. Tyros wurde allerdings erst nach fünfjähriger Belagerung eingenommen, aber wohl glimpflich behandelt. Schlimmer erging es Sidon, als es etwa 25 Jahre später den gleichen Versuch des Abfalls unternahm. Assarhaddon erstürmte die Stadt und ließ sie völlig zerstören; ihr Gebiet wurde assyrische Provinz. Neue Aufstandsversuche im Bündnis mit Ägypten kosteten Tyros seine Festlandsbesitzungen. So blieben nur noch Arwad, Tyros und Byblos als relativ autonome Stadtstaaten übrig. Alles weitere phönizische Territorium stand unter assyrischer Administration.

Dieser Tatbestand änderte sich unter der neubabylonischen Herrschaft kaum. Dem Aufstand Zedekias von Juda (588) schloß sich Tyros an. Während Jerusalem rasch erobert werden konnte (587), mußte Nebukadnezar Tyros 13 Jahre (585–573) belagern lassen, ehe sich die Stadt ergab. Die führende Phönizierstadt wurde jetzt Sidon. Nachdem die Perser das neubabylonische Reich übernommen hatten, wurde Sidon Satrapiehauptstadt und damit Zentrum eines großen Administrationsbereiches. Das Verhältnis der Phönizierstädte zu den neuen Oberherren war zunächst freundlich. Ihre Kontingente bildeten das Rückgrat der persischen Flotte, besonders in den Kämpfen gegen Ägypten und Griechenland. Die Städte Sidon, Tyros, Arwad und Byblos bekamen von der Zentralgewalt ihr Selbstverwaltungsrecht und einen Teil ihres Territorialbesitzes zurück.

Mit dem zunehmenden Despotismus der Perserkönige und der wachsenden Korruption der Provinzverwaltung kühlte sich das Verhältnis zum persischen Hof immer mehr ab. Die Phönizier nahmen Kontakt zu den früher als Rivalen gefürchteten Griechenstädten auf. Als der Niedergang des Großreiches offensichtlich schien, schlossen sich die Phönizierstädte zur Erringung der Unabhängigkeit zusammen (350). Wider Erwarten konnte Artaxerxes III. um 343 die Rebellion rasch unterdrücken. Durch Verrat fiel die Seele des Aufruhrs, Sidon, in seine Gewalt und wurde drakonisch bestraft. So war es nicht verwunderlich, daß Alexander d. Gr. nach der Schlacht bei Issos an der phönizischen Küste wenig Widerstand fand (332). Der Versuch von Tyros, sich für neutral zu erklären, endete freilich mit einer blutigen Belagerung und der Einnahme der Stadt, die durch den vom Festland her errichteten Belagerungsdamm nun ihren Inselcharakter verlor. Die anderen Städte aber öffneten Alexander widerstandslos die Tore oder begrüßten ihn als Befreier. Damit begann auch für sie die Epoche des Hellenismus.

Die *Philister* schließlich siedelten im Südwesten des israelitischen Territoriums in der Küstenebene. Ihre Urheimat ist ungewiß. Vermutlich kamen sie aus dem kleinasiatisch-ägäischen Raum über Kreta nach Palästina. Ihr Auftreten erfolgte im Zusammenhang des gewaltigen Seevölkersturmes, der um 1200 besonders die Küstenländer des vorderorientalischen Bereiches erschütterte. Von Ramses III. um 1186 besiegt und vom Eindringen in Ägypten abgehalten, wurden die Philister in der südlichen Küstenebene Palästinas seßhaft. Wahrscheinlich geschah dies mit Einverständnis der Ägypter, die noch die Oberherrschaft über Palästina beanspruchten und so die Neuankömmlinge vor den Grenzen des eigenen Landes, aber in offensichtlicher Abhängigkeit, ansiedeln konnten.

Die Philister, die den Israeliten als »Unbeschnittene« fremd und unheimlich erschienen, assimilierten sich rasch an die Kultur und Religion der unterworfenen kanaanäischen Bevölkerung. Ihre Siedlungszentren waren die Städte Askalon, Asdod, Gaza, Gath und Ekron, letztere wohl eine philistäische Neugründung. Die Fürsten dieser Stadtstaaten waren in einem losen Bund (sog. philistäische Pentapolis) zusammengeschlossen, der zumindest ein gemeinsames Vorgehen im Kriegsfall garantierte.

Das Erlöschen der ägyptischen Hegemonie entledigte die Philister der Abhängigkeit und gab ihnen volle Handlungsfreiheit. Gleichsam als Rechtsnachfolger der Ägypter beanspruchten sie jetzt die Oberherrschaft über das Land. Nicht nur ein großer Teil der kanaanäischen Stadtstaaten, sondern auch das Gebiet von Juda scheint unter ihre Kontrolle geraten zu sein. Im Zentrum des Landes trat ihnen aber das Aufgebot der mittelpalästinensischen Stämme entgegen. In zwei Schlachten bei Aphek siegten die Philister entscheidend, erbeuteten die Gotteslade der Israeliten und verbrannten den Ladetempel in Silo. Auch Zentralpalästina geriet nun in philistäische Abhängigkeit. Dieser Erfolg beruhte auf der überlegenen Militärorganisation der Philister, die auf einem von Elitekämpfern und Söldnern gebildeten Berufskriegertum basierte, auf ihrem gemeinsamen Auftreten sowie auf dem Gebrauch von Waffen aus Eisen, dessen Monopol sie zu hüten suchten.

Der Druck der philistäischen Übermacht war an der Entstehung des Königtums in Israel maßgeblich beteiligt. Der erste israelitische König, Saul, vermochte wohl zeitweise Erfolge gegen die Philister zu erringen. Schließlich erlag er aber ihrer militärischen Überlegenheit am Gebirge Gilboa. Die Doppelherrschaft Eschbaals im Norden und Davids im Süden (vgl. S. 8) tolerierten die Philister, zumal David eine Zeitlang als Söldnerführer in ihren Diensten gestanden hatte und als Vasallenfürst gelten konnte. Die Alleinherrschaft Davids aber suchten die Philister im Keim zu ersticken. Dabei erlitten sie zwei so entscheidende Niederlagen, daß ihre Kraft anscheinend seitdem gebrochen war. Sie wurden nun Vasallen des israelitischen Reiches. Philistäische Kontingente (z. B. die Krether und Plether) bildeten als Söldner den Kern der Streitmacht Davids.

Schon unter Salomo oder nach der Reichsteilung erlangten die Philister die Unabhängigkeit zurück. Obwohl sie Israel nie mehr ernsthaft gefährden konnten, bildeten sie doch eine bleibende Bedrohung der Westgrenze der beiden israelitischen Staaten. So suchten sie in lang währenden Grenzkämpfen das Territorium der von Juda okkupierten Stadt Gath zurückzugewinnen. Im Norden ihres Bereiches konnten sie mehrfach den Zugriff Israels auf ihre Grenzfestung Gibbethon abwehren.

Das Auftreten der Assyrer in Palästina beendete diese Auseinandersetzungen und machte auch die Philisterstädte zu assyrischen Vasallen. In der Folgezeit erschöpften sie ihre Kraft in fruchtlosen Versuchen, die Unabhängigkeit mit Hilfe Ägyptens zurückzugewinnen. 722–720 revoltierte Gaza, 713–711 Asdod. 705 waren Askalon und Ekron an dem von Hiskia von Juda geleiteten Aufstand beteiligt, den Sanherib 701 niederschlug (vgl. S. 11, 35). Daraufhin erhielten die dem Assyrerkönig treugebliebenen Philisterfürsten die Hiskia abgenommene Landschaft Juda zugewiesen, die sie indes nur kurzzeitig zu halten vermochten.

Die Zeit der Autonomie war für die Philister aber unwiederbringlich dahin. An ihrem Status als Teil eines Großreiches änderte sich unter der neubabylonischen Herrschaft nichts. Im Perserreich wurde das philistäische Territorium in das System der Satrapien einbezogen. Als 332 Alexander d. Gr. Palästina durchzog, war Gaza eine der wenigen Städte, die Widerstand leisteten und erobert werden mußten. Das ehemals philistäische Gebiet wurde nun ein Teil des Alexanderreiches und geriet nach dem Tod des großen Eroberers in die Erbstreitigkeiten zwischen Ptolemäern und Seleukiden (vgl. S. 43ff.), bis es schließlich – z. T. mit Selbstverwaltungsrechten der Städte – in das Römische Imperium eingegliedert wurde. Als besondere ethnische Einheit waren die Philister in dieser Zeit wohl längst verschwunden. Ihr Name lebt aber weiter in der von den Römern für die Provinz Judäa eingeführten Bezeichnung »Palästina« (Philisterland).

Ägypten

Die Geschichte Ägyptens, von Manetho in 30 (bzw. 31) Dynastien eingeteilt, setzt mit der Vereinigung von Ober- und Unterägypten durch den sagenhaften König Menes, der wohl mit Horus Aha zu identifizieren ist, oder auch mit der Regierung von Narmer ein. Wahrscheinlich vollzog sich diese Einigung des Reiches in einem längeren historischen Prozeß.

Nach einer Frühzeit folgen das Alte, das Mittlere und das Neue Reich sowie die Spätzeit, die jeweils durch Zwischenzeiten unterbrochen waren. Die einzelnen Dynastien endeten meist mit Aufständen, aus denen neue Herrscherhäuser entstanden.

In der *Thinitenzeit* (1.–2. Dyn., ca. 2955–2635), in der Könige aus Thinis herrschten, kam es zur Konsolidierung des Staates sowie zur Abgrenzung gegenüber anderen Völkern. In dieser Periode entwickelten sich die Hieroglyphenschrift und eine feste Zeitrechnung (Kalender).

Unter den Königen des *Alten Reiches* (3.–8. Dyn., ca. 2635–2135), in dem Memphis, wo Menes einst seine Königsburg baute, endgültig Hauptstadt wurde, sind vor allem Djoser, Sechmet, Cheops, Chephren, Sahure, Unas zu nennen. Während dieser Zeit, die sich zunächst durch eine starke Zentralgewalt der Könige auszeichnete, die als Inkarnation des Gottes Horus galten, sind die großen Pyramiden mit ihren Tempelanlagen nördlich und südlich von Sakkara errichtet worden. Als nach einigen Wirren dann in der 5. Dyn. (ca. 2450–2290) die Verehrung des in Heliopolis beheimateten Sonnengottes Re Staatskult wurde, entstanden die Sonnenheiligtümer mit Obelisken; zugleich gewann der im Volk verbreitete Osiriskult (Totenverehrung) größere Bedeutung. Der König wurde nun als »Sohn Gottes« bezeichnet. In der 6. Dyn. (ca. 2290–2155) machte sich der Einfluß der höheren Priester und einzelner Beamter, die sich durch Vergrößerung ihres Landbesitzes zu Gaufürsten entwickeln konnten, zunehmend geltend. Zwangsläufig wurde dadurch die Zentralgewalt weiter geschwächt.

Die sich damit anbahnende Dezentralisierung zog eine völlige Umschichtung der sozialen Verhältnisse nach sich und führte so zu einer tiefgreifenden Krise auf wirtschaftlichem, religiösem und sozialem Gebiet. Durch den Abfall von Gaufürsten und die Entstehung von Teilreichen, die häufigen Thronwechsel in der 7. Dyn. (um 2155), Volksaufstände und Störungen des wirtschaftlich vielfältig geordneten Organismus der Pyramidenstädte kam es zur Auflösung des Alten Reiches.

Während des Alten Reiches fanden wohl nur kleinere Beutezüge nach Nubien und ins Sinaigebiet sowie nach Palästina/Syrien statt. Seit der Frühzeit gab es jedoch bereits Expeditionen zum 2. Katarakt und nach Punt. Vor allem bestand ein reger Handel mit Byblos.

In der *1. Zwischenzeit* (ca. 2134–2040) rangen zunächst rivalisierende Kräfte an verschiedenen Orten – u. a. Abydos, Memphis und Herakleopolis – miteinander. Aus dem Zusammenbruch bildeten sich schließlich zwei Zentren heraus: Herakleopolis (9. und 10. Dyn., ca. 2134–2040), wo nach einer geistigen Bewältigung der Krise gesucht wurde, und Theben (11. Dyn., ca. 2040–1991). Da Herakleopolis durch vielfachen Thronwechsel und durch die Existenz selbständiger Gaufürsten geschwächt war, konnte ein in Theben ansässiges Geschlecht in Auseinandersetzung mit den Herrschern in Herakleopolis schließlich die Macht erringen und unter Mentuhotep Nebhepet-Re (Mitte der 11. Dyn., um 2040) Ägypten erneut vereinen, so daß hier der Beginn des Mittleren Reiches anzusetzen ist.

Charakteristisch für die 1. Zwischenzeit war die Aufwertung des einzelnen. So nahmen auch Privatpersonen Bestattungsprivilegien für sich in Anspruch, die bisher dem König vorbehalten waren. Der Osiriskult ist jetzt in ganz Ägypten verbreitet. In der Literatur wurde in den »Klagen« ein durch einen gewissen Skeptizismus geprägtes Fragen nach Gottes Gerechtigkeit und der Schuld sowie nach dem Wert aller Dinge thematisch.

Von Theben aus, das nun weiterhin Hauptstadt war, versuchten die neuen Herrscher, die Einheit des Landes zu festigen. Als neue Unruhen ausbrachen, riß offensichtlich der Wesir Amenemhet (I.) die Macht an sich und begründete die 12. Dyn. (1991–1785). Da er einen Ausgleich der Gegensätze anstrebte, verlegte er die Hauptstadt nach Norden, in die Nähe von Memphis, wo dann die Residenzen der Herrscher des *Mittleren Reiches* (ca. 2040–1785) zu finden sind. Doch Amenemhet wie sein Sohn und Nachfolger, den er bereits zu Lebzeiten zum Mitregenten bestimmt hatte, Sesostris I., vermochten noch nicht, die Macht der feudalen Gaufürsten zu beseitigen. Erst Sesostris III. herrschte nach der Vollendung einer Wirtschafts- und Verwaltungsreform wieder über einen straff geführten Staat, der von seinen Nachfolgern – vor allem Amenemhet III. – total organisiert wurde.

In der Zeit des Mittleren Reichs, die durch eine Kolonisierung des Fayum und eine Neu-
einteilung des Provinzaufbaus charakterisiert war, kam es auch zu einer wirtschaftlichen und
kulturellen Blüte. Amun wurde jetzt als höchster Gott verehrt. Der König war kultisch mit den
Göttern verbunden und wurde als »Sohn Gottes« bezeichnet; andererseits wurde seine
Menschlichkeit betont. In der Literatur fragte man nach der Gerechtigkeit Gottes und dem
Sinn des Lebens. Die Geschichte des Sinuhe entstand zu dieser Zeit (um 1962). Auf Grund
seiner Ausgeglichenheit wird das Mittlere Reich als die »klassische Epoche« Ägyptens bezeichnet.

Um neue Rohstoffquellen zu erschließen, aber auch um vordringende Völker abzuwehren,
wurde Nubien als eine Art Kolonie dem Reich eingegliedert. Die Südgrenze war damit bis zum
2. Katarakt vorgeschoben. Mit den asiatischen Nachbarvölkern sowie den Inseln Kreta und
Cypern bestand ein reger Handelsverkehr. Gegen asiatische Eindringlinge entstand eine Be-
festigungslinie an der Nordostgrenze. Von Sesostris III. ist auch ein Feldzug nach Palästina
überliefert, der bis in die Gegend von Sichem führte (um 1850).

Am Ende der 12. Dyn. brachten Unruhen chaotische Zustände hervor, in denen zahlreiche
Usurpatoren die Macht an sich rissen (2. Zwischenzeit, ca. 1785–1650). Weil diese weithin der
Beamtenschaft oder dem Militär entstammten, spricht man auch vom »Wahlkönigtum« oder
»Heereskönigtum«. Ihre Inhaber verfügten jedoch nur über begrenzte Macht. Da nun auch im
Delta örtliche Herrscher auftraten, bestand neben der 13. Dyn., die weiterhin in der Nähe von
Memphis ihre Residenz hatte, die 14. im westlichen Delta. Zudem besaß Oberägypten faktisch
eine gewisse Selbständigkeit. Daß zahlreiche Könige innerhalb kurzer Zeit herrschten, kenn-
zeichnet, wie das Mittlere Reich sich auflöste.

Seit Beginn des 2. Jahrtausends waren ständig Arbeiter, Händler und Handwerker in das Delta
eingewandert. Manche waren im Laufe der Zeit auch in höhere militärische und administrative
Positionen aufgerückt. Infolge des politischen Niedergangs strömten nun – vielleicht auch
durch örtliche Stadtfürsten begünstigt – größere Gruppen von Asiaten ins Delta ein, was von
einigen Forschern mit dem gleichzeitigen Vordringen von Völkerstämmen im Norden Syriens
in Zusammenhang gebracht wird.

Mit dem Söldnerführer Salitis, der die Residenz bei Memphis besetzte und sich zum König
machte (15. Dyn.), begann die Zeit der »Hyksos« (ca. 1650–1550). Die Ägypter bezeichneten
ihn und seine Nachfolger – offensichtlich aus Palästina eingewanderte Asiaten – mit diesem
Herrschertitel (»Herr der Fremdländer«); Manetho sprach von »Hirtenkönigen«. Salitis verlegte die Hauptstadt nach Avaris im Delta, vermochte jedoch zunächst nur Teile Ägyptens zu
beherrschen. Später gehörten mehrere Stadtfürsten Mittelägyptens zu seinen Vasallen; selbst
Oberägypten war ihm tributpflichtig. Neben diesen »Großen Hyksos«, unter deren Königen
offenbar keine Erbfolge bestand, herrschten gleichzeitig die »Kleinen Hyksos« als 16. Dyn. in
Xios.

Die Hyksos verehrten Seth als ihren Gott. Weitgehend wurde von ihnen die ägyptische
Tradition übernommen. Sie führten in Ägypten das Pferd und den Streitwagen ein, die für die
Kriegführung in der Folgezeit bestimmend werden sollten.

Durch die Konfrontation mit den asiatischen Einwanderern wurde die bisher weithin
herrschende Abgeschlossenheit des Landes, die mit seiner geographischen Lage gegeben war,
beendet, so daß nun eine »Weltoffenheit« aufkam. Damit veränderte sich aber auch die kulturelle und religiöse Orientierung.

Von Theben aus, das ebenfalls unter der Fremdherrschaft stand, begann der Kampf gegen die
Hyksos. Anjotef VI. konnte dabei ganz Oberägypten unabhängig machen. Seine Dynastie, die
als 17. gezählt wird, verstand sich als rechtmäßige Nachfolgerin der 13. Dyn. Um 1544 gelang
es schließlich Ahmose, die Hauptstadt Avaris zu erobern, das Reich erneut zu einen und die
Hyksos nach Palästina zu vertreiben. Im Inneren wurden die selbständigen Stadtkönige in ihrer

Existenz bedroht, da ihre Ländereien Veteranen und verarmten Tempeln übereignet wurden. Ahmose vermochte auch die Grenzen zu erweitern.

Im *Neuen Reich* (ca. 1550–1080), das mit der 18. Dyn. (ca. 1550–1306) begann, wurde das Königtum wieder religiös verankert. Der Pharao galt als Sohn des Amun-Re und der Königsgemahlin. Seine Göttlichkeit wurde dabei besonders durch seine Ehe mit dem »Gottesweib« des Amun betont, ein Titel, welchen die Prinzessin erhielt, die später Königin werden sollte.

Das Vordringen über die eigenen Grenzen brachte Ägypten in Konflikt mit den Völkern, die es unterwarf, aber auch mit anderen Großmächten, die gleichfalls Anspruch auf vorderasiatische Gebiete erhoben. Damit entstand eine Beziehung Ägyptens zur Geschichte des syrisch-palästinensischen Gebiets wie zu der der Großmächte. Amenophis I., Sohn des Ahmose, überschritt die Grenze nach Palästina; er führte einzelne Kriegszüge nach Nubien, möglicherweise auch nach Libyen. Unter Thutmosis I. stabilisierten sich die Verhältnisse des Reiches. Seine Feldzüge führten ihn bis zum 4. Katarakt im Süden. Fortan blieb Nubien fest in ägyptischer Hand, von einem Gouverneur mit dem Titel »Königssohn von Kusch« verwaltet. In Vorderasien erreichte Thutmosis sogar den Euphrat, ohne jedoch feste Städte Palästinas zu erobern.

Die Hauptgarnison wurde nach Memphis verlegt, in der der älteste Sohn des Pharao den Oberbefehl innehatte, so daß jetzt zwei Verwaltungsbezirke (Theben und Memphis) entstanden. Damit wurde bereits eine spätere Teilung präjudiziert. Thutmosis begann mit dem Bau des großen Tempels in Karnak und ließ für sich ein Felsengrab im Tal der Könige errichten, das von nun an zur Begräbnisstätte der Könige wurde. Auch die Kunst nahm einen neuen Aufschwung.

Sein Sohn Thutmosis II., der nur wenige Jahre regierte, führte eine Strafexpedition nach Palästina, die auch den Zugang zu den Kupferminen des Sinai sichern sollte. Ihm folgte seine Stiefschwester und Gattin Hatschepsut, die die Regierung für den im Kindesalter stehenden Thutmosis III. ausübte. Sie ließ sich als männlicher Pharao darstellen. Ihre Herrschaft, die lange Zeit von Günstlingen bestimmt wurde, gilt als Friedenszeit, wenngleich sie einige Kriegszüge im Süden führte. Mit den Küstenländern und Inseln des östlichen Mittelmeers bestand ein reger Handel. Berühmt ist ihre Expedition nach Punt.

Als nach ihrem Tod ihr Neffe und Stiefsohn Thutmosis III. die Regierung allein übernahm, suchte er das Andenken an Hatschepsut auszulöschen. Schon bald wurden die ägyptischen Interessen in Vorderasien durch vordringende Hurriter und das aufkommende Mitannireich angetastet. In mehreren Feldzügen, bei denen Kadesch am Orontes als besonderes Widerstandsnest wiederholt zerstört wurde, unterwarf Thutmosis Palästina und den größten Teil Syriens. Mit seinen Kriegswagen, die große Entfernungen durchmessen konnten, gelangte er bis zum Euphrat. Von entscheidender Bedeutung war schon sein Sieg im ersten Feldzug über eine Koalition syrisch-palästinensischer Fürsten bei Megiddo (1468).

Thutmosis' III. Nachfolger Amenophis II. und Thutmosis IV. suchten das eroberte Gebiet zu halten. In Syrien war eine Erhebung gegen Ägypten, die vom Mitanni-König unterstützt wurde, zunächst erfolgreich. Amenophis konnte vorerst nur das Küstengebiet zurückerobern. Da in der folgenden Zeit das Mitannireich durch die vordringenden Hethiter gebunden war, kam es zu Friedensverhandlungen mit Ägypten. Unter Thutmosis IV. hören wir von erneuten Angriffen des Mitannireiches, die dann aber in einem Friedensvertrag beigelegt wurden. Thutmosis heiratete eine mitannische Prinzessin. In Ägypten entwickelte sich zunehmend ein Gegensatz zwischen dem König, der sich auf seine Offiziere stützte, und der höheren Priesterschaft, der sich später zu einem Machtkampf auswachsen sollte.

Amenophis III. entfaltete große Pracht und Luxus. Die immense Bautätigkeit (Totentempel, Memnonskolosse) zeugt von dem Reichtum des Landes. Gleichzeitig ging der Einfluß Ägyptens in Vorderasien zurück. Im Nordlibanon entstand der Staat Amurru, der die Küstenstädte eroberte. Auch die Hethiter gewannen zunehmend an Einfluß. Der Gegensatz von

König, Beamten und Priestern verschärfte sich. Ungewöhnlich ist auch, daß Amenophis mit Teje eine Frau bürgerlicher Herkunft zu seiner Hauptgattin machte, die später sogar Einfluß auf die Staatsangelegenheiten nahm. Gegen Ende seiner Regierung heiratete er noch eine Prinzessin aus Mitanni. Die internationale Diplomatensprache war damals, wie wir aus Briefen und Berichten palästinensischer und syrischer Stadtfürsten sowie aus Babylonien und Mitanni wissen, nicht das Ägyptische, sondern das Akkadische.

Unter Amenophis IV., einem Sohn Amenophis' III. und der Teje, begann mit einer Religionsreform eine besondere Periode (Amarna-Zeit), in der der Gegensatz zwischen dem König, der sich auf das Heer stützte, und der Amunpriesterschaft einem Höhepunkt zusteuerte. Anstelle der vielen Götter forderte Amenophis, der sich fortan Echnaton nannte, die Alleinverehrung des Aton, der als Sonnenscheibe dargestellt wurde, und verbot zugleich den Amunkult.

Nachdem Echnaton zunächst in Theben residiert hatte, verlegte er seine Hauptstadt nach Achet-Aton (Amarna) in Mittelägypten, die als unbefestigte Landstadt gestaltet wurde, wobei auch im Unterschied zum früheren Brauch die Gräber am Ostufer des Nils ihren Platz fanden. Die einem Realismus zuneigende Auffassung, die in der Kunst ihren Ausdruck fand, stand gleichfalls im Gegensatz zur Tradition. Sie gestaltete auch das alltägliche Leben. Da Echnaton die Regierungsgeschäfte vernachlässigte, schlossen sich die unterworfenen syrischen Gebiete (Ugarit, Amurru, Kadesch) dem sich ausbreitenden Hethiterreich an, während das Mitannireich infolge innerer Kämpfe zerfiel. Die palästinensischen Stadtstaaten wurden von Rebellenbanden (Chabiru) bedrängt. Aus den in Amarna aufgefundenen Briefen, die uns über die Verhältnisse näher unterrichten, vernehmen wir die Klagen und Hilferufe der Städte in Syrien und Palästina, darunter auch Jerusalem. Ägypten war aber zu geschwächt, um eingreifen zu können.

Nach Echnatons Tod mußte der Amunkult wieder erlaubt werden. Unter Tutenchaton erfolgte die Rückkehr nach Theben, wo er dann unter dem Namen Tutenchamun herrschte. Die alte Religion wurde wieder eingeführt, die Tempel in die alten Rechte eingesetzt. Nach Tutenchamuns Tod erbat seine junge Witwe von dem Hethiterkönig Schuppiluliuma einen Prinzen zum Gatten. Offensichtlich wurde er ermordet, da er nie in Theben ankam.

Es kam jetzt der »Gottvater« Eje, der früher ein Höfling in Amarna gewesen war, zur Regierung. Möglicherweise wollte er das Erbrecht der jungen Witwe sichern. Damit endet die Amarna-Periode. Fortan galt Echnaton, der in geistiger Beziehung seiner Zeit weit voraus war, als Ketzerkönig.

Während dieser ganzen Zeit versuchte der General Haremhab, von Memphis aus die Ordnung in Ägypten aufrechtzuerhalten. Er beseitigte dann Eje und Tutenchamuns Witwe. Der Hethiterkönig, der gegen ihn einen Feldzug unternahm, mußte diesen infolge einer Pest abbrechen, so daß zwischen beiden Großreichen nun eine friedliche Periode eintrat.

Haremhab stellte die Ordnung im Heer und unter der Beamtenschaft im ganzen Reich wieder her. Seinen Regierungssitz verlegte er wiederum nach Memphis. Theben blieb jedoch religiöses Zentrum.

Da Haremhab kinderlos war, bestimmte er seinen General Peramesse zum Nachfolger, der sich nun Ramses I. nannte und eine Dynastie begründete (19./20. Dyn., sog. Ramessidenzeit, ca. 1305–1080). Ägypten erlangte jetzt wieder großes Ansehen unter seinen Nachbarn. Die Beamten- und Priesterschaft, unter der nun Erblichkeit aufkam, stammte wohl weithin aus militärischen Kreisen. Da die Hauptstadt im Norden des Reiches entstand, ergab sich zu dem religiösen Zentrum in Theben eine zunehmende Spannung.

Ramses' Sohn und Nachfolger Sethos I. stellte die ägyptische Macht in Palästina und Phönizien bis nach Tyros und Kadesch am Orontes wieder her. In Palästina bekämpfte er eingedrungene Wüstenstämme und errichtete Siegesstelen in Beth-Schean in der Jordanebene. In Syrien setzten die Hethiter seinem Vordringen Grenzen. Auch gegen die Libyer führte Sethos einen Feldzug. Anstelle des Gottes Amun bekamen jetzt Re und Seth besondere Bedeutung.

Sein Sohn Ramses II., der über 67 Jahre regierte, setzte die Eroberungen seines Vaters in Syrien fort. Er traf dabei auf den Hethiterkönig Muwatalli. Die wichtigste Schlacht fand bei Kadesch am Orontes statt (1285), die beide Seiten als Sieg verbuchten. In Wahrheit stellte sie eine Schlappe für die Ägypter dar, die sie an einem weiteren Vorrücken in Syrien hinderte. Infolge innerer Unruhen im Hethiterreich kam es dann zu einem Friedens- und Bündnisvertrag zwischen Ramses und Hattušili III. (1270). Die weitere Regierungszeit Ramses' war – abgesehen von mehreren Kriegszügen nach Palästina und sogar ins Ostjordanland – eine friedliche Periode. Ramses heiratete dann auch eine Tochter des hethitischen Königs.

Gestützt auf sein Heer konnte er Verwaltungsreformen durchführen. Den Einfluß der Priester dämmte er ein. Seine Bauten, die sich durch eine überdimensionale Größe auszeichnen, sind über das ganze Land verstreut (Abu Simbel, Ramesseum). Als neue Hauptstadt errichtete er die Ramsesstadt im östlichen Delta, deren Bau der historische Hintergrund für die Mosegeschiche ist (Ex 1,11).

Da Ramses über 67 Jahre regierte, kam erst sein 13. Sohn zur Nachfolge: Merneptah. Während seiner Herrschaft suchten die Libyer (um 1219) einzudringen. Merneptah gelang es jedoch, die Stämme zu besiegen und zurückzudrängen. Auf seiner Siegesstele erscheint zum ersten Mal der Name Israel. Wahrscheinlich erfolgte unter diesem König die Auswanderung israelitischer Sippen aus Ägypten (vgl. Ex 12ff.). Nach Merneptahs Tod kam es zu Thronwirren. Bereits bei der Übernahme der Herrschaft durch Sethos II. übte der Usurpator Amenmesse in Theben für kürzere Zeit die Macht aus. Es folgten weitere Usurpatoren, vorübergehend wurde sogar eine Königin Alleinherrscherin.

König Sethnacht, der dann am Ende der 19. Dyn. den regierenden Irsu vertrieb, wurde zum Begründer der 20. Dyn. Ihm folgte sehr bald Ramses III. Er konnte zunächst das Vordringen der Libyer abwehren; später wies er ihnen im Fayum Land zu und übernahm sie in sein Heer. In dieser Zeit erreichte Ägypten der große Ansturm der sog. Seevölker, dem schon das Hethiterreich zum Opfer gefallen war. Sie rückten über Palästina vor und drangen zu Land und zur See in Ägypten ein. Unter diesen Völkerschaften sind vor allem die Philister und Zaker zu nennen, die sich dann an der palästinensischen Küste festsetzten, nachdem Ramses III. den Seevölkereinfall in schweren Kämpfen zum Stehen gebracht hatte (um 1186).

Ägypten besaß aber nicht mehr die Kraft, das palästinensische Gebiet völlig zurückzuerobern, so daß sich die Philister darin ungestört ansiedeln und Städte (Gaza, Askalon und Asdod) gründen konnten.

In der folgenden Zeit ging die Macht der Könige zusehends zurück. Der Einfluß in Vorderasien schwand, die Tribute blieben aus. Die Unsicherheit im Lande nahm zu. Währenddessen wuchs kontinuierlich die Macht der Hohenpriester in Theben, sie wurde jetzt sogar erblich.

Trotz der Tatkraft und des politischen Geschicks von Ramses XI. (ca. 1110–1080), der seine Residenz in Tanis (Delta) hatte, kam es unter seiner Herrschaft zum wirtschaftlichen Niedergang und Zerfall des Neuen Reiches wie zum Ende der Ramessidenzeit, da er die im Innern entstandenen Spannungen nicht auszugleichen vermochte. Zum unmittelbaren Anlaß wurde die unhaltbare Lage der Arbeiter und Söldner in Oberägypten, die sich schließlich in Aufständen Luft machte. Der Vizekönig von Kusch, Pennehesi, dem es gelungen war, diese Aufstände niederzuschlagen, wurde möglicherweise noch zu Ramses' Lebzeiten von dem General Herihor vertrieben. Dieser machte sich zum Hohenpriester und gründete einen »Gottesstaat des Amun« mit dem religiösen Zentrum in Theben. Er regierte dabei im Auftrag des Amun, ließ Entscheidungen durch Gottesorakel bestimmen und legitimierte so seine Stellung und Würde durch enge Bindung an die transzendente Macht.

Ramses' XI. Nachfolger Smendes konnte die Einheit des Reiches nicht wiederherstellen, obwohl er von Tanis aus – zusammen mit seiner Frau Tentamon, wohl einer Prinzessin aus der

Familie der Ramessiden – offiziell über ganz Ägypten herrschte. Seine Dynastie (21. Dyn., ca. 1080–946) nahm sogar verwandtschaftliche Beziehungen zu Theben auf.

Während dieser Zeit verfügte keine der Partikularmächte – die Dynastie in Tanis, das Hohepriestertum in Theben, das Nubierreich und die libyschen Söldnersiedlungen im Delta – über die beherrschende Gewalt.

Indessen rückten die angesiedelten libyschen Söldner in immer höhere Positionen in Unter- und Mittelägypten auf. Aus ihrer Mitte entstand die nächste Dynastie. Um 950 übernahm nach dem Tod des letzten Königs von Tanis der Stadtfürst von Herakleopolis, Schoschenk (= Schischak), der libyscher Abkunft war, die Herrschaft und wurde seitens der übrigen Stadtfürsten als König anerkannt. Er begründete die 22. Dyn., die von Manetho als »Bubastiden« bezeichnet wird, da er seinen Anspruch als König wohl von Bubastis (im östlichen Delta) her erhob. Wahrscheinlich hat er dann aber auch in Tanis residiert. Er führte einen Feldzug nach Palästina, verwüstete große Teile des Landes und empfing einen schweren Tribut des Königs Rehabeam von Juda.

Der Gottesstaat wurde von Schoschenk nicht angetastet, jedoch als eine Secundogenitur angesehen, in die man Familienangehörige einsetzte. Doch auch sonst bestand keine straffe Zentralgewalt; überhaupt läßt sich in der Folgezeit der Machtbereich der verschiedenen Herrschergeschlechter nicht ganz durchschauen, unter denen es auch zu Auseinandersetzungen kam.

Neben der 22. Dyn. (ca. 946–720) bestand dann mehrere Jahrzehnte die (libysche) 23. Dyn. (ca. 792–720), deren Begründer Petubastis wohl auch einem Zweig der Königsfamilie angehörte. Da sich die libyschen Söldner innerhalb der 200 Jahre seit ihrer Einwanderung in Ägypten integriert hatten, kam es bei ihrer Herrschaftsübernahme, trotz der zu dieser Zeit entstandenen engeren Beziehungen zu Libyen (wie auch zur Oase Siwa), nicht zu einem Bruch mit der ägyptischen Vergangenheit.

In Nubien, das sich während dieser Zeit vom Gottesstaat gelöst hatte, war ein eigenes Reich mit der Hauptstadt Napata (am 4. Katarakt) entstanden. Der erste uns bekannte Herrscher dieser (äthiopischen) Dynastie war Kaschta, der bald die Thebais in Besitz nahm und auch Anspruch auf ganz Ägypten erhob (25. Dyn., ca. 745–655). Die Herrschaft über den Gottesstaat übte er durch die an dessen Spitze stehende »Gottesgemahlin« (Tochter des Königs, die als fiktive Gattin des Amun galt) aus. Da dieses Amt durch Adoption vererbt wurde, geriet Theben nun unter eine weibliche Dynastie. So wurde die »Gottesgemahlin« Schepenupet II. (Tochter des Königs Osorkon III.) gezwungen, Kaschtas Tochter Amenderes als Nachfolgerin zu adoptieren.

Schon während dieser Zeit hatten sich in Sais (Westdelta), das durch seinen Handel mit Griechenland erstarkt war, die dortigen Fürsten selbständig gemacht (um 740). Tefnachte, der schließlich eine Dynastie gründen konnte (24. Dyn., ca. 740–712), mußte sich gegen Kaschtas Angriffe behaupten. Er – wie auch sein Sohn Bokchoris – konnten die Herrschaft lediglich über das Deltagebiet ausüben; nur für kürzere Zeit waren sie in der Lage, die nubische Hegemonie zu brechen. Für einige Jahrzehnte bestand darum die 24. neben der 25. Dynastie.

Indessen war Assyrien zur herrschenden Macht in Vorderasien geworden. Als die Assyrer Palästina unterwarfen, tangierten sie die Interessensphäre Ägyptens. Die Versuche der Ägypter, antiassyrische Unruhen in Palästina zu schüren und durch Hilfstruppen zu unterstützen, waren aber zu schwach und schlugen fehl. Bei Raphia (720) und bei Eltheke (701) unterlagen die ägyptischen Kontingente den Assyrerkönigen Sargon II. und Sanherib.

Bald waren die Ägypter nicht einmal mehr in der Lage, die Assyrer von ihren Grenzen fernzuhalten. Vorübergehend konnte Assarhaddon Unterägypten einnehmen und den äthiopischen Pharao Taharka auf Oberägypten beschränken (671). Sein Nachfolger Assurbanipal wiederholte die Eroberung (667) und erreichte schließlich sogar Theben (663).

Nach dem Abzug der Assyrer konnte Psammetich, als Fürst von Sais assyrischer Vasall, die verschiedenen in Unter- und Mittelägypten entstandenen Herrscher mit Hilfe griechischer und karischer Söldner entmachten. Er »vertrieb« schließlich auch die Assyrer bis Asdod (650) und begründete die (saitische) 26. Dynastie (26. Dyn. 664–525). Mit offensichtlichem Geschick nahm Psammetich dann – mittels Adoption seiner Tochter Nitokris durch die amtierende »Gottesgemahlin« (Schepenupet) – die Thebais in Besitz. Dem zentralen Verwaltungsapparat, den er schuf, stellten sich Rivalitäten entgegen, die durch die Griechen im Lande hervorgerufen waren, auf die die Dynastie sich stützte.

Die Spannungen hielten unter seinem Nachfolger Necho (610–595) an, der sich eine Flotte schuf und durch einen Kanal eine Verbindung zwischen Mittelmeer und Rotem Meer anstrebte. Indessen hatten sich die politischen Verhältnisse im vorderasiatischen Raum entscheidend verändert. Das assyrische Großreich war im Niedergang und kämpfte ums Überleben. Im palästinensisch-syrischen Raum war ein Machtvakuum entstanden, in das Ägypten hineinstoßen konnte. So führte Necho einen Feldzug nach Syrien mit dem Ziel, das wankende assyrische Reich gegen die neu aufkommenden Mächte der Meder und Neubabylonier zu schützen. Das gelang ihm zwar nicht, doch konnte er sich einige Jahre der Herrschaft über Syrien und Palästina erfreuen. Den König Josia von Juda, der sich ihm bei Megiddo entgegenstellte, ließ er töten (609), seinen Sohn Joahas absetzen und einen König seiner Wahl, Jojakim, in Jerusalem inthronisieren. Doch war diese ägyptische Hegemonie nur ein kurzes Intermezzo. 605 von dem babylonischen Kronprinzen Nebukadnezar bei Karkemisch entscheidend geschlagen, mußte Necho Syrien und Palästina den Neubabyloniern überlassen. Nechos Nachfolger Psammetich II. und Apriës (= Hophra) knüpften diplomatische und militärische Verbindungen mit den phönizischen Städten sowie mit den palästinensischen Kleinstaaten, vor allem Juda, an, um sie zum Aufstand gegen die Babylonier zu ermutigen. Doch wiederum war die ägyptische Unterstützung unzureichend. Die Aufstandsversuche wurden von Nebukadnezar niedergeschlagen. 597 kapitulierte Jerusalem; beim zweiten Aufstand Judas wurde es 587 erobert und zerstört. Durch die Flucht zahlreicher Judäer nach Ägypten entstand dort der Kern einer jüdischen Diaspora, darunter auch jüdische Militärkolonien wie die von Elephantine.

Erfolgreicher waren die Ägypter wohl in ihren Bemühungen, Einfälle Nebukadnezars zurückzuweisen. Ägypten behauptete seine Unabhängigkeit. Doch im Inneren hielten die Konflikte an. Die Rivalität zwischen griechischen und libyschen Söldnern löste eine Meuterei der libyschen Truppen aus, die Apriës den Thron kostete. Sein General Amasis stellte sich an die Spitze der Aufständischen und wurde von ihnen zum König ausgerufen.

Mit großem diplomatischem Geschick verstand es Amasis, der vielfältigen Probleme in seinem Reich Herr zu werden. Den griechischen Einfluß konnte er dämpfen und zugleich doch die Entfaltungsmöglichkeiten der griechischen Handwerker und Händler in eine bestimmte Richtung lenken. Nach außen hin suchte Amasis Bündnisse zu schließen; so mit Kroisos von Lydien und mit Babylonien. Da jedoch Kyros II. das Lyderreich in Kleinasien zerstörte und Babylon eroberte, nahm Amasis davon Abstand, nach Palästina vorzustoßen. Er machte jedoch Cypern zur ägyptischen Provinz.

Unter seinem Sohn Psammetich III. kam es dann zur Konfrontation mit dem persischen Großreich. Da Ägypten die phönizischen und jonischen Städte unterstützte, die die persische Herrschaft abzuwerfen versuchten, zog der Perserkönig Kambyses II. gegen Ägypten. Psammetich unterlag in der Entscheidungsschlacht bei Pelusium (525). Als Kambyses von Oberägypten aus zur Oase Siwa zog, wurde sein Heer in einem Sandsturm vernichtet. Er selbst starb auf dem Weg nach Syrien, durch die Nachricht von Aufständen im Iran zurückgerufen. Ägypten verblieb unter persischer Herrschaft, die über ein Jahrhundert währte (525–404). Im Unterschied zu der libyschen und äthiopischen Zeit wurde die *Perserzeit* von den Ägyptern als eine wirkliche Fremdherrschaft empfunden. Dennoch ist sie der ägyptischen Geschichte eingegliedert; ihre Herrscher erscheinen in der ägyptischen Königsliste. Unter Kambyses' Nachfolger Dareios I. scheint eine Wandlung in der Behandlung der ägyptischen Untertanen eingetreten zu sein. Er erbaute mehrere ägyptische Tempel und vollendete den von Necho begonnenen Kanal zum Roten Meer. Unter ihm ist auch die jüdische Militärkolonie auf der Insel Elephantine bezeugt, deren Jahwetempel 410 bei einem Aufstand zerstört wurde. Seit der Regierungszeit des Xerxes, der ebenso wie die weiteren persischen Könige Ägypten nicht mehr betrat, kam es wiederholt zu Aufständen und Unruhen.

Als Artaxerxes II. mit seinem Bruder Kyros (d. J.) um die Macht in Persien stritt, konnte sich Ägypten dann noch einmal der persischen Oberherrschaft entziehen (28.–30. Dyn.). Die 28. Dynastie wurde dabei allein von Amyrtaios von Sais gebildet. Die 29. Dynastie (399–380), die wohl aus Mendes im Delta stammte, verdankte ihre Herrschaft einem Bündnis mit Athen und Sparta, fand dann aber durch Aufstände und Thronstreitigkeiten ihr Ende. In der letzten Dynastie (30. Dyn., ca. 380–342) kam es noch einmal zu einem gewissen Höhepunkt: Nektanebos I. suchte eine Reorganisation des Landes in wirtschaftlicher Hinsicht durchzuführen, wobei ihm wohl die Zeit Sesostris' I. (12. Dyn.) vorschwebte. Sein Sohn Teos hat möglicherweise einen Feldzug gegen die Perser unternommen, bei dem ihn der König von Sparta unterstützte. Als er auf dem Vormarsch nach Phönizien war, revoltierte sein Neffe Nektanebos II. mit einem Teil des Heeres und ließ sich in Ägypten zum König ausrufen. Teos floh daraufhin zu den Persern. Nektanebos konnte zunächst das Vordringen des persischen Heeres verhindern, wurde schließlich aber doch von Artaxerxes III. Ochos besiegt. Er floh daraufhin nach Äthiopien. Ägypten wurde erneut zur Satrapie unter den persischen Königen (342), die als 31. Dynastie gezählt werden. Nach der Schlacht von Issos (333) zog Alexander d. Gr. nach Ägypten und beendete die Herrschaft der Perser.

Babylonien

Das südliche Mesopotamien, nach seiner bedeutendsten Stadt Babylonien genannt, stellt eine der Kulturwiegen der Menschheit dar. Infolge der großen Regenarmut dieser Landschaft hängt die Fruchtbarkeit des Bodens von einem sorgfältig ausgebauten und instand gehaltenen Kanalnetz ab. Dies wiederum erforderte Organisation und Kontrolle der Arbeit, also eine staatliche Ordnung. Ohne eine übergreifende Zentralgewalt mußte das Kanalsystem verfallen, der Boden versteppen und versalzen, und das ist tatsächlich nach dem Niedergang der antiken Kulturen eingetreten.

In dieses Gebiet, das von einer bodenstämmigen, semitischen Bevölkerung bewohnt war, wanderten etwa gegen Ende des 4. Jahrtausends v. Chr. *die Sumerer* ein und errichteten hier um 3000 v. Chr. die erste Hochkultur. Sie schufen eine Bilderschrift, die sogar die Herausbildung der ägyptischen Hieroglyphen beeinflußte und die sich später durch Abstraktion zur akkadischen Keilschrift entwickelte. Gleichzeitig entstanden Monumentalarchitektur, Plastik, Siegelschneidetechnik und eine formschöne Keramik. Die Sumerer waren in Stadtstaaten organisiert, an deren Spitze ein »König« oder »Fürst« stand. Seine Herrschaft war eng mit dem Haupttempel verbunden, dessen Verwaltung die Wirtschaft des Stadtstaates unterstand. Obwohl nach innen autonom, erkannten die einzelnen Staaten den Herrscher einer Stadt als ihren Oberkönig an. Dies führte natürlich zu Machtkämpfen, und so wechselte die Hegemonie zwischen Kisch, Uruk, Ur und anscheinend auch Lagasch.

Durch eine zunehmende Trennung von Tempel und Palast entstanden Spannungen und soziale Gegensätze. Dies veranlaßte den König Urukagina von Lagasch (um 2370) zu einer Reform im theokratischen Sinne, durch die eine unangemessene Bereicherung sowie die Bedrückung und Übervorteilung von Armen, Witwen und Waisen verhindert werden sollte. Doch wurde Urukagina von dem Nachbarfürsten Lugalzaggesi von Umma entthront und seine Stadt Lagasch zerstört. Mit großer Energie und mit brutalen Kriegsmethoden eroberte Lugalzaggesi nun eine sumerische Stadt nach der anderen. Offenbar schwebte ihm die Schaffung eines streng zentralisierten sumerischen Einheitsreiches vor, das er von Uruk aus regierte. Dieser Höhepunkt sumerischer Machtentfaltung, der gleichwohl die sumerische Staatskonzeption des Partikularismus preisgab, nahm ein plötzliches Ende, als eine neu entstandene semitische Macht auf dem Schauplatz erschien, das Reich von Akkad.

Von etwa 2500 ab hatte sich im nördlichen Babylonien ein Gegengewicht gegen das Sumerertum in den *Akkadern*, einem semitischen Bevölkerungselement, herausgebildet, das sich sukzessive nach Norden und nach Süden ausdehnte. Unter Sargon (ca. 2350–2294) gelang den Akkadern nicht nur eine semitische Herrschaftsbildung in Mesopotamien, sondern darüber hinaus die Gründung des ersten akkadischen Großreiches. Mit seinem Sieg über Lugalzaggesi unterwarf Sargon Sumer und eroberte dann das östlich an Babylonien angrenzende Bergland Elam. Durch mehrere Feldzüge nach dem Westen warf er u. a. das mächtige nordsyrische Reich von Ebla nieder und errichtete seine Herrschaft über Syrien bis zum Libanon. Im Norden griff er über den Tauros nach Kleinasien hinüber. Von seiner Residenz Akkad aus beherrschte er ein Reich, das sich vom Mittelmeer bis zum Persischen Golf erstreckte.

Seine Söhne hatten Mühe, das riesige Territorium zusammenzuhalten. Sargons Enkel Naramsin führte das Reich von Akkad noch einmal auf einen Höhepunkt seiner Macht und Kultur. Unter seinen Nachfolgern ging das Reich aber an inneren Wirren und Eingriffen von außen zugrunde. Die Einfälle des barbarischen Bergstammes der Gutäer zerschlugen die staatliche Ordnung und brachten über Mesopotamien eine etwa ein Jahrhundert währende Fremdherrschaft. Da sich die Hauptschläge der Gutäer gegen die semitischen Akkader richteten, konnte sich das Sumerertum in dieser Zeit erholen und erlebte eine Renaissance. Utuchengal von Uruk schüttelte die Fremdherrschaft ab und leitete damit eine Periode letzter sumerischer Machtentfaltung ein, die freilich von Uruk rasch auf Ur überging (*sogenannte 3. Dynastie von Ur*, 2064–1955). Von den Oberkönigen aus Ur wissen wir nur wenig, desto mehr aber über den Fürsten Gudea von Lagasch, der eine Fülle von Bildnissen und Inschriften hinterlassen hat. Gudea führte eine Friedensherrschaft und widmete sich mit besonderer Intensität dem Dienst der Götter. In seiner Selbstdarstellung zeichnete er das Idealbild eines sumerischen Herrschers. Die politische Restauration des Sumerertums war von kurzer Dauer. Eine lang andauernde semitische Einwanderungswelle, die sog. westsemitische oder amoritische Wanderung, schuf neue Machtzentren und Bevölkerungsrelationen. Nachdem Ibbisin von Ur durch die Elamiter gefangengenommen worden war, zerfiel das Land in verschiedene regionale Herrschaften, die lange und vergeblich miteinander um die Hegemonie rangen. Schon länger bestehende staatliche Einheiten wie Mari, Assur und Babylon treten jetzt in das helle Licht der Geschichte. Sie wurden durch westsemitische Dynastien beherrscht, während von Osten her die Elamiter eine umfassendere Herrschaftsbildung in Mesopotamien versuchten. Der aus einer elamitischen Familie stammende Rimsin von Larsa eroberte zielstrebig die Städte des Landes außer Babylon und begründete so noch einmal ein sumerisch-akkadisches Einheitsreich.

In dem ersten bedeutenden Herrscher Babylons, *Hammurabi* (1729–1686), erwuchs Rimsin ein überlegener Gegner. Mit Hammurabi tritt Babylon aus der bisherigen Verborgenheit heraus und gewinnt mit diesem überragenden König seiner 1. Dynastie sogleich Relevanz für das gesamte Mesopotamien. Zunächst nur auf die Herrschaft über seine Stadt beschränkt, weitete er sein Gebiet, die bestehenden Machtverhältnisse und Rivalitäten klug nutzend, nach Norden und Süden aus, vorerst auf Kosten Assyriens und mit Unterstützung Rimsins von Larsa und Zimrilims von Mari. Bald aber wandte sich Hammurabi gegen Rimsin. Durch seinen Sieg fiel ihm der Süden des Landes zu. In den nächsten Jahren eroberte er Mari am mittleren Euphrat und Assyrien. Damit war ganz Mesopotamien unter der Herrschaft Babylons vereinigt und dem Land ein neues Zentrum gegeben. Eine darüber hinausreichende Großherrschaft hat Hammurabi nicht angestrebt.

Besonders bekannt ist Hammurabi der Nachwelt durch seinen Gesetzeskodex geworden. Mit ihm versuchte er, unter Rückgriff auf ältere Rechtssammlungen ein umfassendes Reichsrecht zu schaffen und auch in der Praxis durchzusetzen. Auf religiösem Gebiet spiegelt sich die Oberherrschaft Babylons im Aufstieg des babylonischen Stadtgottes Marduk zum König des Pantheons, der im Weltschöpfungsepos Enuma eliš seinen Niederschlag gefunden hat. In der Hammurabi-Zeit liegen wohl auch die Wurzeln für die Sonderstellung Babylons als des großen kulturellen Zentrums Mesopotamiens, die die Stadt auch in Zeiten politischer Ohnmacht wahrte.

Denn schon nach Hammurabis Tod brach das altbabylonische Reich auseinander. Einfälle der kassitischen Bergvölker mußten abgewehrt werden; der Süden des Landes machte sich wieder selbständig. Den Untergang des Reiches aber bewirkte ein verwegener Beutezug, den der Hethiterkönig Muršili I. um 1530 quer durch das Land bis nach Babylonien führte. Die Stadt wurde erobert und ausgeplündert. Die Hethiter konnten und wollten aber keine dauernde Herrschaft über Babylonien errichten. In das entstehende Machtvakuum strömte das Bergvolk der Kassiten ein, überlagerte die bodenständige Bevölkerung und übernahm die Regierung über das Land. Diese Zeit der *Kassitenherrschaft* (ca. 1530–1160) ist eine dunkle Periode in der Geschichte Babyloniens. Der Kassitenstaat besaß kein besonderes politisches Gewicht. Andere Völker beanspruchten die Hegemonie über Vorderasien, nämlich die indoarischen Hurriter, die Assyrien unterworfen und das Reich Mitanni gegründet hatten, und die in Kleinasien zu einer Großreichbildung ausholenden Hethiter. In Syrien traten beide Staaten in Konkurrenz zu den Herrschaftsansprüchen der Ägypter. Aus dem Archiv von Tell Amarna wissen wir, daß im 14. Jh. die Kassitenherrscher in Beziehung zum Pharaonenhof standen. Gleichzeitig bezeugen die Texte, daß das Babylonische, das längst das Sumerische abgelöst hatte, die Sprache der internationalen Diplomatie geworden war.

Gegen Mitte des 14. Jh. änderten sich die Machtverhältnisse. Der Hethiterkönig Schuppiluliuma machte der Selbständigkeit des Mitanni-Reiches ein Ende. Dabei gewann Assyrien seine Unabhängigkeit zurück und wurde vorübergehend zu einem Machtfaktor. Es konnte sogar die Reste des Mitanni-Reiches einverleiben und die Oberhoheit über Babylon gewinnen. Dabei wurde der kassitische König Babylons durch Tukulti-Ninurta I. gefangengenommen, die Stadt ausgemordet und schwer zerstört. Aber die im Gefolge der sog. aramäischen Wanderung in Mesopotamien wie in Syrien/Palästina einströmenden Aramäer schwächten die einheimischen Zentralgewalten. Der Seevölkersturm, der um 1200 das Hethiterreich zerstörte, Syrien und Palästina überrollte, ging zwar an Mesopotamien vorbei, machte aber dem Herrschaftsanspruch anderer Mächte auf Syrien und Palästina ein Ende.

Im 12. Jh. sank die assyrische Macht wieder auf regionales Niveau, aber auch Babylon war durch die aramäische Unterwanderung und einen elamitischen Einfall zu stark geschwächt, um größeren Herrschaftsbestrebungen nachgehen zu können. Die Kassitendynastie – längst nicht mehr als Fremdherrschaft empfunden – wurde jetzt gestürzt und durch ein einheimisches Königsgeschlecht ersetzt, dessen bedeutendster Herrscher *Nebukadnezar I.* war, über den freilich nicht viel bekannt ist.

In den nächsten Jahrhunderten blieb Babylonien in mehr oder minder starkem Maße ein Vasall der aufstrebenden assyrischen Macht, die alle Selbständigkeitsbestrebungen Babylons auf Dauer vereitelte. Das Verhältnis der Assyrer zu Babylon war besonderer Art: Offensichtlich respektierten die Assyrer die südmesopotamische Kulturmetropole und gestanden ihr den Status eines Vasallenreiches mit einem eigenen Königtum zu. In den assyrischen Staatsverband wurde Babylon in der Regel nicht eingegliedert. Zerstörungen der Stadt durch rücksichtslose Herrscher wie Tukulti-Ninurta I. und Sanherib blieben Ausnahmen und wurden selbst in Assyrien als Frevel empfunden und beklagt.

Für nahezu ein halbes Jahrtausend erschöpften sich die geschichtswirksamen Taten der wenigen bedeutenden babylonischen Könige in fruchtlosen oder kurzlebigen Versuchen, die assyrische Übermacht abzuschütteln. In dieser Epoche, in der Babylon politisch im Schatten Assyriens steht, vollzieht sich kulturell eine Babylonisierung des nördlichen Herrschervolkes. An die Landeskultur angeglichen hatte sich aber auch das jetzt in Babylonien dominierende aramäische Bevölkerungspotential, das das tragende Element des Widerstandes gegen die assyrische Oberhoheit darstellte.

Als der außerordentlich energische und erfolgreiche König Tiglath-Pileser III. (745–727) den Thron des Assyrerreiches bestieg, beendete er eine Schwächeperiode Assyriens. In Babylonien bekämpfte er die Aramäerstämme und deportierte sie in andere Reichsteile. Die Städte und das Königtum tastete er zunächst nicht an. Als aber nach dem Tod des babylonischen Königs Nabonassar chaotische Zustände eintraten, ernannte sich Tiglath-Pileser mit dem Thronnamen *Pulu* (= Pul) selbst zum babylonischen König und vereinigte so Assyrien und Babylonien in Personalunion. Sein Sohn Salmanasser V. befolgte das gleiche Verfahren. Unter dessen Nachfolger Sargon II. machte sich der Chaldäerfürst *Marduk-apal-iddin* (= Merodach-Baladan) mit Unterstützung Elams zum König von Babylon, wurde aber von Sargon vertrieben. Als Sargons Sohn Sanherib die erprobte Regierungsform der Personalunion aufgab, kam es in Babylon zu schweren Thronwirren. Selbst der ehemalige König Marduk-apal-iddin (= Merodach-Baladan) erschien wieder, erneuerte seinen Anspruch auf den Thron und knüpfte Beziehungen zu dem Haupt der antiassyrischen Bewegung in Palästina, Hiskia von Juda, an (2 Kön 20,12; Jes 39,1). Er wurde zwar rasch von Sanherib vertrieben; aber auch dessen ältester Sohn konnte der Lage nicht Herr werden und kam ums Leben. Sanherib nahm grausame Rache an der unbotmäßigen Stadt. Er ließ Babylon erobern, entvölkern und gründlich zerstören. Über Teile der Stadt ließ er den Euphrat leiten (689).

Die beabsichtigte Auslöschung der Stadt gelang allerdings nicht. Sanheribs Sohn und Nachfolger Assarhaddon schlug eine gerade entgegengesetzte Politik gegenüber Babylon ein. Er ließ die Stadt sogleich wieder neu errichten. Ein Vertrag mit Elam sicherte die Befriedung Südmesopotamiens. Für die Zeit nach seinem Tod designierte Assarhaddon seine Söhne Assurbanipal zum König über Assyrien und *Šamaš-šum-ukin* zum König von Babylon. Mit dieser Gewaltenteilung, freilich unter assyrischer Suprematie, war der blutige Bruderkrieg bereits vorprogrammiert. 652 erhob sich Šamaš-šum-ukin mit aramäischer, arabischer, syrischer, ägyptischer und elamitischer Unterstützung gegen seinen Bruder. Diese große Koalition war aber infolge innerer Uneinigkeit der erprobten assyrischen Armee nicht gewachsen. 650 wurde Babylon belagert und ausgehungert; 648 drangen die Assyrer in die Stadt ein. Šamaš-šum-ukin kam ums Leben. Assurbanipal vermied eine Zerstörung der Stadt, scheint sich vielmehr selbst auf den babylonischen Thron gesetzt zu haben.

Als nach seinem Tod die assyrische Macht rasch und rapide sank, ergriff 626 in Babylon der chaldäische Fürst *Nabopolassar* die Macht und begründete die neubabylonische Dynastie. Im Bündnis mit den Medern und dem vorübergehend auftauchenden Volk der Umman-manda gab er dem geschwächten assyrischen Reich den Todesstoß.

Damit war Babylonien mit einem Schlage zu einem großen Reich geworden, das Elam und den größten Teil des Zweistromlandes umfaßte. Als *Nebukadnezar II.* – noch als Kronprinz – im Jahre 605 dem Pharao Necho bei Karkemisch eine schwere Niederlage beibrachte, fielen ihm Syrien und Palästina wie reife Früchte zu. Mit mehreren Rebellionen in diesem Raum, die von Ägypten veranlaßt worden waren, wurde Nebukadnezar rasch fertig. 598 sagte Jojakim von Juda die Gefolgschaft auf. Ein babylonisches Heer warf den Aufstand nieder. Jerusalem kapitulierte 597, und der judäische König Jojachin mußte mit seinem Hof den Weg in die

Deportation antreten. Der von Nebukadnezar eingesetzte neue König Zedekia wagte im Vertrauen auf den Beistand Ägyptens erneut den Aufruhr, der mit dem Untergang Judas, der Zerstörung Jerusalems und seines Tempels, der Deportation der Oberschicht und der Umwandlung des bisherigen Vasallenstaates in eine babylonische Provinz (587) endete. Ein weiterer Aufstand, über dessen Umstände nichts bekannt ist, scheint zu einer dritten Deportation geführt zu haben (Jer 52,30). Es ist möglich, daß Nebukadnezar einen oder zwei demonstrative Feldzüge nach Ägypten führte, ohne das Land besetzen zu können und zu wollen.

Mehr als Neueroberungen ließ sich Nebukadnezar die Konsolidierung des Großreiches angelegen sein. Im wesentlichen übte er eine Friedensherrschaft aus. Vor allem hat er Babylon verschwenderisch ausgebaut. Die deutschen Ausgrabungen Babylons haben die von Nebukadnezar geschaffene Stadt ans Licht gebracht. Er vollendete die von Nabopolassar begonnene Neubefestigung der Stadt und verstärkte sie noch, erbaute prächtige Paläste und Tempel, darunter den großen Marduktempel mit dem berühmten Tempelturm Etemenanki (der in einer früheren Form der Geschichte vom Turmbau zu Babel in Gen 11,1–9 als Hintergrund gedient hatte) sowie die breite Prozessionsstraße mit dem Ischtartor. Babylon wurde zur größten Stadt der damaligen Levante. Aber auch in den anderen Städten entfaltete Nebukadnezar eine rege Bautätigkeit und sorgte für die Regulierung der Flüsse und Kanäle im Lande.

Sein Werk überdauerte ihn nicht lange. Sein Sohn *Amel-Marduk* (= Evil-Merodach), der den deportierten judäischen König Jojachin begnadigte, wurde nach kurzer Regierung beseitigt. Der letzte babylonische König *Nabonid* (555–539) verfeindete sich mit der mächtigen Mardukpriesterschaft und entfremdete sich seiner Hauptstadt, die er seinem Sohn Bel-šar-usur (= Belsazer) als Regenten anvertraute, während er sich selbst fern in der Oase Tema aufhielt. Als der Perserkönig Kyros (= Cyrus) in Babylonien einfiel, fand er wenig Gegenwehr. Das stark befestigte Babylon ergab sich 539 kampflos und empfing Kyros als Befreier. Nach einiger Zeit kapitulierte auch Nabonid und wurde mit einer kleinen Herrschaft am Rande des Perserreiches abgefunden. Das neubabylonische Großreich ging in dem persischen auf.

Babylonien wurde nun zu einer Satrapie des Perserreiches. Die neuen Herrscher behielten ihre angestammten Residenzen im Iran bei. Babylon sah sie zwar oft in seinen Mauern, doch seine zentrale Stellung war vorbei. Die Stadt führte in der persischen Zeit eine ungestörte und den alten Traditionen ergebene Existenz, freilich als Provinzmetropole. Eine Restitution der alten Größe stand Babylon bevor, als Alexander d. Gr. sie zur Hauptstadt seines Weltreiches bestimmte. Doch sein hier erfolgter Tod vereitelte den Plan. Im 2. Jh. v. Chr. war Babylon völlig bedeutungslos und verschwand aus der Erinnerung der Zeitgenossen.

Assyrien

Das Kernland Assyriens lag am oberen Tigris. Die wichtigsten Städte, zwischen denen die Residenz wechselte, waren Assur, Kalach und Ninive. Es handelt sich um ein regenreicheres Gebiet, so daß die Kanalbewässerung hier keine so große Rolle spielt wie im Süden Mesopotamiens.

Geschichtswirksam wurde Assyrien erst zu Anfang des 2. Jahrtausends, als *Schamschiadad I.* (1815–1782) die Macht in Assur übernahm und die westsemitische altassyrische Dynastie begründete. Sogleich begann er auch, sein Territorium auszuweiten und eine Herrschaft zu errichten, die die Traditionen des alten Reiches von Akkad aufnehmen und fortsetzen sollte. Er eroberte das Reich von Mari am mittleren Euphrat und setzte einen seiner Söhne als Vizekönig ein. Da die französischen Ausgrabungen von Mari den Königspalast und die Staatsarchive aufgedeckt haben, sind wir über diese Periode besonders gut unterrichtet. Schamschiadad dehnte sein Reichsgebiet auch nach Nordsyrien aus, ohne jedoch Syrien insgesamt in seinen Herrschaftsbereich einbeziehen zu können. Vorübergehend konnte er aber Mesopotamien sowie Nordbabylonien und die östlichen und nördlichen Gebirgsregionen unter seinem Zepter vereinigen; eine dauernde Alleinherrschaft im Zweistromland erlangte er aber nicht.

Nach seinem Tode machte sich Mari unter dem angestammten König Zimrilim wieder selbständig. Schließlich fiel Assur wie später auch Mari Hammurabi von Babylon zum Opfer. Während Babylonien unter Hammurabis Nachfolgern unter kassitische Herrschaft geriet, wurde Assyrien von den Hurritern unterworfen. Die einheimischen Herrscher waren unbedeutende Vasallen, zu einer Machtentfaltung unfähig.

Neuen Spielraum bekam Assyrien, als der Hethiterkönig Schuppiluliuma im 14. Jh. v. Chr. den Hurriterstaat von Mitanni unterwarf. Unter den tatkräftigen Königen Aššur-uballiṭ I., Salmanasser I. und Tukulti-Ninurta I. gewann das mittelassyrische Reich nicht nur die Selbständigkeit zurück, sondern ging auch zur Expansion über und wurde zu einem gefährlichen Rivalen des gewaltigen Hethiterreiches. Die assyrischen Herrscher stützten sich auf einen zentralisierten, gut durchorganisierten Staat sowie auf den kriegerischen Landadel und ein schlagkräftiges Heer, dessen rücksichtslose Kriegführung Angst und Schrecken verbreitete. Sie beanspruchten, die Weltherrschaft ihres Gottes Assur auf Erden zu repräsentieren und durchzusetzen, und ahndeten jede Auflehnung dagegen als Sakrileg mit grausamen Strafen.

Schon *Aššur-uballiṭ I.* (1364–1328) eroberte den obermesopotamischen Restbestand des Mitanni-Reiches. In Babylon setzte er einen ihm ergebenen König ein und machte Assyrien zu einem ebenbürtigen Partner des ägyptischen und des hethitischen Großreiches. Seine Nachfolger hatten das Reichsgebiet vor allem vor den im Verlauf der sog. aramäischen Wanderung einströmenden Aramäerstämmen zu sichern. Einen Höhepunkt mittelassyrischer Macht stellte die Regierung *Tukulti-Ninurtas I.* (1244–1207) dar. Er bannte die von den Aramäern und den Bergvölkern ausgehende Gefahr und gliederte Babylonien seinem Reiche fest ein, indem er den kassitischen König Babylons absetzte und sich selbst an seiner Stelle inthronisierte. Als die Babylonier dagegen revoltierten, verhängte der König ein grausames Strafgericht über die Stadt, in der er ein Blutbad und eine weitgehende Zerstörung anrichten ließ. Sogar der Haupttempel wurde geplündert und die Statue Marduks nach Assur verbracht. Diese Tat stach von der vorher wie nachher praktizierten gemäßigten Behandlung Babylons durch die Assyrer ab, die die Stadt als Kulturmetropole respektierten und sie lieber in loser Vasallität hielten, statt sie mit Härte zu behandeln. Den gewaltsamen Tod Tukulti-Ninurtas durch einen Aufstand unter der Führung seines Sohnes haben die Zeitgenossen mit dem von ihm begangenen Frevel an Marduk in ursächlichen Zusammenhang gebracht.

Den Niedergang der assyrischen Macht nach Tukulti-Ninurtas Ende, der Babylonien wieder die Unabhängigkeit brachte, machte erst *Tiglath-Pileser I.* (1115–1077) rückgängig. Mit ihm setzte die Entwicklung ein, die in jahrhundertelangem Anlauf und unter zahlreichen Rückschlägen Assyrien schließlich an die Spitze der vorderorientalischen Welt führte. Auf seinen Feldzügen gelangte Tiglath-Pileser im Norden bis an das Schwarze Meer, im Süden bis an den Libanon. Die syrischen und phönizischen Kleinstaaten unterwarfen sich der Übermacht; Babylonien geriet in lose Abhängigkeit. Die heranflutenden Aramäerstämme wurden von ihm zum Stehen gebracht. Dies änderte sich unter seinen Nachfolgern. Assyrien wurde wieder auf sein Kerngebiet beschränkt. Die Aramäer konsolidierten sich in Syrien und Obermesopotamien und bildeten eigene Staaten. Die assyrischen Könige konnten die Grenzen ihres Landes sichern; zu offensiver Politik waren sie aber noch nicht in der Lage. Erst gegen Ende des 10. Jh. eröffnete *Aššur-dan II.* (934–912) eine Reihe von Herrschern, die an die Expansionspolitik Tiglath-Pilesers I. anknüpften. In zahlreichen Feldzügen, über die sie in ihren Annalen berichten, unterwarfen diese Könige die im Westen, Osten und Norden angrenzenden Gebiete, also Obermesopotamien, Südarmenien und Nordbabylonien.

Unter *Assurnasirpal II.* (883–859) war dann das Reichsgebiet wiederhergestellt, das Tiglath-Pileser I. zwei Jahrhunderte vorher besessen hatte. Assurnasirpal, der eigentliche Begründer des neuassyrischen Großreiches, bemühte sich aber auch, das von ihm geschaffene Herrschaftsgebilde zusammenzuhalten und zu sichern. In alljährlichen Feldzügen demonstrierte er die abschreckende Schlagkraft des Heeres und die ungebrochene Macht des Reichsgottes Assur. Die Armee wurde durch den Aufbau einer Reitertruppe neben dem bisherigen Streitwagenkontingent und durch Ausbau des Belagerungsparks modernisiert. Die unterworfenen Gebiete wurden in eine Provinzverwaltung einbezogen, über die der König von Kalach aus regierte, das er anstelle von Assur zur Residenz erhoben hatte. Rebellionen unterworfener Völkerschaften ahndete er mit außerordentlicher Grausamkeit (Pfählen und Abziehen der Haut bei lebendigem Leibe) und durch Deportation in andere Landesteile. Auf diese Weise wurden ganze Völker auseinandergerissen und nicht selten ausgelöscht und die Widerstandskraft der Unterworfenen im Mark getroffen.

Spätestens in dieser Zeit entfaltete Assyrien auch eine eigene Kultur, die sich von dem Einfluß des großen Lehrmeisters Babylon abzusetzen suchte. Vor allem auf dem Gebiet der Monumentalarchitektur entwickelten die Assyrer jetzt ihnen eigentümliche Formen und Traditionen. Die von Assurnasirpal erbauten Städte, Tempel und Paläste waren ein Vorbild für die kommenden Generationen. Die berühmten assyrischen Palastreliefs, eine Anschauungsquelle ersten Ranges für die Verhältnisse und die Geschichte der Zeit, sind anscheinend ohne Analogie.

Assurnasirpals Sohn *Salmanasser III.* (858–824) vermochte Ausdehnung und Machtentfaltung des Reiches noch weiter zu steigern. Im Süden und Westen unterwarf er selbständig gebliebene Aramäerstaaten und griff bis zum Amanusgebirge und bis zum Tauros in Kleinasien aus. Durch ihn bekamen auch Syrien und Palästina die assyrische Macht zu spüren, die in den folgenden Jahrhunderten in unterschiedlichem Maße ihr politisches Geschick bestimmen sollte. Mit nicht nachlassender Hartnäckigkeit versuchte Salmanasser, die syrische Staatenwelt, vor allem das Aramäerreich von Damaskus, niederzuringen und unter seine Kontrolle zu bringen. Dies ist ihm aber nur teilweise gelungen.

Auf seinem ersten Feldzug stellte sich ihm eine Koalition syrischer und palästinensischer Fürsten, zu deren Häuptern Hadadeser von Damaskus und Ahab von Israel gehörten, bei Karkar in Zentralsyrien entgegen und brachte seinen Vormarsch zum Stehen (853). Die nächsten Feldzüge verliefen nicht wesentlich erfolgreicher. Erst als durch Thronwechsel in Samaria und Damaskus (845) die antiassyrische Koalition zerfiel (vgl. S. 10) und die Widerstandskraft Israels und Arams entscheidend geschwächt war, konnte Salmanasser tiefer in das Land eindringen, Damaskus belagern, ohne es jedoch einzunehmen, und bis zum Libanon vorstoßen. Jehu von Israel und die Phönizierstädte unterwarfen sich und lieferten Tribute. Doch führte das noch nicht zur Aufrichtung einer dauernden assyrischen Herrschaft; nur Nordsyrien gliederte Salmanasser seinem Reich ein.

Im Norden hemmte das junge Reich von Urartu (das Land Ararat der Bibel), das im Gebiet des heutigen Armenien entstanden war, die assyrische Expansion. Es sollte sich in der Folgezeit zu einem der großen Kontrahenten Assyriens entwickeln. Urartu ist durch Ausgrabungen im türkischen und kaukasischen Armenien und durch Publikationen erst in neuerer Zeit in das allgemeine Bewußtsein getreten. Es stellte eine für Jahrhunderte bestimmende Macht im kleinasiatischen Raum dar.

Im Süden führte Salmanasser die traditionelle, gemäßigte Politik gegenüber Babylonien fort. Als die mit dem assyrischen Königshaus befreundete Dynastie in Babylon von Thronwirren bedroht wurde, sorgte er für die rechtmäßige Nachfolge und begnügte sich mit einer

Demonstration der Macht Assyriens. Babylon blieb unabhängig, war aber faktisch Satellit und Schützling des überlegenen nördlichen Nachbarn.

Aus den Unruhen, die die letzten Regierungsjahre Salmanassers erschütterten, ging das Reich geschwächt hervor. *Schamschiadad V.* (823–810) und *Adad-nirāri III.* (809–782) konnten, weithin aber nur mit babylonischer Hilfe, das Herrschaftsgebilde zusammenhalten. Diesem Ziel dienten wohl auch ihre Kriegszüge, weniger der territorialen Expansion. Erfolge erreichte Adad-nirāri gegen die Meder, die sich im nordwestlichen Iran in Fürstentümern zu organisieren begannen, sowie gegen Babylon, das er mehrfach eroberte, aber nie einverleibte. Kulturell wurde gerade in dieser Zeit Assyrien immer stärker von Babylon beeinflußt. Auch einen Feldzug nach Syrien hat Adad-nirāri unternommen und ist dabei vielleicht sogar bis nach Palästina gezogen. Jedenfalls gelang es ihm, Damaskus einzuschließen und zur Unterwerfung zu zwingen. Damit brach er die Macht des Aramäerreiches. Joas von Israel und die Phönizierstädte entgingen durch Tributlieferungen einem ähnlichen Schicksal. Aber auch jetzt kam es nicht zur Etablierung einer assyrischen Hegemonie.

In dem folgenden halben Jahrhundert erlebte Assyrien eine Schwächeperiode, die evtl. von Pestepidemien mitverursacht wurde. Das Reich von Urartu wuchs jetzt gefährlich an und bedrängte Assyrien von Norden her. Sogar nordsyrische Vasallen der Assyrer konnte es auf seine Seite ziehen. Selbständigkeitsbestrebungen hoher Beamter und Aufstände erschütterten das Reich von innen. Es stand nahezu vor dem Zusammenbruch, als sich ein neuer König auf den Thron in Kalach setzte, der Assyrien in kurzer Zeit zur Weltmacht ersten Ranges erheben sollte: Tiglath-Pileser III.

Mit ungeheurer Tatkraft und besessenem Zielbewußtsein hat *Tiglath-Pileser III.* (743–727) in seiner nicht einmal langen Regierungszeit sein Land aus dem Abgrund politischer Ohnmacht herausgeführt und es zu der Größe eines vorderasiatischen Weltreiches erhoben, das seine ähnlich energischen Nachfolger nur noch auszubauen brauchten. Durch eine Verwaltungsreform begrenzte er die Macht der einflußreichen Beamten und steuerte dem Partikularismus. Mit Hilfe einer neuen Steuerpolitik beabsichtigte er, die entstandenen sozialen Differenzen zu mildern. Das Heer stattete er mit modernen Waffen aus und schuf so ein schlagkräftiges Werkzeug für seine großen Eroberungszüge.

Dabei ging er zunehmend von dem überkommenen Prinzip ab, unterworfene Gebiete als Vasallenstaaten bestehen zu lassen, die doch bei der nächsten Gelegenheit wieder abfielen. Vielmehr wandelte er sie in assyrische Provinzen um, die königlichen Verwaltungsbeamten unterstellt waren. Zudem übte Tiglath-Pileser in extensiver Weise die Praxis der Deportation, d. h. des Bevölkerungsaustausches, um die einzelnen Völkerschaften ihrer ethnischen und kulturellen Identität zu berauben und sie zu einer relativ homogenen Mischbevölkerung des Großreiches umzuschmelzen.

Den gefährlichsten Gegner Assyriens, das Reich von Urartu im Norden, schaltete Tiglath-Pileser aus dem politischen Kräftespiel aus. Er schlug Sardur II. und dessen syrische Verbündete so entscheidend, daß dieser sein Land preisgeben mußte und sich nur noch in seiner Hauptstadt Tušpa halten konnte. Die Macht Urartus war damit gebrochen. In Babylonien bekämpfte Tiglath-Pileser die unbotmäßigen aramäischen Stämme und deportierte sie zu großen Teilen in andere Regionen des Großreiches. Dem babylonischen Schattenkönig Nabonassar beließ er den Thron. Als nach dessen Tod Streitigkeiten um die Nachfolge ausbrachen, griff Tiglath-Pileser erneut ein und setzte sich unter dem Namen Pulu (= Pul) selbst auf den Thron. Auf diese Weise errichtete er eine Personalunion zwischen Assyrien und Babylonien, das dem letzteren den Schein der Gleichwertigkeit ließ.

In zahlreichen Feldzügen hat Tiglath-Pileser schließlich Syrien und Palästina unterworfen. Als er 738 in Syrien einfiel, unterwarf sich ihm die ganze syrische Kleinstaatenwelt. Unter den Tributären erscheinen neben den phönizischen Städten und dem inzwischen erstarkten Reich von Hamath auch Rezin von Damaskus und Menahem von Israel. Die Unbotmäßigkeit der Vasallen machte aber weitere Kriegszüge nötig. 734 durchzog Tiglath-Pileser die palästinensische Küstenebene und gelangte bis an den »Bach Ägyptens« (wadi el-ʿariš). Bei dieser Gelegenheit trennte er strategisch wichtige Gebiete von Nordisrael ab und unterstellte sie der assyrischen Provinzverwaltung. Außerdem unterwarf er rebellierende phönizische und philistäische Städte und empfing auch einen Tribut des Königs Ahas von Juda.

Als Ahas 733 von einer antiassyrischen Koalition zwischen Aram-Damaskus und Nordisrael bedrängt wurde (sog. syrisch-ephraimitischer Krieg, vgl. S. 11), rief er Tiglath-Pileser selbst um Beistand an. Dieser scheint schon auf dem Sprunge gestanden zu haben, denn noch im gleichen Jahr erschien er in Palästina und wandte sich zuerst gegen Israel. Das Land wurde in assyrische Provinzen verwandelt; lediglich Samaria mit dem umliegenden Gebiet blieb als Vasallenstaat erhalten. Die Abhängigkeit Judas von Assyrien war nun definitiv. Im folgenden Jahr rechnete Tiglath-Pileser auch mit Aram ab, eroberte Damaskus und machte der Selbständigkeit des Aramäerreiches ein Ende.

Der Thronwechsel von Tiglath-Pileser auf seinen Sohn *Salmanasser V.* (726–722) gab den Unabhängigkeitsbestrebungen der unterworfenen Völker neuen Auftrieb. Zwar blieb Babylonien ruhig, zudem Salmanasser die Politik der Personalunion fortsetzte. Aber im Westen des Reiches bildete sich eine große Aufstandsbewegung, die sich von Simyra in Syrien bis nach Gaza in der südpalästinensischen Küstenebene erstreckte. Für ihre Niederwerfung hat Salmanasser den größten Teil seiner kurzen Regierungszeit geopfert. In dieser Zeit wurde auch das Nordreich Israel ausgelöscht und seine Oberschicht deportiert. Die Hauptstadt Samaria fiel erst nach dreijähriger Belagerung (722). Ob ihre Einnahme noch Salmanasser oder erst seinem Nachfolger Sargon gelang, ist strittig.

Sargon II. (721–705), der nach der Ermordung Salmanassers den Thron bestieg, war offensichtlich ein Usurpator. Er konnte die assyrische Macht noch weiter festigen und ausdehnen. In Kleinasien unterwarf er Kilikien und zwang die Phryger ebenso wie die griechischen Fürsten der Insel Cypern zur Anerkennung seiner Oberhoheit. Urartäer und Meder drängte er weiter zurück. In Babylon vertrieb er nach anfänglichen Rückschlägen den aramäischen Usurpator Marduk-apal-iddin (= Merodach-Baladan) und erneuerte die Personalunion, freilich nur mehr unter dem Titel eines Statthalters von Babylon. Im syrisch-palästinensischen Raum kam es zu regionalen Aufständen, die von Hamath sowie von den Philisterstädten ausgingen und von Ägypten unterstützt wurden. Sargon konnte sie rasch unterdrücken, wobei auch ein ägyptisches Hilfskorps 720 bei Raphia geschlagen wurde.

Das Ende Sargons auf einem Feldzug in Kleinasien und die Thronbesteigung seines Sohnes *Sanherib* (704–681) mobilisierten erneut die Widerstandskraft der unterworfenen Völker. In Syrien-Palästina erregten Sidon, Asdod und Ekron den Aufruhr, an dessen Spitze sich Hiskia von Juda stellte. Etwa gleichzeitig erschien in Babylon wieder der Chaldäerfürst Marduk-apal-iddin (= Merodach-Baladan), ergriff mit Hilfe von Elam die Herrschaft und suchte sich mit Hiskia von Juda zu verbünden. Sanherib konnte ihn vertreiben, erneuerte aber die Personalunion nicht, sondern setzte einen Schattenkönig ein. Dies mitsamt der grausamen Behandlung der Bevölkerung, die in Massen deportiert wurde, zeigte eine gewandelte Einstellung am assyrischen Hof gegenüber Babylon und legte den Keim zu neuen Konflikten.

Erst im Jahre 701 wandte sich Sanherib gegen Palästina, schlug ein ägyptisches Kontingent bei Eltheke, nahm die Küstenstädte ein und zog dann gegen Juda. Rasch besetzte er das Land, erstürmte die Festungen und schloß Jerusalem ein. Hiskia unterwarf sich und lieferte einen großen Tribut. Sanherib seinerseits verzichtete auf Einnahme und Bestrafung der Stadt und zog nach Norden ab. Die Landschaft Juda freilich nahm er Hiskia und beschränkte ihn auf Jerusalem.

Kaum war dies geleistet, mußte sich Sanherib erneut gegen Babylonien wenden, das sich im Bündnis mit Elam erhoben hatte. Er warf den Aufstand nieder und setzte seinen ältesten Sohn als König in Babylon ein. Als er Elam selbst angriff, wurde er geschlagen und mußte Babylon und seinen Sohn preisgeben, der ums Leben kam. Das Kriegsglück wechselte noch mehrmals, ehe 689 die Rückeroberung Babylons gelang. In seinem Grimm verfügte Sanherib die Zerstörung der Stadt. Die Bewohner wurden ausgeplündert und in großer Zahl umgebracht, die Tempel und ganze Stadtteile niedergelegt und der Euphrat darüber geleitet. Die Statue Marduks wurde nach Assur gebracht, das Sanherib neben Ninive zur Residenz gewählt hatte. Diese Wahnsinnstat erschien den Zeitgenossen als furchtbarer Frevel, vergleichbar nur mit der etwa ein halbes Jahrtausend älteren analogen Tat Tukulti-Ninurtas I. Als Sanherib von einem (oder zweien) seiner Söhne erschlagen wurde, sahen sie darin die berechtigte Strafe des so schwer beleidigten Gottes Marduk.

Sanheribs Sohn *Assarhaddon* (680–669) lenkte sogleich zur traditionellen babylonfreundlichen Politik zurück und ließ die Stadt rasch wieder aufbauen. Unter ihm errang das assyrische Großreich seine weiteste Ausdehnung: Mit zwei Feldzügen unterwarf er Ägypten und nahm die nördliche Hauptstadt Memphis ein (671). Doch umfaßte die assyrische Herrschaft faktisch nur Unterägypten und war auch keineswegs erschütterungsfrei gegründet. 669 mußte eine Empörung der von den Assyrern eingesetzten Gaufürsten niedergeworfen werden. Dies gelang zwar, aber Assarhaddon starb auf dem Marsch. Im Norden des Reiches hatten sich indessen mit den Medern, den Kimmeriern und den Skythen neue Mächte gebildet, die einen immer stärkeren Druck auf das assyrische Reich auszuüben begannen.

Assarhaddon hatte noch zu Lebzeiten seine Söhne *Assurbanipal* (668–632) zum König Assyriens und *Šamaš-šum-ukin* zum König Babylons bestimmt. Das legte den Keim zum Bruderzwist. Zunächst aber mußte Assurbanipal erneut Ägypten unterwerfen lassen (667); bei einem späteren Kriegszug wurde sogar Theben eingenommen und geplündert (663). Im Jahre 652 kam es zur schwersten Bedrohung Assurbanipals, als sich Šamaš-šum-ukin von Babylon mit Unterstützung Elams, kleinasiatischer, syrischer, palästinensischer und ägyptischer Fürsten sowie arabischer Stämme gegen die Oberherrschaft seines Bruders erhob. Dieser nutzte die Uneinigkeit der Verbündeten und schlug sie einzeln. 648 nahm er nach zweijähriger Belagerung Babylon ein, wobei sich Šamaš-šum-ukin den Tod gab. Wahrscheinlich bestieg Assurbanipal selbst den babylonischen Thron und erneuerte damit die Personalunion. Danach wandte er sich gegen Elam, den ewigen Unruheherd im Nordosten. 639 war das Elamiterreich vernichtet. Schließlich ließ er auch die arabischen Stämme züchtigen, die jetzt am politischen Horizont des Zweistromlandes geschichtswirksam zu werden begannen.

Unter Assurbanipal erlebte das Assyrerreich eine letzte Blütezeit. Er selbst, als Priester und Wissenschaftler erzogen, führte seine Kriegszüge nicht mehr selbst, sondern überließ sie seinen Feldherrn. Dafür förderte er Künste und Gelehrsamkeit. Berühmt war die große Keilschriftbibliothek, die er in seinem Palast in Ninive aufbauen ließ. Doch erlitt schon in seiner Regierungszeit das Großreich die ersten, ernsthaften Erschütterungen. 656 machte sich Ägypten unwiederbringlich selbständig. Im Norden und Nordosten formierten sich kleinasiatische und iranische Mächte zum Angriff auf Assyrien. Die letzten Regierungsjahre Assurbanipals liegen im Dunkel.

Unter seinen Nachfolgern stürzte Assyrien in kaum zwei Jahrzehnten von der erreichten Höhe in den Abgrund. Im Jahre 626 machte sich der chaldäische Fürst Nabopolassar in Babylon zum unabhängigen König und begründete die neubabylonische Dynastie. Sämtliche Außenprovinzen Assyriens gingen mehr oder weniger rasch verloren. Beschränkt auf ihr Kernland, mußten die Assyrer um ihre Existenz ringen. Die einzige Hilfe kam ausgerechnet von Ägypten, von Pharao Necho, der ein schwaches Assyrien als Puffer gegen die neu aufkommenden Mächte zu erhalten wünschte. Doch die Hilfe kam zu spät. Dem freilich wechselnden Bündnis zwischen Babyloniern, Medern und kleinasiatischen Umman-manda erlagen die sieggewohnten Assyrer. 614 fiel Assur, 612 Ninive. Ein Reststaat um Haran wurde 609 aufgerieben. Die Sieger nahmen grausame Rache für die in Jahrhunderten erfahrene assyrische Brutalität: Die eroberten Städte wurden gründlich zerstört, die meisten Bewohner umgebracht. Das Assyrerreich wurde aus der Geschichte ausgetilgt.

Persien

Der Name »Persien« rührt von der südiranischen Landschaft Parsa her, die dem Gebiet um die später gegründete Stadt Persepolis entspricht. Hier herrschte seit ca. 650 v. Chr. das aus dem Westiran stammende Fürstengeschlecht der Achämeniden, das sich von einem Stammvater Achämenes (um 700) herleitete. Die Fürsten Kyros I. und Kambyses I. unterstanden der Oberhoheit des Mederreiches, das sich vom zentralen iranischen Plateau aus besonders nach Westen ausgedehnt hatte und unter Kyaxares eine Großmacht geworden war, die maßgeblich zum Untergang Assyriens (614–609) beitrug (vgl. S. 12 und 36f.).

Der Begründer des persischen Weltreiches, *Kyros II.* (559–530), begann seine Herrschaft als Vasall der Meder. Bald betrieb er aber eine selbständige Politik und nahm ein Bündnisangebot des babylonischen Königs Nabonid gegen seinen medischen Oberherrn an. Der sich daraus fast zwangsläufig ergebende Konflikt mit Medien endete mit einem glänzenden Sieg des Kyros (552) und der Bildung eines medisch-persischen Einheitsreiches unter seinem Zepter. 547 gliederte er ihm noch das westliche Kleinasien ein, nachdem er Kroisos von Lydien geschlagen und entthront hatte.

Der Siegeslauf des Kyros (= Cyrus), der in wenigen Jahren eine iranisch-kleinasiatische Großmacht geschaffen hatte, wandte sich nun gegen das geschwächte neubabylonische Reich (vgl. S. 31). Die Mardukpriester Babylons erwarteten Kyros ebenso als Befreier wie die judäischen Deportierten, deren Prophet »Deuterojesaja« zum Sprachrohr dieser Hoffnung wurde (Jes 44,28; 45,1). 539 öffnete Babylon kampflos dem persischen Feldherrn Gobryas die Tore. Wenig später ergab sich auch der König Nabonid. Damit fiel das Gebiet des neubabylonischen Großreiches bis an die Grenze Ägyptens in die Hände des Kyros. Nachdem dieser durch Feldzüge im Osten seine Herrschaft bis an die Peripherie Indiens ausgedehnt hatte, regierte er ein Riesenreich, dessen beispielloser Umfang von der Sinaiwüste bis an den indischen Subkontinent reichte.

Diesen ungeheuren Herrschaftsbereich mit seinen zahlreichen und höchst unterschiedlichen Völkerschaften zusammenzuhalten, mußte stets das Hauptanliegen der persischen Könige sein. Im Gegensatz zu seinen assyrischen und babylonischen Vorgängern verzichtete Kyros darauf, die religiöse, kulturelle und ethnische Identität der unterworfenen Völker zu nivellieren, vielmehr bemühte er sich, sie zu respektieren, zu fördern und – wo nötig – auch zu restaurieren. So verfügte er bald nach seiner Machtübernahme in Babylon den Wiederaufbau des Jerusalemer Tempels und die Rückgabe der von Nebukadnezar geraubten Tempelgeräte (Esra 6,3–5). In ähnlicher Weise verfuhr er mit den von den babylonischen Herrschern angetasteten mesopotamischen Kulten.

Die Religion der Perser selbst trug einen primär ethischen Charakter. Sie war weitgehend von der in der Vorzeit liegenden Verkündigung des Propheten Zarathustra geprägt worden. Der oberste Gott Ahuramazda wurde weder in Götterbildern noch in Tempeln vorgestellt, sondern unter freiem Himmel verehrt. Dadurch wurde einer Verkörperung des unsichtbaren Gottes in irgendeiner Form der Natur gewehrt. Ebensowenig wie Tempel gab es blutige Opfer. Als besonders heilig galt der reine Glanz des Feuers. Der für die iranische Religion typische Dualismus, der Gegensatz von Gut und Böse, Licht und Finsternis, scheint sich erst allmählich herausgebildet zu haben. Daneben haben sich alte Naturgottheiten erhalten, die man auch in Götterstatuen verehrte, so die Fluß- und Fruchtbarkeitsgöttin Anahita sowie der Sonnengott Mithras, der im Römischen Reich eine nahezu weltweite Verbreitung erfahren sollte.

Nach dem Tod Kyros' auf einem Feldzug im Osten bestieg sein Sohn *Kambyses II.* (530–522) den Thron. Der größte Erfolg seiner relativ kurzen Regierung war die mit phönizischer Unterstützung vollzogene Eroberung Ägyptens (vgl. S. 26). Expeditionen in die Cyrenaika und nach Nubien bezahlte Kambyses mit dem Verlust eines Großteils seines Heeres. Ein Aufstand in der Heimat rief ihn zurück. Unterwegs starb er in Syrien.

Unterdessen hatte im Iran ein Usurpator Gaumata als Kambyses' jüngerer Bruder Bardya, der allerdings von jenem längst ermordet worden war, den Thron bestiegen. Dies bedeutete einen Machtwechsel zugunsten der Priesterkaste, der Gaumata entstammte. Durch eine Verschwörung, an deren Spitze sich der aus einer Nebenlinie des achämenidischen Hauses stammende Dareios stellte, wurde der »falsche Bardya« beseitigt. *Dareios I.* (522–486) mußte seine Herrschaft erst gegen zahlreiche Aufstände durchsetzen, die den Zusammenhalt des Reiches zu sprengen drohten. Seine harten Kämpfe und seine Siege hat Dareios in der berühmten Felsinschrift von Behistun dargestellt. Zusätzliche Feldzüge gegen Skythen und indische Stämme dienten der Abrundung des Staatsterritoriums und der Sicherung der Reichsgrenzen.

Die wichtigste Aufgabe im Inneren war die Reorganisation des Reiches. Wenn der persische Vielvölkerstaat noch knapp zwei Jahrhunderte bestand, ohne auseinanderzubrechen, so ist das wohl der Regierung Dareios' zu danken, die dem Perserreich seine eigentliche Gestalt gab. Der riesige Staat wurde nun in einzelne »Länder« (Satrapien) eingeteilt, an deren Spitze jeweils ein persischer Satrap stand, der seinerseits dem Hof direkt verantwortlich war. Als gemeinsame Verwaltungssprache für das Reich diente das Aramäische. Wirtschaft und Handel wurden durch die – von den Lydern übernommene – Einführung von Münzen anstelle der bisherigen Gold- und Silberbarren gefördert. Ein zentraler Kurierdienst sorgte für die Information des Hofes mit Nachrichten auch aus den entferntesten Landesteilen sowie für die schnelle Verbreitung der königlichen Edikte. Auf diese Weise kam unbeschadet der erhaltenen Traditionen und Besonderheiten der einzelnen Völker doch eine gewisse Einheitlichkeit des Reichsganzen zustande.

Auch eine ausgebreitete Bautätigkeit entfaltete Dareios. Am bekanntesten ist seine Neugründung Persepolis geworden, eine Residenz- und Zeremonialstadt, die er neben die traditionellen Königsstädte Susa, Ekbatana und Pasargadai stellte. Hier wurde offenbar das Neujahrsfest unter Beteiligung von Delegationen aus allen Reichsteilen feierlich begangen.

Gegen Ende seiner Regierungszeit bekam es Dareios noch mit einem Gegner zu tun, der in den folgenden Jahrhunderten zum Hauptkontrahenten des Perserreichs wurde: dem Griechentum. Um 500 brach ein Aufstand der jonischen Städte in Kleinasien gegen die persische Oberherrschaft aus, der weitere Gebiete bis nach Cypern ergriff. Da die Unterstützung durch das Mutterland unzureichend war, konnten sich die Griechen gegen die persische Übermacht nicht behaupten. Der Aufstand wurde niedergeschlagen, die zeitweise abgeschnittene Satrapie Thrakien, der erste persische Besitz auf europäischem Boden, wiedergewonnen. Als die Gesandten des Großkönigs in Athen und Sparta ermordet wurden, schickte Dareios eine Strafexpedition nach Griechenland. Das persische Heer wurde aber 490 von den Athenern bei Marathon geschlagen und mußte den Rückzug antreten. Auf die Nachricht von dieser Niederlage brach in Ägypten ein Aufstand aus. Über den Vorbereitungen zum Feldzug nach Ägypten und zum Rachekrieg gegen Griechenland starb Dareios. Er hinterließ seinen Nachfolgern ein wohlorganisiertes und gefestigtes Reich, aber auch die Bürde der Auseinandersetzung mit den Griechen.

Sein Sohn *Xerxes I.* (486–465) stellte zunächst in Ägypten und Babylonien die Ruhe wieder her und bot dann eine gewaltige Armee gegen Griechenland auf. Beabsichtigt war offenbar nicht ein bloßer Rachezug, sondern die Unterwerfung des ganzen hellenischen Raumes. Mit dem Sieg an den Thermopylen (480) öffneten sich die Perser den Zugang zu Mittelgriechenland. Die meisten Städte unterwarfen sich. Das von den Bewohnern geräumte Athen wurde besetzt. In der Seeschlacht bei Salamis jedoch erlitt die schwer bewegliche persische Flotte eine entscheidende Niederlage. Die persische Vormacht auf See, die weitgehend auf den Erfahrungen der Phönizier beruhte, war dadurch gebrochen. Auch das persische Landheer wurde 479 bei Plataiai geschlagen. Schließlich landete die griechische Flotte in Jonien und besiegte die Perser bei Mykale. Thrakien und die Dardanellen gingen dem persischen Staat verloren. Die Uneinigkeit der Griechen verhinderte jedoch ein weiteres Ausgreifen gegen das feindliche Großreich. Xerxes, der eine zunehmend despotische Regierung führte, wurde ermordet.

Die Regierung *Artaxerxes' I.* (465–424) mußte sich erst gegen die Selbständigkeitsbestrebungen der mächtigen Satrapen behaupten. Die Kämpfe mit den Griechen gingen weiter und wurden erst 449 durch ein Abkommen (sog. Friede des Kallias) beigelegt, das den Griechenstädten Kleinasiens die Autonomie zugestand. Größere Anstrengungen waren auch nötig, um einen von Athen unterstützten Aufstand in Ägypten niederzuschlagen. In diesem Zusammenhang gehörten wohl auch die Missionen Nehemias und Esras (vgl. S. 12f.), durch die der Wiederaufbau Jerusalems und die äußere und innere Festigung der judäisch-jerusalemischen Gemeinde erreicht wurden.

Aus den Thronwirren nach dem Tod des Königs, denen *Xerxes II.* und *Sogdianos* zum Opfer fielen, ging *Dareios II. Ochos* (424–404) als Sieger hervor. Die von seiner Gattin Parysatis stark beeinflußte Regierung dieses Königs zeigt besonders despotische Züge; gleichzeitig wächst der Partikularismus im Reiche. Andererseits ermöglichte es die mißglückte athenische Expedition nach Sizilien (413) dem Großkönig, die jonischen Städte erneut in Abhängigkeit zu versetzen. Der Peloponnesische Krieg rieb die Kräfte der griechischen Staaten auf und gab Persien Gelegenheit, durch gezielte Bündnispolitik auf die Verwicklungen in Hellas einzuwirken. Mit persischer Unterstützung ging Sparta 404 als Sieger aus dem Kampf hervor. Im gleichen Jahr, dem Todesjahr Dareios', errang Ägypten noch einmal für Jahrzehnte die Unabhängigkeit (vgl. S. 26).

Artaxerxes II. Mnemon (404–358) mußte erst seinen Bruder Kyros (d. J.) bekämpfen, ehe er sich der vollen Herrschaft erfreuen konnte. An der Peripherie des Reiches freilich schwelten die Konflikte. Ägypten, die Kornkammer des Reiches, konnte trotz mehrerer Kriegszüge nicht zurückerobert werden. Auf Ersuchen der nach Unabhängigkeit strebenden jonischen Städte landeten die ehemaligen Bundesgenossen Persiens, die Spartaner, an der kleinasiatischen Küste. Von 397 bis 394 wogten die allerdings begrenzten Kämpfe hin und her. Mit der Schaffung einer neuen Flotte gewannen die Perser die Übermacht auf See zurück. Innergriechische Konflikte, von persischem Gold genährt, riefen die Armee Spartas aus Kleinasien ab. Das Erstarken Athens und seiner Verbündeten führte Sparta sogar wieder an die Seite der Perser. 386 wurde der sog. Friede des Antalkidas (oder Königsfriede) geschlossen, dem beizutreten alle Griechenstädte genötigt wurden. Er war ein Diktat des Großkönigs, das ihm die Jonierstädte auslieferte und ihm auch weiterhin Einfluß in innergriechischen Angelegenheiten einräumte. Trotz dieses Erfolges markierte die Herrschaft Artaxerxes' einen zunehmenden Niedergang des Reiches. Innere Unruhen, Rivalitäten und Machtkämpfe der Generäle und Beamten, die der König nicht zu unterbinden vermochte, bedrohten die Einheit des Reiches und schwächten sein Ansehen nach außen. In den letzten Regierungsjahren Artaxerxes' brach ein gefährlicher Aufstand der Satrapen aus, der die Zentralgewalt an den Rand des Zusammenbruchs und das Reich nahezu zum Zerfall brachte.

Mit harter Hand und unter viel Blutvergießen brachte *Artaxerxes III. Ochos* (358–338) den Aufruhr unter Kontrolle und stellte den Zusammenhalt des Großreiches wieder her. In seiner Regierung strebte er eine Restitution des Staates im Sinne seines großen Vorgängers Dareios' I.

an. Durch eine Reorganisation der Provinzverwaltung beschnitt er die Machtbefugnisse der Satrapen und band sie wieder enger an die Krone. Dann ging er daran, den alten Umfang des Staatsterritoriums wiederherzustellen. Im Südwesten gliederte er nach der Niederschlagung von Aufständen Cypern, Syrien und die Phönizierstadt Sidon wieder fest seinem Reiche ein. 343 gelang auch die Rückeroberung Ägyptens, das nun Teil des persischen Reiches bis zu dessen Sturz blieb. Denn nach diesem Höhepunkt restituierter persischer Macht blieb dem Staat nur noch ein Jahrzehnt Überlebensfrist. In dem unaufhörlich erstarkenden makedonischen Reich unter König Philipp II. erwuchs ihm ein überlegener Gegner. Artaxerxes errang noch Erfolge im Nordosten gegen rebellische Bergstämme. Dann endete er durch Gift.

Der für diese Tat Verantwortliche, der Satrap Bagoas, wurde nun zum mächtigsten Mann und Königsmacher. Er erhob *Arses* (338–336) auf den Thron, ließ ihn aber bald wieder beseitigen. In dieser Zeit fiel auch die Entscheidung in Griechenland: Durch seinen Sieg bei Chaironeia (338) über das griechische Heer errang Philipp von Makedonien die Vorherrschaft (vgl. S. 41). Er nahm nun die Aufgabe eines griechisch-makedonischen Rachefeldzugs gegen die Perser in Angriff. Aber im gleichen Jahr wie sein Gegner Arses wurde auch er ermordet. Die Vorbereitung des Feldzuges übernahm sein Sohn und Nachfolger Alexander.

In Persien hatte *Dareios III. Kodomannos* (336–331) aus einer achämenidischen Seitenlinie den Thron bestiegen. Bagoas, der auch ihm zur Königswürde verholfen hatte, beseitigte er durch Gift. Das Reich, das er beherrschte, war durch die Wirren der letzten Jahre schwer erschüttert. Es hatte der Invasion Alexanders d. Gr. keinen wirksamen Widerstand entgegenzusetzen. Durch seinen Sieg am Granikos (334) öffnete sich Alexander den Weg nach Kleinasien. Dareios III. reagierte zögernd und ließ sich das Gesetz des Handelns vom Gegner aufzwingen. 333 kam es zur Schlacht bei Issos in der Gegend von Alexandrette (Iskenderun), die trotz der persischen Übermacht mit einem großen Sieg Alexanders endete. Dieser schwenkte sogleich nach Süden und besetzte Syrien, Palästina und Ägypten. Widerstand fand er wenig; überwiegend wurde er als Befreier begrüßt. Statt die rückwärtigen Verbindungen Alexanders abzuschneiden, erwartete Dareios ihn in Mesopotamien. Die Entscheidungsschlacht bei Gaugamela (331) besiegelte das Schicksal des Achämenidenreiches. Dareios wurde auf der Flucht von dem Satrapen Bessos ermordet. Als Rechtsnachfolger der Achämeniden setzte sich Alexander die persische Krone aufs Haupt. Das riesige Territorium des persischen Staates wurde in das noch größere, aber kurzlebige Alexanderreich integriert. Mit ihm hielt der Hellenismus Einzug in die vorderorientalische Welt.

Griechenland bis zum Tode Alexanders des Großen

Auf der griechischen Halbinsel war eine große Anzahl von Stadtstaaten (= Poleis) entstanden, von denen viele jahrhundertelang ein politisches Eigenleben führten. Unter ihnen waren Sparta, Athen und Korinth die bedeutendsten. Als sich das persische Großreich schon bis zum Hellespont ausgedehnt hatte und nun seine Herrschaft im Ägäischen Meer festigen wollte, um dann erneut gegen die Skythen zu Felde zu ziehen, kam es zu Beginn des 5. Jahrhunderts v. Chr. zu Auseinandersetzungen mit den griechischen Städten in den sogenannten Perserkriegen.

Für seinen Feldzug diente Dareios I. (522–486) als Vorwand, daß Athen und Eritreia den Aufstand der jonischen Griechen Kleinasiens unterstützt hatten. Die Niederlage, die das persische Heer schließlich bei Marathon (490) hinnehmen mußte, veranlaßte die Perser zu weiterem Vorgehen gegen die griechischen Stadtstaaten. Dareios' Nachfolger Xerxes I. (486–465/464) konnte zunächst tief in das Land vordringen, da es ihm gelang, das am Thermopylenpaß vereinigte griechische Heer zu umgehen und von beiden Seiten anzugreifen; er wurde dann aber zur See bei Salamis (480) und zu Lande bei Plataiai und Mykale (479) geschlagen. In dem nunmehr gegründeten 1. Attischen Seebund (Delisches Bündnis), der durch die veränderte Kriegführung mit Persien entstand, erlangte Athen die Vorherrschaft, was die frühere Rivalität mit Sparta wieder aufleben ließ und sogar zu militärischen Aktionen unter den griechischen Städten führte. Mit Persien wurde schließlich der Friede des Kallias geschlossen (449), in dem das Großreich die Unabhängigkeit der kleinasiatischen Poleis anerkannte (vgl. S. 39).

In der folgenden Zeit erlangte die demokratische Polis Athen unter Perikles eine hohe wirtschaftliche und kulturelle Blüte; sie war sogar imstande, Militärkolonien zu gründen. Damit verschärfte sich aber der alte Gegensatz zu dem aristokratischen Sparta. Es machten sich dabei auch die Rivalitäten der Handelsinteressen zwischen Athen und Korinth bemerkbar, die sich sogar auf die Gebiete Süditaliens erstreckten. Als Athen schließlich einem Mitglied des Peloponnesischen Bundes (Megara) alle Häfen und Märkte des Seebundgebietes für den Absatz der Güter sperrte, brach der Peloponnesische Krieg (431–404) aus.

Die Kämpfe, in deren Verlauf Athen auf Anraten des Alkibiades auch eine mißlungene Expedition gegen Sizilien unternahm, verliefen in mehreren Etappen. Persien griff dabei verschiedentlich zugunsten Spartas ein. Schließlich wurde die attische Flotte bei Aigospotamoi am Hellespont vernichtet (405), Athen belagert und zur Kapitulation gezwungen (404). Sparta gewann die Oberhand; der Seebund wurde aufgelöst. Nach kurzer Zeit konnte sich jedoch in Athen die Demokratie wieder stabilisieren.

In dem kommenden Jahrzehnt führten die unausgeglichenen wirtschaftlichen Verhältnisse im Lande zu verschiedenen Aufständen, denen jedoch kein größerer Erfolg beschieden war. Während dieser Zeit suchte Persien den jeweils Schwächeren auf der griechischen Halbinsel zu unterstützen. 395 schlossen sich Athen, Korinth, Theben und andere Städte zusammen und bekämpften an der Seite Persiens Sparta. Im sogenannten Königsfrieden (auch Friede des Antalkidas genannt – 386) fanden die Kämpfe ein Ende. Er stellte letztlich ein Diktat Persiens dar, denn Sparta erkannte die Annexion der kleinasiatischen Städte durch Persien an, wofür ihm seine Vorherrschaft, die es im Peloponnesischen Krieg errungen hatte, bestätigt wurde; der Friede des Kallias (449) war damit annulliert (vgl. S. 39).

387 begründete Athen den 2. Attischen Seebund, der sich gegen Sparta richtete. Als dieses dann gegen das von dem erstarkenden Theben geführte Böotien zu Felde zog, wurde das spartanische Heer in der Schlacht von Leuktra (371) von dem thebanischen Feldherrn Epameinondas geschlagen. Die gemeinsame Frontstellung gegen Thebens wachsenden Einfluß, der in der Gründung des unabhängigen messenischen Staates seinen Ausdruck fand, führte zur Annäherung zwischen Athen und Sparta, deren Heer Epameinondas jedoch bei Mantineia besiegen konnte (362). Als Athen erneut eine Vormachtstellung anstrebte, fielen seine Bundesgenossen ab, ermutigt durch den Vorstoß Philipps von Makedonien.

Während so die Poleis in Griechenland sich gegenseitig bekämpften, wurde das angrenzende Makedonien durch eine starke Hand geeint. Mittels geschickter Heeres- und Finanzreformen vollendete Philipp II. von Makedonien die Einigung Makedoniens zu einem zentral regierten Staat; auch die Nordküste des Ägäischen Meeres nahm er in Besitz. Als Verbündeter Thessaliens unterstützte er den Delphischen Sakralbund (Amphiktyonie) im »Heiligen Krieg« gegen die Phoker (356–346), die sich Delphis bemächtigt hatten. Als Philipp schließlich in Mittelgriechenland eindrang, schlossen Böotien und Athen ein Bündnis, aber ihr Heer wurde von Philipp bei Chaironeia geschlagen (338). 337 ließ Philipp in Korinth den allgemeinen Frieden verkünden und zugleich einen Feldzug gegen Persien beschließen. Kurz vor Aufbruch der Truppen fiel Philipp II. einem Mordanschlag zum Opfer. Sein Sohn Alexander (III.) beseitigte mit Hilfe seiner Mutter die anderen Thronprätendenten und veranlaßte die griechischen Städte, ihn als Hegemon des Bundes anzuerkennen und als Heerführer für den persischen Feldzug zu bestätigen. Während er die thrakischen Stämme und die Illyrer unterwarf, um Ruhe im rückwärtigen Gebiet zu haben, empörten sich unter Thebens und Athens Führung die Griechen. Alexander zerstörte daraufhin die Stadt Theben und verkaufte die Bewohner in die Sklaverei, um von künftigen Aufständen abzuschrecken. Athen dagegen wurde geschont.

Jetzt begann Alexander seinen »Rachefeldzug« gegen Persien, um die Verwüstung Griechenlands und die Entweihung von Heiligtümern zu sühnen. Sein Heer, das von einem technischen und wissenschaftlichen Stab begleitet wurde, überquerte den Hellespont (334); Antipatros ließ er als Statthalter Makedoniens zurück (vgl. S. 40).

Trotz seiner zahlenmäßig überlegenen Militärmacht vermochte Persien dem Angriff Alexanders nicht standzuhalten, da infolge unausgeglichener ökonomischer Verhältnisse die innere Stabilität des Großreiches längst erschüttert war und sich Emanzipationsbestrebungen kleinerer und größerer »Reiche« anbahnten (z. B. Ägypten, Syrien, Lydien).

Nach dem Sieg am Granikos über das Heer des Dareios III. Kodomannos (336–330) eroberte Alexander die Städte Sardes, Milet und Halikarnassos. Sein Zug führte ihn dann durch Lykien, Pamphylien und Pisidien, ohne auf größeren Widerstand zu stoßen. Erst an der Kilikischen Pforte bei Issos stellte sich Dareios dem Heer Alexanders, nachdem er endlich die drohende Gefahr erkannt hatte. Der Sieg eröffnete Alexander den Weg nach Syrien und Ägypten. Auf seinem Zug entlang der Küste besetzte er Arados, Byblos und Sidon. Die Inselfestung Tyros und auch Gaza konnte Alexander jedoch erst nach mehrmonatiger Belagerung erobern. Als Dareios einen Freundschaftspakt vorschlug und ihm das Gebiet bis zum Euphrat zusagte, schlug Alexander dieses Angebot aus.

In Ägypten wurde Alexander als Befreier von der persischen Herrschaft begrüßt. Von den Priestern erhielt er in Memphis die Doppelkrone des Landes und galt fortan als Nachfolger der Pharaonen. An der Mündung des westlichen Nilarms gründete er die Stadt Alexandria. In der Oase Siwa besuchte er das berühmte Orakel des Gottes Amun. Anschließend nahm er seinen Feldzug in Asien wieder auf, zog durch Syrien zum Euphrat und schlug in der Tigrisebene die entscheidende Schlacht bei Gaugamela (331). Nach seiner Proklamation zum König von Asien nahm Alexander die Residenzen Babylon und Susa in Besitz.

Mit der Zerstörung des Achämenidenpalastes und der Stadt Persepolis beendete Alexander den »Panhellenischen Rachefeldzug« (330) und schickte darum die griechischen Kontingente des Heeres zurück. Kurze Zeit später wurde Dareios III. von seinem Satrapen Bessos gefangengenommen und getötet. Unter dem Namen Artaxerxes bekämpfte Alexander fortan als »Nachfolger« von Dareios den Usurpator Bessos. Er führte sein Heer, in das nun auch persische Truppen aufgenommen wurden, durch Medien, Parthien, Margiane, Drangiana und Arachosien bis zum Jaxartes (Alexandrou Eschata). Aufstände mittelasiatischer Nomadenstämme, die sich gegen ihn erhoben, wurden niedergeschlagen. Schließlich gelangte er bis nach Indien zum Indus. Dort fand sein Vormarsch ein Ende, da seine eigenen Truppen ihn durch Meuterei zur Umkehr zwangen. Unter großen Verlusten zog dann der eine Teil des Heeres unter Nearchos mittels einer schnell gebauten Flotte zur See, der andere unter Alexanders Führung auf dem Landweg zurück.

In Susa beendete Alexander den zehnjährigen Feldzug mit einer Massenhochzeit, bei der er die iranische Prinzessin Roxane heiratete. Diese »Vereinigung« mit der persischen Aristokratie, die einer Stabilisierung seines weiten Herrschaftsgebietes dienen sollte, rief eine Meuterei der makedonischen Veteranen hervor, die er nur mit Mühe schlichten konnte.

323 starb Alexander an einer Krankheit in Babylon, das er zur Hauptstadt seines asiatischen Reiches ausersehen hatte.

Das von Alexander d. Gr. geschaffene Imperium vereinigte in noch größerem Maße als das persische Großreich zahlreiche Völker und Stämme Europas und Asiens, die in unterschiedlich entwickelten Gebieten lebten und verschiedene kulturelle und religiöse Vorstellungen hatten. Infolge dieser unausgeglichenen wirtschaftlichen und politischen Verhältnisse konnte das Reich keinen Bestand haben. Doch wurde durch die Begegnung der orientalischen Religionen mit dem griechischen Geist und das Aufeinander-Einwirken von verschiedenen ökonomischen und politischen Kräften die Entwicklung des Hellenismus eingeleitet, der vor allem die Geschichte der Völker im Mittelmeerraum für die nächsten Jahrhunderte prägen sollte.

Die Diadochenkämpfe

Da Alexander bei seinem Tod keinen direkten Erben hinterließ, konnte sich die makedonische Heeresversammlung erst nach heftigen Auseinandersetzungen auf seinen schwachsinnigen Halbbruder Philippos (III.) Arrhidaios und seinen postum geborenen Sohn Alexander (IV.) als Nachfolger einigen. Für die Zeit bis zur Volljährigkeit der Erben wurde mehreren Vertrauten Alexanders die Verwaltung des Imperiums übertragen: *Perdikkas* übernahm als Reichsverweser (Chiliarch) die Befehlsgewalt über Asien und war so faktisch der Nachfolger, ohne jedoch über eine Satrapie zu verfügen; das Heer in Asien wurde *Krateros* unterstellt; *Antipatros* wirkte als Statthalter in Makedonien und Griechenland, *Antigonos Monophthalmos* in Phrygien und Lykien, *Lysimachos* in Thrakien, *Eumenes* in Kappadokien und *Ptolemaios* in Ägypten.

Die folgende Zeit indessen machte deutlich, daß das große Imperium allein auf die Person Alexanders hin orientiert war; zwangsläufig brachen die Gegensätze auf, die in dem weit ausgedehnten Reich vorhanden waren. Nachdem sich zunächst die Griechen unter der Führung Athens erhoben hatten (323/322), folgten trotz der vertraglichen Neuorientierung der Reichsgewalt in Triparadeisos (321) in den nächsten Jahrzehnten mehrere Diadochenkriege, in denen sich ständig wechselnde Koalitionen der verschiedenen Herrscher ablösten, bis sich schließlich aus dem Alexanderreich mehrere Einzelstaaten entwickelten (Einschnitte bei den Auseinandersetzungen liegen in den Jahren 321, 317/316, 311 und 306). Während dieser Zeit kämpften vor allem zwei Richtungen gegeneinander: Perdikkas und sein Feldherr Eumenes und schließlich Antigonos Monophthalmos versuchten, das Alexanderreich zu erhalten; demgegenüber strebten vor allem Lysimachos und Ptolemaios danach, das ihnen übertragene Gebiet als Einzelstaat zu behaupten. Als noch Alexanders Mutter Olympias, seine Schwester Kleopatra und die Frau von Philippos Arrhidaios ihren Einfluß geltend zu machen versuchten, verschärfte sich der Machtkampf um die Nachfolge immer mehr.

Mit der Schlacht von Kurupedion in Lydien (281), in der der thrakische König Lysimachos von Seleukos besiegt wurde, endete die Diadochenzeit. Fortan bestanden nur noch die drei großen Reiche der Antigoniden, der Seleukiden und der Ptolemäer (neben einigen kleineren Staaten, unter denen vor allem das allmählich erstarkende Reich von Pergamon zu nennen ist). In Makedonien herrschte nun der Antigonide Gonatas (ein Enkel des Antigonos Monophthalmos), im Seleukidenreich Seleukos' Sohn Antiochos I. und über das Ptolemäerreich Ptolemaios II.

Pergamon wurde von dem Attaliden Philetairos regiert. Die folgende Zeit war von ständigen Palastintrigen und den erbitterten Kämpfen ausgefüllt, die die Seleukiden und die Ptolemäer um den Besitz von Palästina führten.

Die Verwaltung der Satrapie Ägypten war Alexanders ehemaligem engem Vertrauten und Feldherrn Ptolemaios übertragen worden. Im Unterschied zu den anderen Statthaltern konnte er während der Diadochenkämpfe trotz mehrerer Niederlagen bei seinem Vordringen in den ägäischen Raum seine Herrschaft behaupten und das ihm anvertraute Gebiet um Kyrene, Palästina, Cypern und Teile der Südküste Kleinasiens erweitern. Im Jahre 305 nahm er mit der Königswürde den Namen Soter an und begründete so die Dynastie der Lagiden (nach seinem Vater Lagos benannt).

Während er in der folgenden Zeit seine Herrschaft nach außen hin durch kluge Heiratspolitik zu sichern suchte, festigte er sie im Inneren durch Gewalt. Anders als die Regenten der letzten ägyptischen Dynastien beherrschte Ptolemaios das gesamte Land. Handel und Wirtschaft nahmen durch straffe Organisation bald einen beachtlichen Aufschwung, denn Ptolemaios regierte als absoluter Despot. Als Nachfolger der Pharaonen wurde ihm göttliche Verehrung zuteil. Bei der Ausübung der Macht stützte er sich auf eine breite griechisch-makedonische Beamtenschaft, auf die Priesteraristokratie sowie griechisches Militär. Er behielt jedoch die bewährte politische Einteilung in Gaue (Nomoi), Kreise (Toparchien) und Dörfer (Komai) bei; auch bewahrte er die altägyptische Religion und Kultur, dabei an die Tradition anknüpfend. So wurden unter anderem von seinen Nachfolgern neue Tempel in Oberägypten in altägyptischem Stil gebaut.

Die von Alexander im westlichen Delta gegründete Stadt Alexandria wurde Hauptstadt des Reiches. Schon durch ihre geographische Lage war sie nach Griechenland orientiert; vor allem aber durch die große Zahl griechischer Einwohner wurde sie zum Verbindungsglied und Umschlagplatz zum Abendland. Neben der Pflege der ägyptischen Tradition – etwa im Geschichtswerk des Priesters Manetho – wurde auf diese Weise der Einfluß des Hellenismus besonders spürbar. Der Verehrung des für Griechen und Ägypter geschaffenen Gottes Serapis folgte bald der Kult für Alexander, dessen Leichnam Ptolemaios I. nach Ägypten hatte entführen und in Memphis bestatten lassen.

Unter seinem Sohn und Nachfolger Ptolemaios II. Philadelphos (283–247), der zuvor bereits für einige Zeit Mitregent seines Vaters war, gingen die Auseinandersetzungen mit den anderen Diadochen weiter. Er unterstützte die griechischen Städte in ihrem Unabhängigkeitskrieg gegen Makedonien (280–279), führte in Äthiopien und Arabien Feldzüge. Vor allem begann ein langes Ringen mit den Seleukiden um den Besitz von Phönizien und Palästina, die Ptolemaios I. während der Diadochenkämpfe annektiert hatte. Nachdem Ptolemaios II. schon in einem Krieg (280–279) gegen Antiochos I. Gebiete des seleukidischen Reiches in Kleinasien erobert hatte, konnte er seine Position gegen ihn im 1. Syrischen Krieg (275–271) behaupten, mußte jedoch hinnehmen, daß auf Betreiben von Antiochos Kyrene unter seinem Stiefbruder Magas von ihm abfiel. Im 2. Syrischen Krieg, der gegen Antiochos II. geführt wurde, war Ptolemaios trotz mehrerer diplomatischer Schachzüge gezwungen, auf seine kleinasiatischen Besitzungen zu verzichten.

Während dieser Periode entwickelte sich die Stadt Alexandria, in die er nun auch den Leichnam Alexanders überführen ließ, zu einem der bedeutendsten Mittelmeerhäfen und erlebte eine große wirtschaftliche und kulturelle Blüte. Ptolemaios' zweite Frau – seine Schwester Arsinoë (die er in Nachfolge altägyptischer Tradition heiratete) – machte das Museion zum kulturellen und wissenschaftlichen Zentrum, in dem angesehene Gelehrte, vor allem auf dem Gebiete der Medizin, Mathematik, Physik und Astronomie, Hervorragendes leisteten; die berühmte Bibliothek von Alexandria ließ sie vergrößern.

Da nun auch die in Alexandria lebenden Anhänger des jüdischen Glaubens die griechische Sprache, die in der Stadt vorherrschend war, übernahmen, schien es erforderlich, auch das Gesetz (Pentateuch) sowie weitere Teile des Alten Testaments ins Griechische zu übertragen (Septuaginta). Damit wurde eine Entwicklung eingeleitet, die für die weitere Geschichte des Judentums in der Diaspora bestimmend werden sollte.

Als Ptolemaios III. Euergetes (247–221), der zuerst von seinem Vater verbannt worden war, Erbansprüche seiner Schwester gegenüber Seleukos II. durchsetzen wollte (vgl. S. 46f.), gelang es ihm, mit seinem Heer im 3. Syrischen Krieg (246–241) bis über den Euphrat hinaus vorzustoßen. Unruhen im eigenen Land zwangen ihn, sich wieder zurückzuziehen. König Antiochos III., der das Seleukidenreich noch einmal zu Glanz und Ansehen brachte, suchte nun auch Palästina zu erobern. Durch größere ägyptische Truppeneinheiten, die ihm Ptolemaios IV. Philopator (221/220–204) im 4. Syrischen Krieg (219–212) entgegenstellte, wurde Antiochos bei Raphia geschlagen (217) und ging so seiner Eroberung in Palästina wieder verlustig. Im Delta und in Oberägypten kam es infolge der wachsenden Spannungen zwischen den ägyptischen und griechischen Einwohnern zu Aufständen unter der Bevölkerung und im Heer, die sich zum Teil zu Befreiungskriegen entwickelten. In Theben wurde bereits ein nubischer Fürst zum Pharao ausgerufen. Diese Erschütterungen des Reiches charakterisieren den allgemeinen Niedergang. Aus den Zwistigkeiten um die Thronfolge Ptolemaios' V. Epiphanes (205/204–180) suchten Antiochos III. und Philipp V. von Makedonien ihren Vorteil zu ziehen. Um 198 wurde Ptolemaios im 5. Syrischen Krieg (200–195) in der Nähe der Stadt Paneas (bei den Jordanquellen) geschlagen. Ägypten mußte nun endgültig auf Palästina verzichten. Die Ptolemäer hatten sich übrigens in diesem Krieg zum ersten Mal um Hilfe an Rom gewandt, das seinen Einfluß jetzt auch im östlichen Mittelmeerraum geltend machte.

Obgleich Antiochos III. dem ptolemäischen Herrscher seine Tochter zur Frau gab, kam es erneut zu Spannungen, da bestimmte Kreise Ägyptens den Verlust des palästinensischen Gebietes nicht hinnehmen wollten. Als sich Antiochos IV. in einem neuen (6.) Syrischen Krieg (170–168) in den Bruderzwist von Ptolemaios' V. Söhnen einschaltete und die Vormundschaft über den unmündigen Ptolemaios VI. Philometor erzwang, riefen die Einwohner Alexandrias Rom wieder um Hilfe an. Bei seinem erneuten Vorstoß nach Unterägypten wurde Antiochos vom römischen Senator Popillius Laenas genötigt, sich zurückzuziehen.

Auch in den folgenden Jahrzehnten rissen die Streitigkeiten zwischen Ptolemaios VI. und seinem Bruder, dem späteren Ptolemaios VIII., die zur Teilung des Reiches führten, nicht ab. Nach dem Tod Ptolemaios' VI. und der Ermordung Ptolemaios' VII. übernahm Ptolemaios VIII. Euergetes II. das gesamte ägyptische Gebiet, mußte aber seinen unterdrückten Untertanen Zugeständnisse machen. Der Niedergang war unaufhaltsam, obgleich damals der direkte Seeweg nach Indien entdeckt wurde, der wirtschaftlichen Aufschwung hätte bringen können.

Die Familien- und Thronstreitigkeiten, die sich unter den Nachfolgern fortsetzten, gipfelten in Bürgerkriegen, Bruder- und Gattenmord. Bei diesen Auseinandersetzungen, in denen Kleopatra II. und Kleopatra III. eine nicht unwesentliche Rolle spielten, zerfiel das Reich in mehrere Teile: einzelne Herrscher übten die Macht in Kyrene oder über Cypern aus. Verschiedentlich griffen sie in die Streitigkeiten der seleukidischen Königsfamilie und deren Kämpfe mit den aufstrebenden Hasmonäern ein. Zusehends nahm nun auch Rom Einfluß auf Ägypten: 98 schließlich wird Kyrene römische Provinz; 50 dann Cypern. Im Jahre 55 wurde Ptolemaios XII. Theos Philopator Philadelphos Neos Dionysos (Auletes) – von seinem Volk vertrieben – durch Rom wieder nach Ägypten zurückgeführt. Bei seinem Aufenthalt in Ägypten griff Caesar auch direkt in die Familienauseinandersetzungen ein. Mit Kleopatra VII., der letzten Ptolemäerin, erwuchs Rom dann noch einmal eine gefährliche Rivalin, die mit Hilfe des römischen Triumvirn Antonius das ägyptische Reich bis zum Euphrat ausdehnte. Nach dem Sieg bei Actium (31) betrat Octavian ägyptischen Boden; Kleopatra verübte Selbstmord. Ägypten wurde zur römischen Provinz (30).

Das Herrschaftsgebiet der Seleukiden war das größte unter den Diadochenreichen. Es erstreckte sich von Kleinasien bis nach Baktrien und Indien. Infolge seiner verschiedenen geographischen Bedingungen und der vielschichtigen ethnischen Zusammensetzung, die eine unterschiedlich entwickelte Wirtschaft sowie kulturelle und religiöse Eigenheiten mit sich brachten, barg es den Grund für seinen Zerfall von Beginn an bereits in sich.

Sein Begründer Seleukos I. Nikator (312 [305]–281) konnte die Satrapie Babylon, die ihm zugeteilt worden war, erst 312 wieder erobern (am 1. Oktober 312 beginnt deshalb auch die seleukidische Zeitrechnung). Seine Feldzüge nach Osten, in denen er Persien unterwarf, fanden an den Grenzen von Sandrokottos' Reich ein Ende. In einem Vergleich überließ er dem Fürsten die indische Satrapie. 305 nahm Seleukos den Königstitel an.

Nach dem Sieg einer Koalition über Antigonos Monophthalmos bei Ipsos (301, vgl. S. 43), erhielt Seleukos Syrien und das Gebiet am mittleren Euphrat, nicht aber das südliche Syrien, das Ptolemaios I. während der Auseinandersetzungen okkupiert hatte. Er orientierte sich fortan nach dem Westen; das neugegründete Antiochia am Orontes machte er zur Hauptstadt seines Reiches. In den folgenden Jahren gliederte er weitere Teile Kleinasiens seinem Reich ein, wollte auch noch Makedonien und Thrakien erobern, um so das Reich Alexanders wiederherzustellen. Als er nach dem Sieg über den thrakischen König Lysimachos (281) den Hellespont überschritt, wurde er von Ptolemaios Keraunos, dem enterbten Sohn Ptolemaios' I., ermordet.

Seleukos suchte – wie sein Vorbild Alexander der Große – die Völker seines Reiches zu vereinen und ihnen den Stempel des Makedonentums aufzuprägen: Er gründete zahlreiche griechische und makedonische Städte (u. a. Antiochia, Apamea, Laodikeia [am Mittelmeer] und Dura-Europos), die vielfach schon als Militärgarnisonen bestanden, und förderte durch Gräzisierung orientalischer Siedlungen den Hellenismus. Außerdem führte er ein einheitliches Verwaltungssystem ein; Verwaltungssprachen waren Griechisch und Aramäisch, die Währung war attisch. Durch die Vergabe von Land an Tempel, Städte und Würdenträger, die auf diese Weise über Wirtschaft und Handwerk verfügten, traten an die Stelle persischer Satrapen nun selbständige Gebietsstatthalter (Strategen). Dieser Föderalismus schwächte Macht und Ansehen des Königs, wofür auch die im Osten gebräuchliche Vergottung des Herrschers keinen Ausgleich bieten konnte.

Unter Seleukos' Sohn und Nachfolger Antiochos I. Soter (281–261) brach alsbald der »Syrische Erbfolgekrieg« (280–279) aus, in dem ihm neben Ptolemaios II. der Thronprätendent Antigonos Gonatas von Makedonien und verschiedene griechische Städte gegenüberstanden. Durch das Vordringen der Kelten (Galater) nach Kleinasien fanden die Streitigkeiten ein Ende (Antiochos gelang es später, diesen Volksstamm in Galatien anzusiedeln). Mit den Ptolemäern kam es zu weiteren Auseinandersetzungen um den Besitz von Phönizien, um das südliche Syrien und um Palästina, die das ganze 3. Jahrhundert über andauerten (ingesamt sechs Kriege).

Da Ägypten zur stärksten Seemacht im östlichen Mittelmeer geworden war, konnte es im 1. Syrischen Krieg (275–271) seine Herrschaft über das südliche Syrien behaupten (vgl. S. 44). Schließlich mußte Antiochos auch noch den Abfall Eumenes' I. von Pergamon hinnehmen, der durch sein Bündnis mit Ptolemaios II. ein eigenes Reich errichten konnte (263–262).

Nach dem 2. Syrischen Krieg (259–253), der keine Veränderungen der Machtverhältnisse brachte, schloß sein Sohn Antiochos II. Theos mit Ptolemaios' Tochter Berenike eine Ehe, um den Frieden zu besiegeln (mußte sich dabei jedoch von seiner ersten Frau Laodike trennen). Damit legte er sogleich den Grund für neue Auseinandersetzungen; denn trotz des Berenike verbrieften Erbrechts für ihren Sohn kam nach Antiochos' Tod Seleukos II. Kallinikos (246–225), ein Sohn aus der Ehe mit Laodike, auf den Thron. Im daraus resultierenden »Laodike-Krieg« (3. Syrischer Krieg) konnte Ptolemaios zwar bis zum Euphrat vorstoßen, Aufstände in Ägypten zwangen ihn aber zur Umkehr.

Die für Seleukos II. bedrängende Lage nutzten verschiedene Herrscher, um ihre Machtposition auszuweiten: Sein jüngerer Bruder Antiochos Hierax schuf sich in Kleinasien ein eigenes Königtum; der Burgherr von Pergamon, Attalos I., entzog sich der seleukidischen Oberherrschaft. Mit Bithynien und Pontus entstanden zwei neue Staaten, die den Seleukiden feindlich gegenübertraten. Im Osten machte sich der Satrap von Baktrien, Diodotos, unabhängig. In die Satrapie Parthien drang ein iranischer Reiterstamm ein, der später das Partherreich begründete (vgl. S. 55). Auch der neue seleukidische Herrscher, Seleukos III. Soter Keraunos, konnte sich nur wenige Jahre behaupten (226–223). Er wurde während des Krieges mit Attalos I. von Pergamon, der von Ptolemaios III. unterstützt wurde, von seinen Offizieren ermordet.

Unter Antiochos III. dem Großen (223–187), einem jüngeren Bruder von Seleukos III., erfolgte eine Konsolidierung, die erneut eine Blüte des Seleukidenreiches hervorbrachte. In den Auseinandersetzungen mit Ptolemaios IV. ging es auch nicht mehr nur um den Besitz von Palästina, sondern um die Herrschaft im östlichen Mittelmeerraum. Die im 4. Syrischen Krieg (219–217) errungenen Erfolge gingen durch die Niederlage bei Raphia (217) wieder verloren. In Kleinasien jedoch konnte Antiochos in der folgenden Zeit seine Position festigen. Seine militärische Kraft reichte aber nicht aus, die Reiche von Artabanos (Parthien) und Euthydemos (Baktrien) zu erobern; er erreichte von ihnen die Anerkennung der seleukidischen Oberhoheit.

Nach der Thronbesteigung des unmündigen Ptolemaios V. in Ägypten (204) schlossen Philipp V. von Makedonien und Antiochos einen Geheimvertrag, in dem sie die außerhalb von Ägypten liegenden Gebiete des Ptolemäerreiches aufteilten. Als Philipp diese Pläne verwirklichen wollte, stieß er auf eine Koalition, die sich der Hilfe Roms versicherte und der er im 2. Makedonisch-Römischen Krieg (200–197) unterlag. Im Friedensschluß mußte Philipp auf Griechenland verzichten, die Kriegsflotte ausliefern und Rom Heeresfolge leisten.

Währenddessen konnte Antiochos in einem weiteren Feldzug gegen Ägypten (5. Syrischer Krieg – 202[201]–197) Ptolemaios bei Paneas entscheidend schlagen (198) und Palästina endgültig unterwerfen. Durch die Ehe Ptolemaios' V. mit einer Tochter Antiochos' wurde später eine gewisse Aussöhnung erzielt.

Nun plante Antiochos den Anschluß weiterer kleinasiatischer Gebiete und überschritt schließlich den Hellespont. Da der flüchtige Hannibal bei Antiochos Aufnahme fand (vgl. S. 51), vergrößerten sich die Spannungen zu Rom und führten schließlich zu mehrjährigen Auseinandersetzungen. Nach der Niederlage von Magnesia (190) mußte Antiochos im Frieden zu Apamea (188) auf alle kleinasiatischen Gebiete jenseits des Taurosgebirges verzichten und große Kontributionen zahlen. Infolge der harten Friedensbedingungen sah er sich zu Zwangsanleihen bei Tempeln genötigt. Bei der Plünderung eines Tempels bei Susa kam er um (187).

Antiochos IV. Epiphanes (175–164), der nach der Ermordung seines Vetters Seleukos IV. Philopator die Herrschaft an sich riß, beanspruchte im 6. Syrischen Krieg (170–168) Hoheitsrechte über Ägypten. Die Seleukiden wurden auf diese Weise erneut mit Rom konfrontiert. Denn als Antiochos mit seinem Heer wieder vor Alexandria erschien, zwang ihn der römische Konsular Popillius Laenas, sich aus Ägypten zurückzuziehen (vgl. S. 45). Im Kampf mit den Parthern fand Antiochos den Tod. Die biblische Überlieferung sieht in ihm den Prototyp des Religionsfrevlers, weil er die jüdische Religion antastete (vgl. S. 48).

Nach Antiochos' Tod kam es zu ständigen Thronkämpfen, die bis zum Ende der Seleukidenherrschaft andauerten. Die Hasmonäer nutzten die ihnen sich damit bietende Chance, sich allmählich unabhängig zu machen und wieder ein eigenes jüdisches Reich zu schaffen (vgl. S. 49). Während dieser Auseinandersetzungen um die Macht in Syrien gelang es einigen Usurpatoren, die von außerhalb unterstützt wurden, sich zeitweilig durchzusetzen: So wurde Demetrios I. Soter (162–150) ein Opfer des Alexander I. Balas, den Demetrios II. Theos Nikator Philadelphos (145–139/138, 129–125) erst mit ägyptischer Hilfe zu beseitigen vermochte, dessen Feldherrn Diodotos (genannt Tryphon) er jedoch nicht verdrängen konnte. Grund dafür war die damals außerordentlich komplizierte politische Konstellation, die dieses Gebiet zum ständigen Unruheherd machte (vgl. S. 49 und 56). Antiochos VII. Sidetes (139/138–129) war noch einmal in der Lage, die Macht in seinem Lande tatsächlich auszuüben, ehe dann die Bruderkämpfe unter den seleukidischen Verwandten begannen, die erst durch ein Eingreifen des armenischen Königs Tigranes I. (einem Herrscher aus einer parthischen Seitenlinie) beendet wurden. Als Tigranes vom römischen Feldherrn Lucullus zurückgedrängt wurde, kamen für kurze Zeit noch einmal Seleukiden an die Macht. Endgültig bereitete dann der römische Feldherr Pompejus ihrer Herrschaft ein Ende; das Restgebiet des ursprünglichen Riesenreiches wandelte er in die Provinz »Syria« um (64).

Das jüdische Reich

Alexander der Große überließ es seinem General Parmenion, das palästinensische Gebiet zu besetzen, das nicht an der Küste lag; lediglich die Stadt Samaria mußte dabei mit Waffengewalt eingenommen werden. Leben und Kult der jüdischen Bevölkerung wurden nicht angetastet. Auch die Ptolemäer, unter deren Herrschaft Jerusalem nach dem Tode Alexanders schließlich kam, griffen (abgesehen von der Eroberung Jerusalems und der Verschleppung jüdischer Bewohner als Soldaten und Sklaven nach Ägypten um 302/301) nicht in die Ordnung des Tempels und in das Leben der Bevölkerung ein. Als mit Antiochos III. die Seleukiden die Oberhoheit über Palästina erhielten (vgl. S. 47), gestatteten auch sie der jüdischen Bevölkerung, nach den »Gesetzen ihrer Väter« zu leben; dem Jerusalemer Tempel wurden seine Privilegien bestätigt. Allerdings legten die seleukidischen Herrscher – durch ihre zahlreichen Kriege ständig in Geldverlegenheit – auch dem jüdischen Heiligtum Zwangsanleihen auf.
Durch die wirtschaftliche Entwicklung, die mit der Gründung hellenistischer Städte (Samaria, Städte im Ostjordanland und an der Küste) einherging, fand nun in Jerusalem der Hellenismus Eingang. Er brachte gegenüber anderen Auffassungen eine Aufgeschlossenheit, von der auch religiöse Fragen nicht unberührt blieben; selbst jüdische Priester wurden in den Bannkreis der griechischen Denkweise hineingezogen. So entwickelten sich im Schoß der Jerusalemer Gemeinde Gegensätze unter den Gläubigen, die dann bei den Auseinandersetzungen um das hohepriesterliche Amt zum Tragen kamen. Den Gegnern des gesetzestreuen Hohenpriesters Onias III. gelang es schließlich, von dem neuen seleukidischen König Antiochos IV. den hellenistisch gesonnenen Jason, einen Bruder des Onias, als Hohenpriester einsetzen zu lassen. Offensichtlich veranlaßte dies den Herrscher zu weiterem Eingreifen. Bei nächster Gelegenheit ersetzte er Jason durch den Priester Menelaos, der nicht der zadokidischen Tradition entstammte. Als rebellierende Juden, auf ein Gerücht hin, Antiochos sei im Kampf gegen die Ptolemäer umgekommen, Menelaos seines Amtes enthoben, führte der König den abgesetzten Hohenpriester wieder nach Jerusalem zurück und beschlagnahmte den Tempelschatz. In ganz radikaler Weise griff Antiochos nun in den jüdischen Kult ein, als er gezwungen war, sich aus Ägypten zurückzuziehen. Er wandelte den Jerusalemer Tempel in ein Heiligtum für den Zeus Olympios um und verbot die jüdische Religion (vgl. S. 47).
Der nun unter der jüdischen Bevölkerung aufflammende Freiheitskampf wurde von Judas – genannt Makkabäus – angeführt (wohl der »Hammerartige« [aramäisch **makkaba** = der Hammer]).
In einem erfolgreichen Kleinkrieg gelang es diesem, die freie Religionsausübung schließlich wiederzuerlangen. Der Tempel wurde entsühnt (164). Nach Judas' Tod setzten seine Brüder

Jonathan und später Simon den Kampf gegen das seleukidische Königshaus fort, um auch politische Freiheit zu gewinnen; sie verloren allerdings die Unterstützung der an der Tradition orientierten Juden (Chasidim). Auch eine engere Beziehung zu den Nabatäern, die das Gebiet östlich des Jordan und südlich des Toten Meeres beherrschten, kam nicht zustande. Durch geschicktes Lavieren zwischen den Prätendenten konnten die Makkabäer jedoch aus den Thronkämpfen in Syrien Gewinn ziehen und gewannen so im Lauf der Zeit politische Selbständigkeit: Jonathan erhielt von Alexander I. Balas Purpur und Krone, stand nach dessen Beseitigung auf der Seite von Demetrios II., der ihm Gebietserweiterungen einräumte, und wechselte anschließend zum neuen Usurpator Tryphon über, der ihn aber gefangensetzte und tötete.

Einem Mordanschlag gegen die hasmonäische Familie (wie die Makkabäer nach einem Vorfahr nun genannt wurden) entging nur ein Sohn des Simon, der dann als Johannes Hyrkan I. erst eigentlich die Dynastie begründete; doch sah er sich innerhalb der Bevölkerung einer Opposition gegenüber, die schon seinem Verwandten Jonathan und dann auch Simon angelastet hatte, das hohepriesterliche Amt unrechtmäßig übernommen zu haben. So erblickten die Juden in dem rigorosen Streben der hasmonäischen Dynastie nach Macht, das auch vor Familienmord nicht zurückschreckte, einen Verfall ihres theokratischen Staates. Indessen dehnte Johannes Hyrkan I. mit Hilfe eines Söldnerheers seinen Herrschaftsbereich aus; sein Sohn Alexander Jannäus, der seinem Bruder (Judas) Aristobul I. (104–103) folgte, beanspruchte den Königstitel, zerstörte auf dem Garizim den Tempel der Samaritaner, die sich von Jerusalem unabhängig zu machen suchten, und erzwang von den heidnischen Untertanen seines Landes den Übertritt zum jüdischen Glauben. Seine Witwe Salome (mit dem Wechselnamen Alexandra) stützte sich in ihrer relativ gemäßigten Regierung auf die Pharisäer. Ihr Sohn (Johannes) Hyrkan II., der währenddessen Hoherpriester war, wurde nach ihrem Tod von seinem Bruder Aristobul II. zum Rücktritt gezwungen.

Hyrkan belagerte wenige Jahre später, veranlaßt durch seinen ehemaligen Minister Antipater, mit Hilfe eines nabatäischen Heeres seinen Bruder in Jerusalem. Diese Auseinandersetzungen wurden durch das Erscheinen der Römer in Syrien beendet. Beide Hasmonäer bemühten sich jetzt um die Gunst des römischen Feldherrn Pompejus. Da die Anhänger Aristobuls sich in Jerusalem verschanzten, eroberte Pompejus die Stadt und betrat das Allerheiligste des Tempels (63). Das jüdische Reich ging seiner politischen Selbständigkeit verlustig; es wurde auf ein kleines Gebiet um Jerusalem reduziert, dem Hyrkan als Hoherpriester vorstand.

Jetzt wurden die Kämpfe um die Macht in Syrien/Palästina – nunmehr Teile des römischen Imperiums – ausgetragen; die streitenden Parteien suchten dabei die unterschiedlich orientierten jüdischen Kräfte für sich nutzbar zu machen. C. Julius Caesar vergrößerte das jüdische Reich wieder und räumte Hyrkan wie auch Antipater und dessen Söhnen Phasael und Herodes größere Machtpositionen ein, da sie ihm bei der Verfolgung des Pompejus Hilfe geleistet hatten (vgl. S. 53). Auch unter dem Triumvirn Antonius, dem Beherrscher des Ostens, behielt Antipater seine Position, wurde bald aber ein Opfer von nationalistisch orientierten Juden. Phasael und Herodes waren imstande, gestützt auf Rom, ihre Stellung zu verteidigen.

Als dann die Parther vorstießen und Palästina eroberten, kam mit Antigonos Mattathias noch einmal ein Hasmonäer auf den Thron (40–37). In Rom wurde daraufhin Herodes, der noch hatte fliehen können, vom Senat zum König von Judäa ernannt. Er war ein König ohne Land und mußte sich sein Territorium erst erobern.

Als Vasallenkönig blieb Herodes auch Rom gegenüber für sein Land verantwortlich und war seinem Volk gegenüber gezwungen, römische Interessen zu vertreten. Dank seines diplomatischen Geschicks gelang es ihm, die Gunst der jeweiligen römischen Machthaber zu gewinnen, nie jedoch die Liebe seines Volkes. Seine Bemühungen, Wirtschaft und Kultur des Landes zu fördern, auch die ernsthaften Versuche, den religiösen Empfindungen der Einwohner gerecht zu werden (z. B. beim Neubau des Tempels), trugen ihm fortwährend nur Ablehnung und Widerspruch ein, denen er dann wieder mit Gewalt begegnete. So brachte die Regierungszeit des Herodes dem Lande nach außen hin zwar Ansehen, nach innen jedoch war sie erfüllt mit Familientragödien im Herrscherhaus, mit Zwistigkeiten, Intrigen und Gewalttätigkeiten.

Als das herodianische Reich nach Herodes' Tod unter drei seiner Söhne aufgeteilt wurde, konnte lediglich Philippus bis zu seinem Tod über sein ostjordanisches Territorium herrschen. Herodes Archelaus – als Ethnarch über Idumäa, Judäa und Samaria eingesetzt – rief durch eine Willkürherrschaft in seinem Land immer wieder blutige Unruhen hervor, bis ihn schließlich die Römer nach Lugdunum (Südgallien) verbannten. Herodes Antipas suchte seinem Vater nachzueifern; er huldigte hellenistischen Neigungen und wollte mit Fürsten anderer Länder konkurrieren. Da er sich von seiner Frau, einer Tochter des Königs Aretas IV., getrennt hatte, um Herodias, die Frau seines Bruders, zu heiraten, wurde er in kriegerische Auseinandersetzungen mit den Nabatäern verwickelt. Als Antipas schließlich auch nach dem Königstitel strebte, verlor er die Gunst Roms und wurde ebenfalls verbannt.

Eine letzte Blütezeit wurde dem jüdischen Land unter Herodes' Enkel Agrippa I. (41–44) zuteil. Dieser beherrschte noch einmal das gesamte Territorium seines Großvaters. Nach seinem Tod nahmen die Römer eine Neuverteilung des Territoriums vor. Agrippas Sohn, Agrippa II., durfte erst nach mehreren Jahren seine Nachfolge antreten. Er erhielt zunächst das Königtum Chalkis; später wurde ihm die Herrschaft über die Tetrarchie des Philippus und Teile von Galiläa übertragen.

In Judäa, wo die Römer seit Archelaus' Verbannung einen Statthalter eingesetzt hatten, begegnete die jüdische Bevölkerung der Besatzungsmacht nun direkt. Wenn auch von seiten Roms im allgemeinen Rücksicht auf Gebräuche und Riten der besiegten Völker – insbesondere bei den Juden – genommen wurde, entwickelten sich doch bald Spannungen, die verschiedentlich in blutige Zusammenstöße ausarteten. Unterschiedlich war dabei das Verhalten der einzelnen jüdischen Glaubensrichtungen (Sadduzäer, Pharisäer, Essener, Zeloten usw.) gegenüber den Römern, unterschiedlich war auch das Vorgehen der römischen Beamten. So werden z. B. Pontius Pilatus, dem bekanntesten Statthalter von Judäa, unter dem Jesus gekreuzigt wurde (30), nach dem Neuen Testament und anderen Quellen schwere Übergriffe zur Last gelegt.

Die urchristliche Gemeinde, die in Jerusalem und den angrenzenden Gebieten entstand und sich später innerhalb des Römischen Reiches ausbreitete (Missionstätigkeit des Apostels Paulus unter den Heiden), kam mit den römischen Provinzialbeamten und den Herrschern zunächst nur selten in Berührung. Agrippa I. verfolgte die Führer der Jerusalemer Gemeinde und ließ den Zebedaiden Jakobus hinrichten. Der Apostel Paulus war Gefangener der Prokuratoren Festus und Felix. In Rom selbst kam es unter Nero und später unter Domitian auch in Teilen des Imperiums zu Christenverfolgungen.

Inzwischen hatten in Palästina in den sechziger Jahren die Spannungen mit den Römern zur direkten Konfrontation geführt, die schließlich in den Jüdischen Krieg überging (66). Die Juden – anfangs Herren der Lage – brachten die römischen Truppen in arge Bedrängnis. Die Römer zogen daraufhin ihre Kräfte zusammen und eroberten zunächst Galiläa und anschließend das übrige Land. Erst dann belagerten sie Jerusalem, die Hochburg des Widerstandes. Der Feldherr Titus nahm schließlich die Stadt ein, in der sich zuletzt noch verschiedene radikale jüdische Gruppen befehdeten (70). Die Felsenfestung Masada, in der sich Zeloten verschanzt hatten, fiel erst später (73/74). Die christliche Gemeinde wurde nicht in die Katastrophe hineingezogen, da sie schon zu Beginn der Unruhen nach Pella ausgewandert war.

Nach dem Krieg und der Zerstörung des Jerusalemer Tempels bildete sich eine Leitung der jüdischen Gemeinde in Jamnia, der nur Schriftgelehrte, nicht aber Priester oder Älteste angehörten. Dieser Gelehrtenrat, der von den Römern offensichtlich geduldet wurde, regelte nun die Fragen, die das Leben und den Kult der Juden betrafen. Er grenzte sich entschieden von den Christen ab.

Auch in den nächsten Jahrzehnten blieb das Verhältnis zwischen Juden und Römern gespannt. In verschiedenen Gegenden der Diaspora gab es Unruhen in der jüdischen Bevölkerung. Als Kaiser Hadrian ankündigte, Palästina zu besuchen und in Jerusalem einen heidnischen Tempel zu errichten, kam es zum Aufstand. Möglicherweise ist diese Erhebung auch noch auf Hadrians Verbot der Beschneidung zurückzuführen. Der Kampf, von Simeon ben Kosba (Bar Kochba) mit Fanatismus geführt, verlief zunächst erfolgreich. Doch die messianischen Erwartungen erfüllten sich nicht; der Aufstand erlag der römischen Übermacht. Jerusalem wurde nach römischem Muster völlig neu erbaut und in Aelia Capitolina umbenannt; auf den Trümmern des Tempels wurde ein Heiligtum für den Jupiter Capitolinus errichtet. Den Juden wurde verboten, die Stadt zu betreten.

Die Katastrophen von 70 und 135 veranlaßten das Judentum, das sich nun nicht mehr direkt an Tempel und Opfer orientieren konnte, sich immer stärker von anderen Einflüssen abzugrenzen und auf seine eigenen Traditionen zurückzuziehen. Man begann, diese zu fixieren und zu kanonisieren (Talmud).

Das Römische Reich

Im Verlauf eines Jahrtausends entwickelte sich aus der Siedlung am Tiber das römische Imperium, das dann nahezu die gesamte damals bekannte Welt umfaßte. Um 510 errichteten die Einwohner Roms eine aristokratische Republik, nachdem sie die Herrschaft der etruskischen Könige beseitigt hatten. Ihr standen fortan zwei Konsuln (jeweils für ein Jahr gewählt) vor, die zunächst aus den Reihen der Patrizier kamen. Nach langwierigen Auseinandersetzungen mit den benachbarten Stämmen und Völkern (Etruskern, Kelten und Samniten) konnte Rom – nun als Bundesstaat – schließlich seine Macht über Mittelitalien ausdehnen. Nach dem Sieg über den König von Epirus, Pyrrhos, und die Griechenstädte in Süditalien (275) beherrschte es die ganze Apenninenhalbinsel. Im 3. Jahrhundert führte die Ausweitung von Handel und Politik zum Zusammenstoß mit Karthago, einer schon im 8. Jahrhundert von den Phöniziern gegründeten Stadt in Nordafrika, die es schnell zu hoher Blüte gebracht hatte und im westlichen Mittelmeer über Jahrhunderte hinaus die Macht ausübte. Nach dem 1. Punischen Krieg (264–241) annektierte das siegreiche Rom zunächst Sizilien, anschließend auch Sardinien und Korsika und machte diese Inseln zu seinen ersten Provinzen. Diese wurden von einem Beamten verwaltet, der vom Senat ernannt war (Prätor, später Prokonsul oder Proprätor, dem ein Quästor zur Seite stand).

Obgleich der karthagische Feldherr Hannibal im 2. Punischen Krieg (218–201) mit einem Heer durch Spanien und über die Alpen bis nach Rom vordringen konnte (Schlacht bei Cannae 216) und die neu aufstrebende Macht in Italien bis fast an den Rand der Vernichtung trieb, vermochten die Römer dann doch – unterstützt durch eine Verkettung für sie günstiger Umstände – das karthagische Heer in seinem eigenen Land zu schlagen (Zama 202). Der Ertrag des Krieges war das schwer umkämpfte Spanien. Endlich besiegelte die Eroberung und Zerstörung Karthagos im 3. Punischen Krieg (149–146) die Vorherrschaft Roms über den westlichen Teil des Mittelmeerraumes: Nordafrika wurde römische Provinz.

Schon während dieser Kämpfe tauchten römische Truppen in Illyrien auf (Illyrische Kriege 229–228 und 219) und drangen weiter nach Makedonien vor. Rom verbündete sich jetzt mit Pergamon und Rhodos, denen dann auch die eroberten Gebiete überlassen wurden. 197 unterlag Philipp V. von Makedonien; der Seleukide Antiochos III. wurde bei Magnesia geschlagen (190) und der Ätolische Bund besiegt (vgl. S. 47). Die Zerstörung Korinths (146) vollendete die

Unterwerfung Griechenlands, das nun zur Provinz Achaja wurde. Nach der Niederwerfung eines Aufstandes in Spanien (Eroberung der Stadt Numantia) war Rom die einzige Großmacht im Mittelmeerraum.

Die innere Entwicklung in der ersten Zeit der Republik war durch Ständekämpfe zwischen Patriziern und Plebejern geprägt; sie wurden durch die Auseinandersetzungen zwischen altem und neuem Adel – später zwischen Optimaten und Popularen – abgelöst, die auch die Zeit der Bürgerkriege einleiteten. Einen Höhepunkt erreichten die Konflikte, als *Tib. Sempronius Gracchus* und dann *C. Sempronius Gracchus* ihr Amt als Volkstribunen benutzten, um Agrarreformen durchzuführen. Diese Bestrebungen scheiterten aber am Widerstand der Optimaten; beide Brüder und ihre Anhänger wurden ermordet.

Gleichzeitig mit diesen innenpolitischen Zerreißproben fanden die Zusammenstöße mit den Nachbarvölkern (Südgalliern, Teutonen, Zimbern u. a.) statt. Durch eine Heeresreform (Söldnerheer) beendete der Feldherr *Marius*, der schon den König Jugurtha aus Numidien hatte vertreiben können, siegreich die Grenzkämpfe. Doch schon erschütterte wieder die innere Stabilität der Bundesgenossenkrieg (91–88), in dem Rom gezwungen wurde, auch den Einwohnern der mit ihm verbündeten Staaten der Apenninenhalbinsel das römische Bürgerrecht zu gewähren.

Diese inneren Schwierigkeiten ermöglichten Mithridates VI., König von Pontus (vgl. S. 56f.), die Küstenstreifen Kleinasiens und Griechenlands zu erobern (Vesper zu Ephesus 88). Der Konsul Sulla, ein Vertreter der Optimaten, wurde daraufhin beauftragt, gegen Mithridates zu Felde zu ziehen. Als während seiner Abwesenheit seine Gegner Marius den Oberbefehl übertrugen, kehrte Sulla unverzüglich nach Rom zurück, machte den Beschluß rückgängig und zog mit seinem Heer erneut gegen den pontischen König.

In der Zwischenzeit wurde Marius zum Konsul gewählt; zusammen mit seinem Amtskollegen C. Cornelius Cinna ging er gegen die Optimaten vor. Als Marius plötzlich starb, übte Cinna allein die Macht in Rom aus.

Nach dem Sieg über Mithridates kehrte Sulla nach Rom zurück und nahm Rache an seinen Feinden, wobei er selbst vor der Schändung von Marius' Leichnam nicht zurückschreckte. Er ließ sich zum Diktator auf Lebzeiten ernennen; seine Regierung restaurierte durch eine reaktionäre Gesetzgebung die Vorherrschaft der Optimaten; jedoch zog er sich nach einigen Jahren ins Privatleben zurück.

Das erneute Auftauchen des Mithridates im Osten sowie Aufstände in Spanien brachten weitere Erschütterungen; soziale Unzufriedenheit führte zu Sklavenaufständen, von denen besonders der des Spartacus zu nennen ist, der von dem reichen Senator *Crassus* grausam niedergeschlagen wurde.

Da es dem allzu vorsichtig taktierenden Lucullus nicht gelang, Mithridates endgültig zurückzuschlagen, trat an seine Stelle der aus einem jungen Adelsgeschlecht stammende *Cn. Pompejus*, der sich Alexander den Großen zum Vorbild gewählt hatte. Er konnte bereits auf eine erfolgreiche militärische Laufbahn zurückblicken: In Italien hatte er Unruhen niedergeschlagen und im Mittelmeer das Seeräuberunwesen beseitigt. Mithridates VI. von Pontus drängte er bis zum Euphrat zurück. Bei diesem Feldzug eroberte er u. a. auch Syrien und Palästina (vgl. S. 49).

Währenddessen nahm der Bürgerkrieg in Rom immer bedrohlichere Formen an. Unter dem Konsulat des Redners M. Tullius Cicero wurde die Verschwörung Catilinas aufgedeckt und blutig unterdrückt (64–62). Darauf schlossen sich Pompejus, der einem alten Adelsgeschlecht entstammende *C. Julius Caesar* und der Senator Licinius Crassus zu einem Triumvirat (Dreierherrschaft) zusammen. Diese Institution wurde aber bereits nach kurzer Zeit von erheblichen Spannungen zwischen den Machthabern belastet. Denn jeder der mächtigen Männer verfolgte seine eigenen Ziele.

Caesar erhielt das Kommando über die Provinz Gallia, die er dank seiner Feldherrnkunst endgültig unterwerfen konnte. Durch seine Legionen hatte er sich eine derart starke Position geschaffen, daß er seinem Rivalen Pompejus gefährlich wurde. Der Forderung des Senats, seine Stellung in Gallien aufzugeben, kam er nicht nach, sondern überschritt mit einem treu ergebenen Heer den Grenzfluß Rubikon, der die Provinz Gallia vom Mutterland trennte. Pompejus entwich vor den anrückenden Truppen aus Rom; der Bruch war endgültig. Crassus war während dieser Zeit Statthalter der Provinz Syria. Seine Feldzüge gegen die Parther endeten mit einer Niederlage bei Karrhae (53); ein parthischer Überfall brachte Crassus kurze Zeit später den Tod.

Die nächsten Jahre hindurch währte der erbitterte Kampf zwischen Caesar und Pompejus. Bei Pharsalos in Thessalien gelang es Caesar schließlich, seinen Rivalen zu schlagen (49). Pompejus floh nach Ägypten. Kurz nach seiner Ankunft dort wurde er ermordet. Damit sah sich Caesar, der zunächst noch eine Zeitlang in Ägypten blieb, als unumstrittener Alleinherrscher des römischen Imperiums. Er machte sich zum Diktator auf Lebenszeit; aus diesem Grunde erhoben seine Gegner den Vorwurf, er strebe nach der Königsherrschaft. Eine Gruppe republikanisch gesinnter Männer unter Führung von Brutus und Cassius beschloß, den ehrgeizigen Alleinherrscher zu beseitigen und die alte Verfassung wiederherzustellen. Während einer Senatssitzung brachten sie Caesar um (44).

Die folgende Zeit war ausgefüllt mit dem Kampf gegen die Caesarmörder und dem Ringen um sein Erbe. Es gelang den beiden Erben – *C. Julius Octavianus*, der ein Neffe und Adoptivsohn des Diktators war, und *Marcus Antonius*, einem Vertrauten Caesars –, große Teile des römischen Volkes für den Kampf gegen die Mörder zu gewinnen. Die beiden Männer schlossen mit Aemilius Lepidus das zweite Triumvirat und brachten so die Gewalt im Reich an sich. Bei Philippi in Makedonien wurden die Truppen von Brutus und Cassius geschlagen (42); beide verübten Selbstmord.

Das Bündnis der Männer im zweiten Triumvirat war bald wieder durch Spannungen in Frage gestellt. Für mehrere Jahre konnten die Machtsphären abgegrenzt werden: Octavian im Westen, Antonius im Osten und Lepidus in Nordafrika. Trotz weiterer Belastungen kam es in Tarent noch einmal zur Verlängerung des Triumvirats. Doch schon ein Jahr später wurde Lepidus entmachtet, und wenig später kam es zwischen Octavian und Antonius zum endgültigen Bruch.

Durch die Begegnung mit der Ptolemäerkönigin Kleopatra VII. war Antonius in nähere Verbindung mit Ägypten getreten. Obgleich er mit Octavians Schwester Octavia in Rom verheiratet war, entspann sich zwischen Kleopatra und ihm ein Liebesverhältnis, aus dem auch Kinder hervorgingen. Kleopatra verstand es sogar, Antonius derart an sich zu fesseln, daß er nicht nur die römischen Interessen vernachlässigte – so daß etwa die Parther in das Gebiet von Syrien und Palästina vorstießen, das die Römer erst einige Jahre später zurückzuerobern imstande waren (vgl. S. 57) –, sondern auch ihren und seinen Kindern Ländereien schenkte und sogar vom Senat in Rom die Bestätigung dafür erwartete.

Octavian überzeugte den Senat und das römische Volk vom Verrat des Antonius und wurde als alleiniger Erbe Caesars anerkannt. Es kam zum Krieg gegen Kleopatra. In der entscheidenden Seeschlacht bei Actium (31) siegte der Feldherr Agrippa über die ptolemäische Königin und Antonius. Als Octavian ägyptischen Boden betrat, verübten beide Selbstmord. Ägypten wurde römische Provinz (vgl. S. 45).

Nach dem Sieg über Antonius ordnete Octavian die Verhältnisse im Inneren und festigte die Macht Roms gegenüber den Grenzvölkern. Im Unterschied zu Caesar betrieb er keine Eroberungspolitik, sondern suchte Frieden zu schaffen, ohne daß jedoch die Kämpfe mit den Nachbarvölkern gänzlich aufhörten (u. a. Niederlage des Varus im Kampf mit dem germanischen Fürsten Arminius im Teutoburger Wald – 9 n. Chr.).

Wenn Octavian auch nominell die republikanischen Ämter beibehielt und die Republik offiziell proklamierte, so schuf er doch den monarchischen Prinzipat, der ihm die alleinige Macht sicherte. Vom Senat wurde ihm der Würdetitel »Augustus« angetragen (27); er führte auch den Titel Imperator Caesar divi filius Augustus. Er nannte sich Vater des Vaterlandes (pater patriae) und wurde oberster Priester (pontifex maximus). Von besonderer Bedeutung war es, daß er als ständiges Amt die tribunizische Gewalt und das Prokonsulat übernahm, das ihm die Initiative bei der Gesetzgebung sicherte. Künftig gab es neben den vom Senat verwalteten Provinzen auch kaiserliche Provinzen, die ein von Augustus beauftragter Beamter verwaltete (legatus Augusti pro praetore bzw. procurator Augusti).

Trotz zahlreicher Bemühungen konnte Augustus seine Herrschaft nicht einem direkten Erben übertragen. Er adoptierte darum schließlich *Tib. Claudius Nero*, den Sohn seiner dritten Frau, Livia, der im allgemeinen als Kaiser *Tiberius* bekannt ist.

Tiberius ging zunächst rigoros gegen die Mitglieder des Senats vor. Bald jedoch überließ er die Regierungsgeschäfte seinem Günstling Sejan, der bis wenige Jahre vor seinem Tod ein Schreckensregiment in Rom führte. Nach Tiberius' Tod folgte C. Julius Caesar (Sohn des Heerführers Germanicus), allgemein unter dem Namen *Caligula* (Stiefelchen) bekannt. Seine Regierungszeit war durch Willkür und Grausamkeit gekennzeichnet; er selbst ging seinen Vergnügungen nach und ließ sich – und auch seine Schwester – göttlich verehren. Als seine Statue in Jamnia von Juden zerstört worden war, verlangte er, sein Bildnis auch im Jerusalemer Tempel aufzustellen. Bevor dies geschah, fiel Caligula einer Verschwörung zum Opfer. Die Prätorianergarde rief den unbeholfenen *Claudius* (Tib. Claudius Nero Germanicus [41–54]), der sich bisher nur geschichtlichen Studien gewidmet hatte, zum Kaiser aus, da kein Angehöriger des julisch-claudischen Kaiserhauses zum Nachfolger bestimmt war. In die Zeit seiner Regierung fiel auch das Edikt, das von den Juden verlangte, Rom zu verlassen. Claudius stand unter dem Einfluß seiner Frauen und einiger mächtiger Günstlinge; seine letzte Frau Agrippina ließ ihn ermorden.

Ein Jahr zuvor hatte Agrippina den Sohn aus ihrer ersten Ehe, L. Domitius Ahenobarbus, von Claudius adoptieren lassen, obgleich dieser einen eigenen Sohn besaß. Er ist als der berüchtigte Kaiser *Nero* in die Geschichte eingegangen. Im Laufe der Jahre entwickelte er sich zum launenhaften Despoten, der nach Aufdeckung einer Verschwörung zahlreiche angesehene Männer des Staates (darunter seinen Erzieher Seneca) zum Selbstmord nötigte. Für den Brand Roms machte Nero die Christen verantwortlich und ließ sie bei seinen Gartenfesten verbrennen. Schließlich machte der Senat dieser Willkürherrschaft ein Ende, setzte Nero ab und veranlaßte ihn, selbst Hand an sich zu legen.

Innerhalb eines Jahres gab es in Rom dann drei Kaiser: *Galba* (Ser. Sulpicius Galba), Statthalter von Spanien, wurde von seinen Truppen zum Herrscher proklamiert; Anfang des Jahres 69 riefen die Soldaten der Rheinarmee *A. Vitellius* zum Caesar aus. Als um diese Zeit Galba in Rom umgebracht wurde, ernannte der Senat *Otho* (M. Salvius Otho) zu dessen Nachfolger, der jedoch vor dem mit Truppen anrückenden Vitellius kapitulierte. Im gleichen Jahr riefen die Legionen in Syrien ihren Heerführer *Vespasian* (T. Flavius Vespasianus [69–79]) zum Kaiser aus, der in Palästina den Krieg gegen die aufständischen Juden führte (69).

Vespasian übertrug den Oberbefehl seinem Sohn Titus und begab sich nach sorgfältigen Vorbereitungen nach Rom. Es gelang ihm, durch eine tatkräftige Neuordnung des Reiches (Finanzreform) die inneren Verhältnisse zu stabilisieren und das Ansehen des Senats zu stärken. So wurde er zum Begründer der flavischen Dynastie.

Es folgte ihm sein Sohn *Titus* (T. Flavius Vespasianus [79–81]), der im Jahre 70 Jerusalem erobert hatte. Dieser begünstigte jedoch nicht – wie sein Vater – die Handelsstände, sondern strebte nach einem guten Einvernehmen mit den Senatoren. Sein besonderes Wohlwollen genossen die stoischen Philosophen. Nach seinem plötzlichen Tode folgte sein jüngerer Bruder

Domitian (T. Flavius Domitianus [81–96]); er baute den Beamtenapparat aus. Seine militärischen Erfolge waren bescheiden (er mußte sogar den Dakern Tribut zahlen), doch befestigte er in einigen Gebieten die Grenzen des Reiches (Limes). Er trat als »Herr und Gott« auf und rief so eine starke Opposition hervor. In seinen letzten Lebensjahren führte er ein Schreckensregiment; unter den Verfolgten waren auch die Christen. Als er schließlich einer Verschwörung zum Opfer fiel, endete mit ihm das flavische Herrscherhaus.

Der Senat wählte nun in *Nerva* (M. Cocceius Nerva [96–98]) einen Mann, der die Ordnung wiederherstellen sollte. Er nahm verschiedene Reformen vor; es erfolgte eine Landverteilung an Arme in Italien, Städte wurden aufgebaut, das Geldwesen neu geordnet. Er schaffte auch die mißbräuchliche Zahlung der Tempelsteuer an den Jupiter Capitolinus ab.

Nerva adoptierte den aus der Provinz stammenden Heerführer *Trajan* (M. Ulpius Traianus [98–117]). Damit wurde die Nachfolge der Herrscher neu geregelt: Der Kaiser bestimmte schon zu Lebzeiten seinen Nachfolger, beteiligte ihn bisweilen sogar schon an der Regierung.

Dieser erste Adoptivkaiser führte soziale Reformen durch und entfaltete eine große Bautätigkeit; er verbesserte die Verwaltung in den Provinzen und vergrößerte die Schlagkraft des Heeres. Trajan eroberte auch Nabatäa (106), Armenien und Teile von Parthien (114–117) und führte Krieg gegen die Daker (101–107). Unter ihm erlangte das römische Imperium seine größte Ausdehnung. Bekannt ist der Briefwechsel mit Plinius, dem Statthalter von Bithynien, über das Verhalten gegenüber Christen.

Die Eroberungspolitik Trajans setzte *Hadrian* (P. Aelius Hadrianus [117–138]) nicht fort; er suchte den Bestand des Reiches zu sichern und unternahm dazu auch weite Reisen in die Grenzprovinzen. Unter ihm wurden der Verwaltungsapparat und die Steuererhebung reorganisiert; er trat für eine Vereinheitlichung der Rechtspflege ein, förderte Kunst und Wissenschaft, unterstützte griechische Städte (Mysterienspiele in Eleusis) und befreite Ärzte, Lehrer, Rhetoren und Philosophen von Dienstleistungen. Während seiner Regierungszeit kam es zum Bar Kochba-Aufstand (vgl. S. 51).

Antoninus Pius (138–161) arbeitete weiter an der Neuordnung von Rechtswesen und Verwaltung, förderte Kultur und Religion. Er schuf Wohlstand und Ruhe im Imperium, so daß seine Herrschaft als gerechte und milde Regierung gewertet wurde. Prinzipat und Adoption bildeten bei ihm schon feste Institutionen.

Das Partherreich

Um die Mitte des 3. vorchristlichen Jahrhunderts nutzten verschiedene Statthalter den zunehmenden Zerfall des riesigen Seleukidenreiches, um sich selbständig zu machen, so Andragoras in der Satrapie Parthien und Diodotos (I.) in Baktrien und der Sogdiana (239/238). Zur gleichen Zeit drang unter Führung von Arsakes (vielleicht mit Beinamen Tiridates, um 250–210) ein Reiterstamm der Parner aus der skythischen Steppe in das Gebiet südlich des Kaspischen Meeres ein und beseitigte die Herrschaft des Andragoras. Seleukos II. versuchte, das von den Parnern in Besitz genommene Land zurückzuerobern; der Erfolg blieb ihm aber letztlich versagt, weil sein Bruder Antiochos Hierax zusammen mit seiner Tante Stratonike einen Aufstand in Syrien inszenierte (vgl. S. 47). So nahm im Jahre 231 Arsakes I. den Königstitel an (früher vermutete man in seinem Bruder Tiridates den ersten parthischen König).

Nach dem Feldzug gegen Medien und Babylonien (209–206) wollte Antiochos III. auch Parthien zurückgewinnen; er sah sich jedoch gezwungen, einen Friedens- und Bündnisvertrag mit Artabanos (etwa 210–191) – wie auch mit dem baktrischen Herrscher Euthydemos – zu schließen, in dem er ihnen offensichtlich den Königstitel zugestand, während beide dafür Antiochos III. als ihren Oberherrn anerkannten (vgl. S. 47).

Der eingedrungene Reiterstamm hatte den Namen der Satrapie angenommen und ein eigenes Reich gegründet. In der Nachfolge der Seleukiden übernahmen die Parther die ethnischen und wirtschaftlichen Probleme dieses Imperiums. Bei der Ausprägung der Religion und bei der Formung der Sprache waren iranische Traditionen bestimmend. Später besaß das Reich eine Feudalstruktur (bei der sich der König mit mehreren Adelsfamilien die Macht teilen mußte), was manche Rivalitätskämpfe mit sich brachte und bisweilen sogar souveräne Reiche entstehen ließ; Parthien beherrschte auch mehrere Vasallenfürsten. Bestrebungen, die Weltherrschaft zu erlangen, bestanden bei den Parthern offensichtlich nicht. Nach dem Gründer des Reiches führten seit dem 1. vorchristlichen Jahrhundert alle parthischen Herrscher den Namen Arsakes als »Thronnamen«.

Trotz ursprünglichen Gegensatzes gegen den Hellenismus wurde der hellenistische Einfluß seit der Zeit Antiochos' III. immer stärker. Phriapatios (um 191–176) erhielt als erster den Beinamen »Philhellen« (Griechenfreund).

Zur Blüte gelangte Parthien durch Mithridates I. (um 170–138/137), der das Reich zunächst auf Kosten von Baktrien vergrößerte. Als nach Antiochos' IV. Tod im Seleukidenreich Machtkämpfe ausbrachen (vgl. S. 47f.), konnte Mithridates in mehreren Kriegen Medien, Mesopotamien und dann auch die Stadt Babylon erobern. Er schuf damit (und auch durch seinen Vorstoß bis nach Indien) ein Großreich, das das von seinen Vorgängern beherrschte Gebiet weit übertraf.

In der folgenden Zeit waren die Parther gezwungen, die Angriffe der nach Süden vordringenden sakischen Stämme abzuwehren. Diese Situation nutzte der Seleukidenkönig Demetrios II., der sich in mehreren Schlachten siegreich erwies und sogar Babylon zurückeroberte, dann aber in Gefangenschaft geriet (139/138, vielleicht sogar schon 140). Mithridates erlangte für sein Reich damit die Unabhängigkeit. Wahrscheinlich nahm er damals auch den alten achämenidischen Titel »Großer König der Könige« an. Dem gefangenen Demetrios gab er seine Tochter zur Frau, um ihn sich zu verpflichten (vgl. S.48).

Als später Demetrios' Bruder Antiochos VII. dem Seleukidenreich noch einmal zu Ansehen verhalf und einen Feldzug gegen die Parther begann, an dem auch Johannes Hyrkan I. mit einem Heer teilnehmen mußte (vgl. S. 49), ließ der neue parthische König Phraates II. (138/137–128) Demetrios frei, um Antiochos zum Abbruch des Krieges zu veranlassen. Antiochos setzte jedoch den Feldzug fort, der ihm verschiedene Siege eintrug; er forderte sogar Tribut von den Parthern. Trotz seiner bedrängten Lage gelang es Phraates, den siegreichen Antiochos in seinem Winterquartier vernichtend zu schlagen; dieser verübte daraufhin Selbstmord. Demetrios II. übernahm nun erneut die Herrschaft über das Seleukidenreich.

Phraates II. fand den Tod bei den Auseinandersetzungen mit den sakischen Stämmen, die im Nordosten seines Reiches eingedrungen waren (128), ebenso auch sein Onkel und Nachfolger Artabanos. Erst Mithridates II. (123–87, auf Münzen: Arsaces Theos Euergetes Epiphanes Philhellen) war imstande, das alte Großreich wiederherzustellen und die Grenzen gegen die Saken zu sichern. Er unterwarf Armenien (94) und setzte Tigranes (I.) als Herrscher ein. Als parthische Truppen im Krieg gegen die Königin Laodike von Kommagene bis zum Euphrat vordrangen, kam es zur ersten Begegnung mit den Römern (92). Zu jener Zeit verwaltete Sulla die Provinz Kilikien. Er hatte gerade den vom pontischen König Mithridates VI. – im Bündnis mit Tigranes I. – vertriebenen Herrscher von Kappadokien in sein Land zurückgeführt. Nun wurde von Parthern und Römern gegenseitige Neutralität vereinbart.

Da der parthische König Mithridates offensichtlich keinen Erben hinterließ, der die Regierung übernehmen konnte, und Artabanos II. wahrscheinlich nur ganz kurze Zeit die Macht in den Händen hatte, entstanden Thronkämpfe, die Tigranes nutzte, um sich unabhängig zu machen; er besetzte Syrien (83 – vgl. S. 48), annektierte Teile des Partherreiches (82), ja, er nannte sich sogar »König der Könige«. Durch ein neues Bündnis mit Mithridates von Pontus wurde er in die Mithridatischen Kriege verwickelt (vgl. S. 52).

Während des 1. und 2. jener Kriege (88–84 und 83–81) verhielten sich die Parther neutral, was wohl auf innere Schwierigkeiten in ihrem östlichen Territorium zurückzuführen ist. Denn erst mit Sinatrukes kam wieder ein Arsakide auf den Thron (77), dem um 70 sein Sohn Phraates III. (70–57) folgte. Auch während des 3. Mithridatischen Krieges (74–64) hielten sich die Parther zunächst zurück, obgleich der pontische und der armenische König sich an Phraates um Hilfe gegen den vordringenden römischen Feldherrn Lucullus wandten.

Pompejus, der dann Lucullus im Kampf gegen Mithridates VI. ablöste (vgl. S. 52), schloß sogar mit den Parthern ein Bündnis und vernichtete gemeinsam mit ihnen das pontische Heer (66). Als es dann jedoch um den Einfluß in Armenien zur Konfrontation mit den Römern kam, trat Pompejus dem parthischen König mit dem Anspruch eines Siegers entgegen. Tigranes unterwarf sich den Römern, als er infolge eines Streites mit seinem Sohn von den Parthern angegriffen wurde; er wurde ein Bundesgenosse der Römer (amicus et socius populi Romani). Diese ließen ihm einen Teil seines Königreichs, ja, Pompejus übergab ihm sogar das umstrittene Gebiet Gordyene, aus dem er die Parther vertrieben hatte. Die Parther, die ihrerseits Gordyene zurückzuerobern suchten, unterwarfen sich schließlich dem Schiedsspruch des Pompejus und schlossen mit Tigranes Frieden.

In die nach der Ermordung von Phraates entstandenen Thronstreitigkeiten griffen die Römer nicht ein; sie gewährten aber dem flüchtenden Mithridates III., der seinem Bruder Orodes hatte weichen müssen, in Syrien Asyl. Als es erneut zum Machtkampf zwischen Orodes II. (60/57–30) und Mithridates kam, begann der Triumvir Crassus, damals Statthalter der Provinz Syria, ohne Kriegserklärung einen Feldzug gegen Parthien, der jedoch mit einer vernichtenden Niederlage bei Karrhae (53) und seinem Tod endete. Auch ein Gegenangriff der Parther (51–50) blieb wegen innerer Machtkämpfe ohne wirklichen Erfolg.

Als sich Pompejus nach dem Bruch mit Caesar im Osten für den Kampf um die Herrschaft rüstete, suchte er zunächst die Unterstützung des Königs Orodes II. Die Verhandlungen scheiterten, weil dieser dafür die Abtretung von Syrien verlangte. Caesars Plan, gegen Parthien vorzugehen, wurde durch seine Ermordung zunichte (vgl. S. 53). Danach suchten die Republikaner ebenfalls bei den östlichen Nachbarn Hilfe und schickten Labienus zu ihnen. Doch zogen sich die Verhandlungen in die Länge, ohne daß es zu entsprechenden Vereinbarungen gekommen wäre. Labienus blieb nach der Niederlage von Philippi (42) bei den Parthern.

In der allgemeinen Verwirrung, während der Octavian seine Macht in Italien zu festigen suchte und Antonius in Ägypten weilte, fielen der Prinz Pakoros (von Orodes zum Mitregenten erhoben) und der Feldherr Bazarphanes in Syrien ein. Labienus drang mit einem anderen Heer nach Phrygien vor (40). Seine Pläne, die Herrschaft in Kleinasien zu erlangen, scheiterten trotz anfänglicher Erfolge; er wurde von dem römischen Feldherrn Ventidius Bassus geschlagen.

Die Parther hatten indessen Syrien und Palästina erobert; in Jerusalem machten sie Mattathias Antigonos, den letzten Hasmonäer, zum König über Judäa (40–37), der schließlich jedoch Herodes weichen mußte (vgl. S. 49). Doch gelang es dem Feldherrn Ventidius Bassus, den Prinzen Pakoros wieder zurückzudrängen und schließlich zu töten (38). Als der greise Orodes daraufhin zugunsten seines Sohnes Phraates (IV.) zurücktrat (38/37), tötete dieser seine Brüder und dann auch seinen Vater; selbst der eigene Sohn war unter seinen Opfern.

Vergeblich suchte Antonius in der folgenden Zeit – auch durch Unterstützung von Gegenkönigen –, die Parther entscheidend zu besiegen. Erst Octavian, der in ihnen ebenbürtige Gegner erkannte, gelang es schließlich, durch seinen Einmarsch in Armenien die Parther zu Vereinbarungen zu zwingen: In einem Friedensvertrag gestand ihnen Rom die Euphratgrenze zu; sie indessen erkannten die Oberhoheit Roms über Armenien an; auch gaben sie die bei Karrhae erbeuteten Feldzeichen zurück. Ein Jahrzehnt später sandte Phraates vier seiner Söhne als »Unterpfänder der Freundschaft« nach Rom. Möglicherweise ist dies im Zusammenhang damit zu sehen, daß er wieder zur Macht gekommen war; denn von 12–9 hatte Mithridates IV. das Land beherrscht.

Nach der Ermordung seines Vaters bestieg Phraates V. (mit dem die Hauptlinie der Arsakiden zu Ende ging) 2 v. Chr. den Thron. Das Verhältnis zu Rom blieb trotz einiger diplomatischer Verstimmungen weithin frei von Auseinandersetzungen. Phraates mußte sich jedoch verpflichten, Ansprüche auf Armenien aufzugeben. In den nun aufflammenden Rivalitätskämpfen, in die Rom tatkräftig eingriff, konnte schließlich Artabanos III. (10/12–38/40) die Macht erringen. Er mußte sich aber stets gegen Widerstände behaupten, die wiederum von Rom geschürt wurden, da er Einfluß in Armenien zu nehmen suchte. Ein Vertrag mit dem römischen Imperium brachte ihm dann Ruhe nach außen, so daß er in der Lage war, die Ansprüche der Vasallenfürsten zu beschneiden. Als er – um 35 – erneut nach Armenien griff, unterstützte Rom parthische Prätendenten; Gondophares nutzte die Erschütterung von Artabanos' Herrschaft, den östlichen Teil des Partherreiches selbständig zu machen.

Nach Artabanos' Tod (um 38/40) folgte wieder eine Zeit der Thronwirren. In Parthien setzte sich sein Sohn Vardanes gegen seinen Neffen Gotarzes schließlich durch. Dieser wurde Herrscher über Hyrkanien. Einen Gewinn aus diesem Rivalitätskampf zog Gondophares, der inzwischen Teile Indiens erobert hatte, um weitere Gebiete Parthiens seinem Reich einzugliedern. Als Vardanes einem Mordanschlag zum Opfer fiel, gelang es Gotarzes, sich zum Großkönig zu machen und den von den Adelsparteien und Rom (das währenddessen wieder Armenien unterworfen hatte) unterstützten Prätendenten Meherdates (Enkel Phraates' IV.) auszuschalten (50). Nach seinem Tod (51) folgten Vonones II. und einige Zeit später Vologaises I. Dieser erhob seinen Bruder Pakoros zum Herrscher über Medien; seinen anderen Bruder Tiridates suchte er auf den armenischen Thron zu bringen, als der von Rom eingesetzte König Mithridates von Radamistus (Sohn des kaukasischen Ibererkönigs) ermordet wurde (51/52). Das führte jedoch zu Auseinandersetzungen mit den Römern, die mancherlei Verwicklungen – bis hin zu militärischen Maßnahmen und Geiselgabe – auslösten. Schließlich kam es doch noch zu einem Kompromiß: Tiridates (I.) blieb letztlich König von Armenien, mußte sich aber von Kaiser Nero in Rom krönen lassen (66).

Mit dieser asarkidischen Secundogenitur unter römischer Oberhoheit war eine Lösung erreicht, die bis zum Ende des Partherreiches im 3. Jahrhundert währte. In der Zwischenzeit wurde das Verhältnis zwischen Parthien und Rom jedoch verschiedentlich wieder schwer belastet.

Während des Krieges mit Rom hatte sich Hyrkanien, das unter Gotarzes schon eine gewisse Selbständigkeit errungen hatte, von Parthien gelöst. Rom zwang Vologaises, die Unabhängigkeit dieses Gebietes anzuerkennen. Hyrkanien wurde dann wohl ein Opfer des Reiches der Kuschan (in Baktrien), das sich das zerfallene Gebiet des Gondophares teilweise eingegliedert hatte.

Schon gegen Ende der Herrschaft von Vologaises I. entstanden – wohl auch durch den Einfall fremder Stämme – neue Wirren. Stabilere Verhältnisse traten offensichtlich erst um 93 ein, als sich Pakoros II. (vermutlich ein Sohn des Vologaises) nach längeren Auseinandersetzungen mit Artabanos (IV.) hatte durchsetzen können. Er stand mit den östlichen Reichen (China u. a.) in lebhafter Verbindung. Nach seinem Tod kam es zum Kampf zwischen drei Prätendenten, bei dem Osroes sich bedingt gegen Vologaises (II.) und Meherdates (IV.) behaupten konnte.

Trajan, der die Grenzen des römischen Imperiums weiter hinausschieben wollte, sah einen willkommenen Kriegsgrund, als Osroes den König Exedares von Armenien absetzte und dafür den Prinzen Parthamasiris einführte, ohne zuvor die Billigung Roms einzuholen. Der römische Kaiser begann darauf den Krieg und besiegte zunächst Armenien, das er zur römischen Provinz machte. Anschließend drang er in Parthien ein, eroberte die Hauptstadt Ktesiphon sowie große Teile des Reiches bis zum Persischen Golf und richtete die Provinzen Assyria und Mesopotamia ein. Da ihm nun durch parthische Aufstände Schwierigkeiten erwuchsen, machte er Parthamaspates, der sich mit seinem Vater Osroes entzweit hatte, zum König von Parthien.

Als sich Trajan dann trotz Zugeständnissen an Armenien und trotz Errichtung des Schein-königtums in Parthien mit seinen Truppen zurückziehen mußte, konnte Parthamaspates seine Herrschaft nicht länger halten. Trajans Pläne, das verlorene Gebiet zurückzuerobern, wurden durch seinen Tod gegenstandslos.

Nach dem Regierungswechsel in Rom schloß Hadrian Frieden mit den Parthern und zog seine Truppen hinter den Euphrat zurück, der nun die Grenze zwischen beiden Reichen bildete. Die Provinzen Assyria, Mesopotamia und Armenia wurden aufgelöst; letzteres wurde wieder Secundogenitur von Parthien unter römischer Oberhoheit. Während des Bar Kochba-Auf-standes verhielten sich die Parther ruhig; Rom leistete Vologaises II. (129–147) dann auch Hilfe, als die Alanen erneut in das Land einfielen (135).

In der zweiten Hälfte des 2. und im Anfang des 3. Jahrhunderts gab es noch weitere Kriege zwischen beiden Reichen. Doch die Zentralgewalt in Parthien zerfiel allmählich. Den Schluß-punkt setzte die Eroberung der Hauptstadt Ktesiphon durch die Sassaniden im Jahre 226.

Das Nabatäerreich

Die Nabatäer gehörten zu den arabischen Stämmen, die wahrscheinlich aus Mittelarabien im Laufe des 1. Jahrtausends v. Chr. in den Raum des edomitischen Volkes eindrangen und dabei auch die Schrift der dortigen Bewohner übernahmen (vgl. Taf. 5, Anm. 7). Ihr Kerngebiet war der Bereich südlich des Toten Meeres, Zentrum die schwer zugängliche Felsenstadt Petra. Von hier aus drängten sie nach Norden und Westen und besiedelten das ehemals moabitische Territorium bis zum Nordende des Toten Meeres sowie den Negev auf der Westseite des Grabenbruches zwischen Totem Meer und Golf von Aqaba (Araba).

Die erste historische Nachricht über die Nabatäer stammt aus dem Jahre 312 v. Chr. Danach suchte Antigonos Monophthalmos, der als Nachfolger Alexanders d. Gr. über Kleinasien und Syrien herrschte (vgl. S. 43), durch seinen Feldherrn Athenaios die Ansiedlung von nabatäischen Halbnomaden im Felsengebiet von Petra (nabatäisch: Raqmu) zu erobern, die sich später zur Hauptstadt des nabatäischen Reiches entwickelte. Doch dürfte das Auftreten der Nabatäer an der Peripherie Palästinas weiter zurückreichen. Möglicherweise kämpften sie bereits gegen die Assyrer und versorgten später den persischen König Kambyses II., als er die Negevwüste durchquerte, um in Ägypten einzufallen. Es waren vermutlich auch Nabatäer, die den Einwohnern von Gaza halfen, ihre Stadt gegen Alexander d. Gr. zu verteidigen.

In den ptolemäisch-seleukidischen Streitigkeiten standen die Nabatäer auf seiten der Seleukiden; sie unterstützten sie wohl auch im Kampf, wahrten ihnen gegenüber aber ihre Selbständigkeit. Judas Makkabäus besaß offensichtlich ebenfalls die Sympathie der Nabatäer, während vorher der von Menelaos vertriebene Hohepriester Jason (vgl. Taf. 17) bei dem Fürsten Aretas (Haretat – um 169 v. Chr.) vergeblich Zuflucht gesucht hatte. Das gute Ver-hältnis zwischen Makkabäern und Nabatäern war jedoch nur von kurzer Dauer; bereits Judas' Bruder Johannes wurde ein Opfer von Streitigkeiten, deren Hintergründe nicht deutlich sind.

Durch den Niedergang des Seleukidenreiches gewannen die Nabatäer, die ihr Herrschaftsgebiet inzwischen bis tief nach Arabien hinein hatten ausdehnen können, an Bedeutung. Wir hören von Beutezügen Aretas' II. (Haretat, Herotymos [?] – 120–96), der wohl der erste nabatäische König war, in die Nachbarländer. In der Folgezeit gewannen die Juden, die ebenfalls aus dem Zerfall der seleukidischen Macht Nutzen ziehen konnten, ein Übergewicht: So gelang es Alexander Jannäus, den Nabatäern das Gebiet um Medeba (östlich des Jordan) zu entreißen, ohne auf ernsthafte Gegenwehr zu stoßen. Besonders hart mußte es die Nabatäer treffen, als der hasmonäische König dann auch die Hafenstadt Gaza – trotz eines Bündnisses mit Aretas – seinem Reich eingliederte; denn Gaza stellte eine Schlüsselposition für ihren Mittelmeerhandel dar. Einige Jahre später konnte jedoch Aretas' Sohn Obodas I. (oder Abodas – ca. 96–87) Alexander Jannäus, der seine Eroberungskriege fortsetzte, in einen gefährlichen Hinterhalt locken. Er wagte es mit seinen kleinen Reitertruppen aber nicht, den hasmonäischen König anschließend zu bekriegen, obgleich dieser in seinem eigenen Land in eine äußerst bedrängende Situation geraten war.

Als dann der Seleukide Antiochos XII. gegen die weiter nach Norden vordringenden Nabatäer zu Felde zog und dabei den Tod fand, wurde das nördliche Transjordanien bis zum Hauran und Drusengebirge nabatäisch. Aretas III. (87–62) konnte wahrscheinlich anschließend Alexander Jannäus empfindlich schlagen und ihn zum Friedensschluß nötigen. Später hat Jannäus den Nabatäern jedoch 12 Städte im Ostjordanland entreißen können.

Die Ausdehnung des Herrschaftsgebietes brachte einen Aufschwung des Handels. Es wurden Niederlassungen in verschiedenen Orten (z. B. Damaskus und Gadara) eröffnet und neue Städte (z. B. Bostra) gegründet, die die Straße nach Damaskus sichern sollten. So kontrollierten die Nabatäer mit ihren Kamelreitern die Handelswege nach Ägypten sowie die Weihrauchstraße (vom Süden Arabiens nach Damaskus) und gewährten den Karawanen Schutz. Sie gelangten dabei zu Reichtum, Wohlstand und Macht; für längere Zeit hatten sie sogar das Monopol des Weihrauchhandels inne. Durch diese Handelsverbindungen kam es zur näheren Berührung mit der hellenistischen Welt; syrischer und hellenistischer Einfluß wurden wirksam. Wenn Aretas III. sich auf seinen Münzen nun »Philhellen« nennt, so zeigt dies, daß dieser Herrscher der neuen Gedankenwelt gegenüber offen war.

Eine Erweiterung ihres Einflusses nach Norden brachten den Nabatäern sodann die Expansionsbestrebungen der Ituräer, deren Reich ebenfalls aus dem seleukidischen Imperium entstanden war. Denn nun riefen die Einwohner von Damaskus, die sich von den Ituräern bedroht sahen, das doch wenig kriegerische Nachbarvolk zu Hilfe und erkannten Aretas III. als ihren Herrscher und Beschützer an. Als jedoch der armenische König Tigranes den Rest des Seleukidenreiches eroberte (vgl. S. 48), verlor Aretas die Herrschaft über Damaskus (70) wieder.

Eine neue Situation entstand für die Nabatäer, als Rom seine Herrschaft nun auch auf den östlichen Mittelmeerraum ausdehnte. Denn indem Pompejus die Verhältnisse im Vorderen Orient neu zu ordnen begann, mußte es zwangsläufig zur Konfrontation mit dem nabatäischen Reich kommen.

Zunächst hatten sich die Nabatäer in den Machtkampf zwischen den Jannäussöhnen Hyrkan II. und Aristobul II. hineinziehen lassen; Antipater war es gelungen, die Unterstützung des Aretas für Hyrkan zu gewinnen; er hatte ihm dafür die Rückgabe der vorher eroberten 12 Städte angeboten. Aretas schloß nun mit seinen Truppen Aristobul in Jerusalem ein, konnte die Stadt selbst aber nicht erobern (vgl. S. 49).

Pompejus kam der Rivalitätskampf zwischen den beiden hasmonäischen Brüdern sehr gelegen, da er hierbei als Schiedsrichter eingreifen konnte. Auf Befehl seines Feldherrn Aemilius Scaurus mußte Aretas mit seinen Truppen abziehen. Eine Entscheidung darüber, welcher der Brüder als Herrscher anerkannt werden sollte, stellte Pompejus zurück. Da Aristobul seine Position ihm gegenüber jedoch zu behaupten suchte, zog Pompejus mit seinen Truppen gegen das jüdische Reich und eroberte Jerusalem, obgleich er sich zunächst den Nabatäern hatte zuwenden wollen. Der sich anschließende Feldzug gegen Petra führte infolge der Unwegsamkeit des Geländes nicht zu dem gewünschten Erfolg für die Römer. Der römische Feldherr gab sich mit einem Tribut zufrieden, den wahrscheinlich Antipater für den nabatäischen König vorschoß. Pompejus verkleinerte jedoch den nabatäischen Herrschaftsbereich, indem er den Städten der Dekapolis eine gewisse Eigenständigkeit gewährte (Philadelphia z. B. hatte zum nabatäischen Reich gehört).

Wenn die Nabatäer die Oberhoheit Roms anerkennen mußten, so konnten sie doch über eineinhalb Jahrhunderte ihre Eigenständigkeit innerhalb bestimmter Grenzen wahren. Immer wieder wurde jedoch ihre Abhängigkeit von der Weltherrschaft deutlich. So geriet König Obodas II. (62–56 oder 47 v. Chr.) – ebenso wie sein Nachfolger Malichos I., der von 56 oder 47 bis 30 über Petra herrschte – in die Auseinandersetzungen des römischen Bürgerkrieges: In der Schlacht von Pharsalos kämpften Nabatäer für Pompejus, danach unterstützten sie – wohl auf Antipaters Rat – Caesar auf seinem Weg nach Ägypten. Später schlugen sie sich auf die Seite der Caesarmörder.

Als für kurze Zeit die Parther syrisches Gebiet eroberten und Antigonos als König über Judäa einsetzten, neigten die Nabatäer den neuen Herren zu. Nachdem der römische Feldherr Ventidius Bassus die Parther zurückgedrängt hatte, trieb er von Petra eine Kriegssteuer ein. Malichos mußte auf Betreiben der Kleopatra sogar Territorium im Ostjordanland abtreten, behielt aber seinen Thron.

Als sich dann die Auseinandersetzungen zwischen Octavian und Antonius zuspitzten, stellte Malichos die Tributzahlungen an Kleopatra ein. Diese zwang daraufhin Herodes, gegen die Nabatäer vorzugehen. Aus Rache verbrannten sie die römischen Schiffe am Roten Meer, die Kleopatra möglicherweise für eine Flucht nach Indien vorgesehen hatte.

Wahrscheinlich mußten die Nabatäer nach der Schlacht von Actium (31) mehrere Städte an Herodes abtreten, da dieser inzwischen die Gunst Octavians gewonnen hatte.

In der folgenden Zeit strebten die Römer nach einem Zugang zu arabischen Erzeugnissen (vor allem Weihrauch). Sie rüsteten eine Expedition nach Südarabien aus, die vom Feldherrn Aelius Gallus geleitet wurde (24). Als Vasallen waren die Nabatäer verpflichtet, das römische Heer zu unterstützen. Obodas' Minister Sylläus, der das Heer als Berater begleiten mußte, trug dazu bei, daß diesem Unternehmen große Schwierigkeiten erwuchsen. Zwar kamen die Römer schließlich bis Marib (in der Nähe von Sana), wurden indes durch den heftigen Widerstand und die für das Heer unerträglichen klimatischen Bedingungen zur Umkehr gezwungen.

Die Beziehungen zum Reich des Herodes waren seit längerem sehr belastet. Sie verbesserten sich auch nur vorübergehend, als Sylläus sich um Herodes' Schwester Salome bemühte, denn seine Werbung führte nicht zur ehelichen Verbindung. In den kommenden Jahren flammten sogar Grenzstreitigkeiten zwischen Herodes und Petra auf, was schließlich ein Eingreifen des syrischen Statthalters zur Folge hatte. Sylläus verklagte Herodes in Rom wegen der Einfälle in Nabatäa, woraufhin Augustus ihm seine Gunst entzog.

Als im Jahre 9 v. Chr. Obodas III. starb (der wohl als erster nabatäischer König nach seinem Tod göttlich verehrt wurde), strebte Sylläus nach der Königswürde in Petra. Es kam ihm jedoch Äneas (wahrscheinlich ein Sohn des Obodas) zuvor, der sich als Aretas IV. (ca. 8 v. Chr. – 40 n. Chr.) zum nabatäischen König ausrufen ließ. Sylläus klagte ihn daraufhin in Rom wegen dieser Eigenmächtigkeit an. Äneas bemühte sich seinerseits um Augustus' Gunst und beschuldigte Sylläus des Giftmordes an Obodas; er wurde schließlich auch von Rom als König anerkannt.

Offensichtlich um das Verhältnis zwischen Judäa und Petra zu verbessern, schloß Herodes Antipas – möglicherweise auch auf Wunsch von Augustus – die Ehe mit Aretas' Tochter (vielleicht mit Namen Saudet). Antipas wurde dann jedoch von Herodias genötigt, die nabatäische Königstochter zu verstoßen (vgl. Taf. 19), was ernste Verstimmungen mit Petra zur Folge hatte; Grenzstreitigkeiten führten schließlich zum Krieg, in dem Antipas arg bedrängt wurde. Der römische Statthalter von Syrien, Vitellius, unternahm nun auf Tiberius' Befehl einen Feldzug gegen Petra, den er jedoch abbrach, als er die Nachricht vom Tode des Kaisers erhielt.

Unter Caligula genoß Aretas IV. offensichtlich wieder Ansehen in Rom. Umstritten ist, ob ihm der römische Kaiser die Herrschaft über Damaskus überließ, wenn auch Gunstbezeugungen Caligulas in dieser Art bekannt sind; für diese Zeit fehlen auch römische Münzprägungen in Damaskus. Möglicherweise stand jedoch der 2 Kor 11,32 erwähnte Ethnarch des Aretas einer nabatäischen Handelsniederlassung in Damaskus vor. Da die Nabatäer die Wege in dieser Gegend kontrollierten, handelt es sich hierbei vielleicht um einen Übergriff des Ethnarchen.

Auch Aretas' Nachfolger bemühten sich um ein gutes Verhältnis zu Rom. Malichos II. (40–70) stellte 67 dem römischen Feldherrn Vespasian Truppen zur Verfügung, als dieser gegen die Zeloten vorging. Nabatäer waren dann an der Eroberung von Jerusalem und Masada beteiligt.

Im ersten vorchristlichen und ersten nachchristlichen Jahrhundert – besonders unter den Königen Aretas III. und Aretas IV. – hatte sich eine eigene nabatäische Kultur entwickelt, die im Ausbau von Städten im Negev wie in der Ausgestaltung der Hauptstadt Petra ihren Ausdruck fand. Gegen Ende des ersten nachchristlichen Jahrhunderts ging jedoch die Macht der Nabatäer zurück. Nomadische Stämme fielen in ihr Reich ein und verwüsteten nabatäische Städte im Negevgebiet (Avdat). Es änderten sich daher die Handelswege (zu Schiff über das Rote Meer). Rabel II. (70 [?] – 106) konnte die Nomadenstämme weithin wieder vertreiben; die Städte wurden wieder aufgebaut, auch belebte sich der Handel durch Nabatäa wieder etwas. Rabel verlor jedoch Gebiete im Norden und Süden seines Reiches. Zeitweise nahm er – wie schon sein Vater – die Stadt Bostra als Residenz. Wahrscheinlich hatte Petra damals schon an Bedeutung als Handelszentrum eingebüßt.

Rabel war der letzte nabatäische König; er wurde nicht mehr als Gott verehrt. Im Jahre 106 n. Chr. machte A. Cornelius Palma (Statthalter von Syrien) das zu Petra gehörige Gebiet zu einem Teil der römischen Provinz Arabia. Die Quellen lassen dabei nicht deutlich erkennen, ob die Römer das nabatäische Reich nach dem Tod Rabels II. übernahmen oder ob sie schon zu seinen Lebzeiten das Land annektierten. Von 132 an wurde Bostra Hauptstadt dieser Provinz. Als Handelszentrum hatte Palmyra die Nachfolge Petras angetreten.

Erläuterungen
zu den Übersichten, Tafeln und Karten

Die synchronoptische Darstellung

Diese umfassende Übersicht will in nebeneinander geordneten Zeitbändern eine kontinuierliche Darstellung der Geschichte von der Mitte des 2. Jahrtausends v. Chr. bis zur Zeit der Entstehung der christlichen Kirche (150 n. Chr.) bieten. Im Mittelpunkt steht die Geschichte Israels, der diejenigen Staaten und Mächte zur Seite gestellt sind, die seine Entwicklung in den verschiedenen Zeitepochen bestimmten oder beeinflußten. Dabei soll nicht nur die chronologische Zuordnung der betreffenden Reiche sichtbar werden, sondern auch ihre Einwirkung aufeinander, ihre mehr oder minder starke Geschichtswirksamkeit sowie die Stellung wichtiger Ereignisse im Zeitgeschehen. Da derartige Hinweise in einer gedrängten chronologischen Darstellung nur sehr kurz ausfallen können, sei zur Ergänzung auf die »Geschichtlichen Abrisse einzelner Reiche« oben verwiesen, die das in den Übersichten graphisch Dargestellte in den Zusammenhang einer kontinuierlichen Schilderung des Geschichtsablaufes bringen.

Den immensen Zeitraum von mehr als anderthalb Jahrtausenden auf einem zusammenhängenden Leporello unterzubringen, erwies sich als unmöglich. Daher wurde die Darstellung in vier Übersichten unterteilt, die jeweils in sich charakteristische Epochen zusammenfassen, aneinandergelegt aber ein geschlossenes Bild des gesamten Geschichtsverlaufes ergeben. Dabei ist zu beachten, daß die Übersichten I und III in einem kleineren Maßstab gehalten sind als II und IV, weil sie längere, aber ereignisärmere Epochen darstellen.

Übersicht I   Der Alte Vordere Orient in der zweiten Hälfte des 2. Jahrtausends v. Chr. (in kleinerem Maßstab)

Die Übersicht will vor allem die Mächtekonstellationen und Herrschaftsverschiebungen im vorderorientalischen Raum unmittelbar vor und während der Zeit darstellen, in der die Ansiedlung frühisraelitischer Gruppen auf dem Boden Palästinas und die Herausbildung des Volkes Israel erfolgte. Der dargestellte Zeitraum umfaßt die Jahre 1551–1012 v. Chr. Sein Anfang entspricht dem Beginn der 18. Dynastie in Ägypten, sein Ende dem Auslaufen der vorstaatlichen Zeit Israels.

Die Daten für Königsherrschaften und markante Ereignisse sind in diesem Zeitraum besonders unsicher und in der Regel nur ungefähr anzusetzen, was bei den Zahlenangaben der Übersicht immer in Rechnung gestellt werden muß. Oft sind die Daten (z. B. in der Frühgeschichte des Hethiter- und des Mitanni-Reiches) nur noch zu vermuten. Ebensowenig ist überall (vgl. etwa die Kassitenherrschaft über Babylonien) eine lückenlose Herrschersukzession rekonstruierbar. In diesen Fällen konnten nur generelle Angaben eingetragen und lediglich die wichtigsten Könige aufgeführt werden.

Übersicht II   Die Zeit des davidisch-salomonischen Einheitsstaates und der Reiche Israel und Juda (in zwei Teilen)

Die Übersicht umfaßt die »klassische« Periode der Geschichte Israels, nämlich die Zeit vom Beginn des Königtums Sauls (1012) bis zum Ende Judas (587), sowie ein kleines Stück der Exilszeit (bis 570). Sie stellt die Anfänge des Königtums in Israel dar, die Epoche des davidisch-salomonischen Großreiches sowie das Nebeneinander der beiden Kleinstaaten (Nord-)Israel und Juda, ebenso aber auch die Geschichte der vorderorientalischen Großmächte, die die Geschicke Israels und Judas mehr oder weniger wesentlich bestimmten.

Die unmittelbaren Nachbarstaaten Israels und Judas, das zeitweise so bedeutende Aramäerreich, aber auch die Staaten der Philister, Edomiter, Moabiter, Ammoniter und Phönizier, konnten aus Raumgründen nicht in gesonderten Farbbändern erfaßt werden. Zudem sind aus der Geschichte dieser Völker nur relativ wenig sichere Daten bekannt.

Ansonsten sind die chronologischen Angaben in dieser Epoche der ersten Hälfte des 1. Jahrtausends v. Chr. etwas verläßlicher als in der Zeit vorher. Freilich gibt es auch hier manche Probleme und Unsicherheiten (z. B. das Datum des Palästinafeldzuges Schoschenks I. oder des Regierungswechsels von Hiskia auf Manasse von Juda). Einige Ereignisse entziehen sich überhaupt noch genauerer Datierung und können nur ungefähr angesetzt werden.

Übersicht III   Die Zeit nach der Zerstörung Jerusalems bis zum Ende des 3. vorchristlichen Jahrhunderts (in kleinerem Maßstab)

In dieser Übersicht, in der die letzten Jahre des vorigen Teils noch einmal aufgenommen sind, wird die Zeit des Exils in Babylon und der judäischen Gemeinde unter den Persern sowie unter Alexander d. Gr. und den Ptolemäern dargestellt. Aus der Geschichte des jüdischen Volkes sind dabei nur relativ wenige Daten bekannt – im Unterschied zu den einflußreichen Mächten seiner Welt und Umwelt: Die Herrschaft des Königs von Babylon wird durch die Perser abgelöst. An Bedeutung gewinnen nun die griechischen Stadtstaaten, die durch Philipp von Makedonien gewaltsam geeinigt wurden. Die griechisch-makedonische Streitmacht bereitet durch den Feldzug Alexanders d. Gr. dem persischen Großreich ein Ende. Es folgen die Diadochenkämpfe, aus denen auch die Reiche der Ptolemäer und Seleukiden hervorgehen, deren Geschichte für das jüdische Volk unmittelbar bestimmend wurde. Das Ende der politischen Selbständigkeit der griechischen Staaten (146 v. Chr.) ist in dem Zeitband »Griechenland/Makedonien« aus Raumgründen nur angedeutet, um mit dem römischen Imperium beginnen zu können, das allmählich zur beherrschenden Weltmacht wurde. Innerhalb des Herrschaftsbereichs der Seleukiden entstand das Partherreich, dessen Einfluß sich in der folgenden Zeit auf den östlichen Mittelmeerraum erstrecken sollte.

Die Regierungszeiten der Herrscher sowie die Fixierung einzelner geschichtlicher Ereignisse sind in diesem Zeitraum weithin gesichert; doch auch hier begegnen unterschiedliche Zeitrechnungen in den verschiedenen Reichen.

Übersicht IV   Der makkabäische Freiheitskampf bis zu den Anfängen der christlichen Kirche (200 v. Chr. bis 150 n. Chr. [in zwei Teilen])

Die Auseinandersetzungen zwischen den Ptolemäern und Seleukiden, die im Teil III schon ihren Niederschlag fanden, setzen sich in dieser Zeitspanne fort. Von entscheidender Bedeutung für die Juden in Palästina wurde der Aufstand der Makkabäer, der ihnen die Verehrung ihres Gottes im Jerusalemer Tempel wieder ermöglichte und später dann sogar die politische Selbständigkeit brachte (vgl. Karte 7). Anhand der farbigen Gestaltung der Übersicht wird deutlich, wie Rom durch die Machtkämpfe in Kleinasien und im Vorderen Orient seinen Einfluß vergrößern und schließlich auch sein Imperium ausdehnen konnte. Seine Vasallenstaaten, deren Herrschern innenpolitische Eigenständigkeit zugestanden wurde, sind durch eine farbige Umrahmung gekennzeichnet; die zu Provinzen umgewandelten Gebiete, denen ein römischer Beamter vorstand, wurden schraffiert. Das Reich des Herodes und seiner Nachfolger sowie die Verwaltung der Provinz von Judäa sind Beispiele dafür.

Gleichzeitig ist in der synchronoptischen Übersicht abzulesen, wie Rom in den Parthern – im Unterschied zu all den anderen Ländern – ein Gegner erwuchs, den sie letztlich nicht besiegen konnten. Bei der Darstellung der Geschichte der Parther liegt der Schwerpunkt darum auch in dem Verhältnis zu den westlichen Nachbarn; genannt sind jedoch auch die Gegenkönige, deren Existenz Machtkämpfe manifestieren. Von den Nabatäern sind nur einige Angaben aufgenommen, ebenso von Armenien, das den Zankapfel zwischen den Parthern und den Römern bildete. Von dem neutestamentlichen Geschehen sind nur wenige geschichtliche Daten festgehalten, da wir hier meist auf genauere Fixierungen verzichten müssen.

Die Übersicht endet Mitte des 2. nachchristlichen Jahrhunderts, als die christliche Kirche in Auseinandersetzungen mit »häretischen Auffassungen« ihr Bekenntnis formulierte und sich gleichzeitig die Frage des Kanons der von ihr anerkannten Schriften stellte. Das ist auch die Zeit des BarKochba-Aufstandes, in dessen Folge das jüdische Volk die letzten Reste politischer Eigenständigkeit auf dem Boden Palästinas verlor.

Die Überblickstafeln

Auf zahlreichen Tafeln sollen bibelkundliche und historische Einsichten für das alt- und das neutestamentliche Zeitalter sowie für die sog. zwischentestamentliche Zeit vermittelt werden, Erkenntnisse also, die das Studium der Bibel wie die Kenntnis des in ihr abgeschrittenen Geschichtsverlaufes erleichtern und fördern sollen. In der Mehrheit der Fälle handelt es sich dabei um Stammtafeln oder um Listen von Königen oder Dynastien, aber auch die Veranschaulichung von graphisch schwer darstellbaren Sachverhalten wurde nicht gescheut.

Während die meisten Tafeln (1, 6–20) vorwiegend geschichtliche Tatbestände widerspiegeln, sind die Tafeln 2–5 stärker bibelkundlicher Art, da sie in die schwer aufhellbare Vorzeit Israels zurückreichen und außerdem die Angaben verschiedener, literarisch nicht immer zusammengehöriger Texte kombinieren. Selbstverständlich stehen hinter diesen Aussagen auch geschichtliche Phänomene und gewachsene Vorstellungen, nur geben sie in der Regel keine direkten Tatsachen der Frühzeit Israels wieder. Auf diese Hintergründe wird jeweils in den Anmerkungen verwiesen.

Den Tafeln ist in der Regel ein Anmerkungsteil beigegeben, meist als Beiblatt, das deren Angaben erläutert, kommentiert, mit Textstellen belegt und in größere Zusammenhänge einordnet. Nicht selten werden durch Querverweise mehrere Tafeln miteinander in Verbindung gesetzt. Doch erfolgten derartige Hinweise sparsam, um den Anmerkungsteil nicht zu überlasten. Vollständige Belege der vorkommenden Personen-, Orts-, Länder- und Völkernamen finden sich im Register, so daß von ihm aus Querverbindungen nicht nur zu anderen Tafeln, sondern auch zu den Geschichtsabrissen, zu den synchronoptischen Übersichten und zu den Landkarten gezogen werden können.

Die Landkarten

Auf den Karten sind nur die wichtigsten geographischen Angaben verzeichnet, um die Übersichtlichkeit zu erhalten. Die Grenzen zu anderen Reichen in der damaligen Zeit können meist nur ungefähr angegeben werden, sofern nicht natürliche Gegebenheiten (z. B. Flüsse) die Begrenzung markieren.

Karte I   Der Alte Vordere Orient in der zweiten Hälfte des 2. Jahrtausends v. Chr.

Die Karte gibt einen Überblick über die Staaten und Mächte, die zwischen 1500 und 1000 v. Chr. im Vorderen Orient wirksam waren. Die Reiche des Zweistromlandes waren in dieser Epoche zu einer Großreichbildung unfähig. Babylon erwies sich unter der Herrschaft der Kassiten als ohnmächtig und wurde zudem ständig von Elam bedroht, Assyrien wurde zunächst durch das Hurriterreich von Mitanni niedergehalten und fand erst nach dessen Sturz im 14. Jh. wieder Raum zur Ausbreitung.

Im Norden hielten sich anfangs das Hethiterreich und der Staat von Mitanni die Waage. Nachdem die Hethiter letzteren ausgeschaltet hatten, blieben Ägypter und Hethiter als Kontrahenten um die Vormachtstellung im Vorderen Orient übrig. Der Versuch der Ägypter unter Ramses II., die von ihnen beanspruchte Oberhoheit über Palästina und Syrien gegen die Hethiter durchzusetzen, scheiterte in der Schlacht bei Kadesch am Orontes (1285). Der zwischen beiden Seiten geschlossene Friedensvertrag (1270) beinhaltete eine Abgrenzung der beiderseitigen Interessensphären: Den Ägyptern verblieben Palästina und Teile von Südsyrien und der phönizischen Küste; die Hethiter behaupteten Mittel- und Nordsyrien.

Gegen Ende dieses Zeitraums änderten sich die Machtverhältnisse entscheidend. Der Seevölkersturm fegte das Hethiterreich hinweg und erlaubte den Assyrern ein Ausgreifen nach Syrien, das jedoch Episode blieb. Ägypten konnte die Seevölker zwar abwehren, mußte aber Palästina schließlich preisgeben. In der Folge der aramäischen Wanderung siedelten sich fremde ethnische Elemente aramäischer Herkunft in den Gebieten Palästinas, Syriens und Mesopotamiens an und bildeten dort neue Völkerschaften, die um 1000 v. Chr. geschichtlich wirksam in Erscheinung treten.

Karte II   Der Alte Vordere Orient in der ersten Hälfte des 1. Jahrtausends v. Chr.

Auch diese Karte zieht die Verhältnisse eines halben Jahrtausends (ca. 1000–500 v. Chr.) in eine Übersicht zusammen. Diese Zeit stellt die »klassische Periode« der Geschichte Israels dar.

Israel war nebst seinen Nachbarreichen Edom, Moab, Ammon und den Aramäerstaaten gegen Ende des 2. Jahrtausends aus der aramäischen Wanderung erwachsen. Um 1000 waren die Staaten des Zweistromlandes ebenso wie das Reich am Nil so geschwächt, daß sie ihre Hand nicht auf Syrien und Palästina zu legen vermochten. Dieses Machtvakuum ermöglichte den raschen Aufstieg Israels, das im Großreich Davids über Gebiete vom Euphrat bis an die Grenzen Ägyptens herrschte. Nach der Reichsteilung (926) wurden Israel und Juda wie die benachbarten Kleinstaaten ein Spielball der Großmächte. Das Aramäerreich von Damaskus war allerdings nur von regionaler Bedeutung; jedoch kontrollierte es in der zweiten Hälfte des 9. Jh. unter Hasaël große Teile Syriens und Palästinas.

Während Ägypten in dieser Epoche nur gelegentlich und kurzzeitig außerhalb seiner Grenzen operieren konnte, kamen die beherrschenden Mächte des vorderorientalischen Raumes seit dem 8. Jh. aus Mesopotamien. Zunächst gelang Assyrien eine Großreichbildung, die nicht nur Syrien und Palästina, sondern schließlich auch Ägypten einschloß. Das konkurrierende Reich von Urartu im Norden konnten die Assyrer ebenso ausschalten wie Elam im Süden. Gegen Ende des 7. Jh. v. Chr. erlag das Assyrerreich den neu aufkommenden Mächten der Meder und der Neubabylonier. Letztere traten das Erbe Assyriens an, bis in der zweiten Hälfte des 6. Jh. die Perser zunächst Medien, dann Lydien und schließlich auch Babylonien eroberten und das persische Großreich schufen.

Karte III   Geographische Regionen in Palästina

Palästina ist ein landschaftlich reich gegliedertes Gebiet. Das hatte – neben anderen Faktoren – Auswirkungen auf seine Geschichte. Die politische Zusammenfassung dieses ganzen Bereiches unter einer einheimischen Zentralgewalt war eine Ausnahme; in der Regel überwog die Tendenz zu regionaler Absonderung. So blieben die Epochen staatlicher Einheit im davidisch-salomonischen Reich und später unter der Herrschaft Herodes' d. Gr. nur Episoden innerhalb einer Geschichte partikularer Zersplitterung.

Die einschneidendste Trennung des Landes bildet der große Grabenbruch des Jordantals, der das Territorium in West- und Ostjordanland teilt. Das Zentrum der Geschichte Israels in alt- und neutestamentlicher Zeit war stets das Westjordanland (»das verheißene Land«), während Transjordanien eine ephemere Rolle spielte. Das gleiche gilt von Galiläa, das an der nördlichen Peripherie des Landes liegt und erst nach der Zerstörung Jerusalems im Jahre 70 größere Bedeutung erhielt.

Eine weitere Teilung des Landes wird durch das Nebeneinander von Ebenen und Gebirgen bewirkt. Während die Küste eine langgestreckte Ebene bildet (getrennt durch das Karmelgebirge), wird das Landesinnere von Bergländern beherrscht, die im Norden von der Jesreelebene in West-Ost-Richtung durchschnitten werden.

Die Karte bietet die wichtigsten Landschaftsbezeichnungen. Überwiegend wurden die biblischen Begriffe (z. B. Mischor, Schefela, Negev, die im Luther-Text aber meist übersetzt sind, etwa »Negev« = »Südland«) gewählt, aber auch moderne Bezeichnungen (Küstenebene, moabitische Hochebene) nicht gescheut. Zusätzlich enthält die Karte eine Auswahl wichtiger Orte aus alt- und neutestamentlicher Zeit.

Karte IV   Palästina nach der Einwanderung der Israeliten

Die Karte gibt die Siedlungsverhältnisse gegen Ende des 2. Jahrtausends v. Chr., also nach der Formierung auch der jüngsten israelitischen Stämme und nach der Einwanderung der Philister, aber vor der Staatsbildung Israels wieder. Sie zeigt außerdem, welche Regionen und Städte des Landes von den Israeliten nicht erobert werden konnten. Die Primärquelle dafür ist das Kapitel Ri 1 mit seinen Angaben über die von den einzelnen Stämmen nicht eingenommenen Städte. Diese konzentrieren sich, sieht man vom Ostjordanland ab, an drei Punkten des Landes: in der philistäischen Küstenebene sowie in der Höhe Geser – Jerusalem (sog. südlicher Städteriegel), in der Jesreelebene (sog. nördlicher Städteriegel) und schließlich an der Bucht von Akko und in Nordgaliläa bis zur phönizischen Küste. Mit Ausnahme der philistäischen und phönizischen Städte handelte es sich um Stadtstaaten kanaanäischer Herkunft, die den Kontakt der Stämme untereinander teilweise stark behinderten. Sie wurden erst unter David (Geser sogar erst unter Salomo) in das israelitische Staatsterritorium eingegliedert. Die Siedlungsgebiete der israelitischen Stämme haben sich auch erst im Laufe der Zeit herausgebildet. Ruben saß vermutlich zuerst im Westjordanland; Dan siedelte westlich von Jerusalem. Beide konnten sich dort nicht halten und wanderten in den Osten bzw. den Norden des Landes ab.

Einheiten wie Kaleb, Othniël und Gilead sind mit ihren Territorien auf der Karte aufgeführt, obwohl sie nicht im israelitischen Zwölfstämmesystem als eigentliche Stämme figurieren. Kaleb, Othniël, Simeon, Keniter, Kenisiter und Jerachmeeliter sind im Laufe der Zeit offenbar in Juda aufgegangen.

Karte V   Die Staatenwelt Palästinas und Syriens zur Zeit Davids (um 1000 v. Chr.)

Die Karte zeigt die Mächtekonstellation in Palästina und Syrien um 1000 v. Chr. In dieser Zeit durchlebten die traditionellen Großmächte des Alten Vorderen Orients, Ägypten und die Staaten des Zweistromlandes, eine Schwächeperiode und waren zu größerer Expansion unfähig. Syrien und Palästina waren dem Kräftespiel der zahlreichen Kleinstaaten überlassen. Das war die Situation, die es David erlaubte, die Nachbarvölker (mit Ausnahme der Phönizier und der Aramäer von Geschur und von Hamath) sukzessive niederzuringen und seiner Herrschaft zu unterwerfen oder doch in Abhängigkeit zu versetzen.

Die Lage der Aramäerstaaten von Tob, Geschur, Maacha, Rehob und Zoba ist teilweise unsicher, ihre Ausdehnung unbekannt. Deshalb ist es auch nicht möglich, Grenzziehungen zwischen ihnen anzugeben. Höchstwahrscheinlich waren die Grenzen ständig umstritten und daher fließend. Das Reich von Zoba übte damals wohl eine Oberherrschaft über die anderen Aramäerstaaten aus, die von David gebrochen wurde. In der Regierungszeit Salomos begann dann das Reich von Damaskus seinen Aufstieg zur führenden aramäischen Macht.

Karte VI   Die Provinzen und Vasallen des Assyrerreiches in Palästina

Die Karte zeigt die regionalen und administrativen Verhältnisse in Palästina unter der assyrischen Oberherrschaft, wie sie sich infolge der Feldzüge Tiglath-Pilesers III., Salmanassers V. und Sargons II. herausgebildet haben. Die durch den Einmarsch Sanheribs im Jahre 701 verursachten Veränderungen (Abtrennung großer Teile Judas) sind nicht berücksichtigt. Die Entstehung des auf der Karte dargestellten Provinzsystems ist stufenweise erfolgt. Möglicherweise hat Tiglath-Pileser III. schon auf seinem Feldzug von 734 die Provinz Dor geschaffen, um den strategisch wichtigen Weg durch die Küstenebene unter direkte Kontrolle zu bringen. Doch könnte dies auch erst auf der nächsten Stufe der Einverleibung Palästinas in das assyrische Großreich geschehen sein. 733 nämlich eroberte Tiglath-Pileser das Nordreich Israel, trennte Galiläa und das Ostjordanland ab und unterstellte sie als Provinzen Megiddo und Gilead der Reichsverwaltung. 732 fiel Damaskus; sein Staatsgebiet wurde ebenfalls assyrische Provinz.

Der Aufstand Hoseas von Israel gegen die assyrische Oberherrschaft wurde von Salmanasser V. 722 niedergeworfen. Sein Nachfolger Sargon II. verwandelte den letzten selbständigen Rest des

Nordreiches Israel in die Provinz Samaria. Nach der von Asdod geschürten Rebellion von 713–711 nahm Sargon auch dieser Philisterstadt die Selbstverwaltung und bildete aus ihrem Gebiet die Provinz Asdod.

Karte VII   Die persischen Verwaltungsdistrikte in Palästina

In der Perserzeit (539–332 v. Chr.) war Palästina ein Teil der 5. Satrapie »Transeuphrat«, deren Hauptstadt wohl zunächst Damaskus, später aber Sidon war. Die Provinzen, in die die Satrapie unterteilt war, haben im Laufe der Zeit manche Veränderung erfahren. So ist es strittig, ob Juda bereits ab 539 eine selbständige Provinz war oder ob es zunächst der Provinz Samaria unterstand und erst um 450 im Zusammenhang mit der Sendung Nehemias den Status einer Provinz erhielt.

Ebenfalls den geschichtlichen Wandlungen unterworfen, in den Einzelheiten oft aber nicht genau bekannt, sind die Abgrenzungen der Provinzen untereinander, die deshalb auf der Karte auch nur sehr ungefähr angegeben werden konnten. Im Ostjordanland und in Galiläa können sie im wesentlichen nur vermutet werden. Ungewiß ist auch der Status der Saronebene, die ehemals die assyrische Provinz Dor ausmachte, sowie der nördlich anschließenden Bucht von Akko. Neben den Provinzen gab es auch relativ autonome, d. h. dem Satrapen direkt unterstellte Stadtstaaten (z. B. Askalon) und königliche Festungen (wie Gaza).

Die Südgrenze der Provinz Juda, die nördlich von Hebron verläuft und damit das Gebiet des alten Südjuda ausschließt, das nun Idumäa heißt, spiegelt die Ausbreitung der Edomiter in den Bereich westlich des Toten Meeres wider. Das gesamte Gebiet südlich des Toten Meeres, das alte edomitische Kernland, ist nun von den Nabatäern besetzt, die die Edomiter verdrängt haben.

Karte VIII   Palästina unter den Hasmonäern

Diese Landkarte zeigt, in welchem Maße die einzelnen Herrscher der Hasmonäer infolge der Machtkämpfe innerhalb des Seleukidenreiches ihr Territorium vergrößern konnten. Nachdem der römische Feldherr Pompejus Judäa erobert hatte (63), verlor das jüdische Reich seine Selbständigkeit und ging dabei auch all der Gebiete und Städte wieder verlustig, in denen keine jüdische Bevölkerung wohnte. Erst Herodes d. Gr. gelang es allmählich wieder, ein größeres jüdisches Reich zu erwerben; er blieb jedoch ein Vasallenkönig Roms.

Karte IX   Palästina zur Zeit Jesu

Die Landverteilung in Palästina um das Jahr 30 n. Chr.: Die drei jüdischen Herrschaftsbereiche umfaßten nahezu das Gebiet, über das Herodes d. Gr. am Ende seiner Regierungszeit die Macht ausübte. Jesu Landesherr, Herodes Antipas, herrschte über Galiläa und Peräa. Am See Genezareth hatte er sich eine neue Residenz erbaut, die er nach dem Kaiser Tiberius dann Tiberias nannte (vgl. Joh 6,22). Sein Halbbruder Philippus war Regent des vor allem von Heiden bewohnten ostjordanischen Gebietes, das die Landschaften Trachonitis, Batanäa, Gaulanitis und Teile der Auranitis umfaßte. Als Hauptstadt seines Reiches hatte er das alte Paneas ausbauen lassen, das er dann zu Ehren des Kaisers in Caesarea umbenannte (im Unterschied zu Caesarea am Meer wurde es Caesarea Philippi genannt [Mt 16,13]). Das Herrschaftsgebiet von Herodes Archelaus (Judäa, Idumäa und Samarien), der 6 n. Chr. nach Südgallien verbannt worden war, wurde von einem Prokurator – zu jener Zeit Pontius Pilatus – verwaltet. Später war noch einmal Agrippa I. für einige Jahre König über das Gebiet, das einst Herodes beherrschte. Die Städte Gaza, Gadara und Hippos (die auch zum Reich Herodes'

d. Gr. gehört hatten) sowie die Dekapolis waren dem Statthalter von Syrien unterstellt worden. Die Stadt Phasaelis sowie den Küstenstreifen mit den Städten Jamnia und Asdod (und auch den Palast in Askalon) hatte einst Salome von ihrem Bruder Herodes geerbt; durch testamentarische Verfügung erhielt nach ihrem Tod diese Gebiete dann Augustus' spätere Gattin Livia Drusilla; sie übereignete sie dann dem Kaiser Tiberius (ihrem Sohn aus erster Ehe).

Über das Reich der Nabatäer, das sich östlich des Jordan und südlich des Toten Meeres (Negevwüste) bis nahe an Gaza erstreckte, herrschte damals Aretas IV.; Hauptstadt dieses Landes war Petra. Das nordwestlich von Damaskus gelegene Gebiet Abilene – mit der Stadt Abila – war ein Teil des ehemaligen Ituräerreiches, das dem Tetrarchen Lysanias unterstand (Lk 3,1). 37 n. Chr. erhielt Herodes Agrippa I. diesen Landstrich (zusammen mit Galiläa) von den Römern.

Karte X   Das Römische Reich von Augustus bis ca. 150 n. Chr.

Ursprünglich gab es im Römischen Reich nur senatorische Provinzen, da die Verwaltung des Reiches in den Händen des Senats lag. Bald nach Beginn der Alleinherrschaft des Augustus wurden die strategisch wichtigen Provinzen (z. B. Regionen mit »barbarischer Bevölkerung« sowie ständige Unruhegebiete) dem Kaiser direkt unterstellt. Seit der Kaiserzeit ist darum zwischen senatorischen und kaiserlichen Provinzen zu unterscheiden. In der Zeit der Republik wurden die einzelnen Provinzen von einem Prokonsul (einem ehemaligen Konsul) oder einem Proprätor (einem ehemaligen Prätor) verwaltet. In der Kaiserzeit hießen die Beamten in den senatorischen Provinzen *proconsul* (unabhängig davon, ob sie den konsularischen oder prätorischen Rang innehatten), in den kaiserlichen Provinzen *legatus Augusti pro praetore* (auch die ehemaligen Konsuln).

Einigen Provinzen standen Beamte aus dem Ritterstand vor (wie z. B. Judäa); im allgemeinen trugen diese den Titel *procurator Augusti* bzw. *praeses*. Der Statthalter von Ägypten hieß *praefectus*.

In der deutschen Übersetzung werden diese römischen Beamtentitel meist mit Statthalter wiedergegeben, zuweilen auch – im NT – als Landpfleger (Mt 27,2.11ff.; 28,14; Lk 2,2; 3,1; 20,20; Apg 23,7ff.; 24,1.10; 26,30) und Landvogt (Apg 13,7ff.; 18,12; 19,38).

Im Verlauf der Zeit ergaben sich aus mancherlei Gründen, die für uns nicht immer einsichtig sind, zahlreiche Veränderungen: Provinzen wurden vergrößert (z. B. Asia) oder auch geteilt (z. B. Dacia). Es entstanden Doppelprovinzen (z. B. Creta-Cyrene), deren Zusammensetzungen auch wechselten (z. B. Galatia-Cappadocia). Bisweilen wurden kleinere Landstriche ausgegliedert und erhielten den Status einer selbständigen Provinz (z. B. Alpes Poeninae). Einige Provinzen wurden in das Mutterland (Italia) einbezogen (z. B. Gallia Cisalpina) und erscheinen deshalb später nicht mehr als Provinz. Durch Austausch der Verwaltung wurde z. B. Lycia-Pamphylia zu einer senatorischen und Pontus-Bithynien zu einer kaiserlichen Provinz. Daß durch Kriege Veränderungen der Territorien eintraten (z. B. bei Britannia) oder ganze Provinzen wieder verlorengingen (z. B. Mesopotamia), bedarf keines besonderen Hinweises.

Einen vollständigen Überblick über die diffizile Entwicklung in der Provinzialverwaltung (zumal dann auch in der späten Kaiserzeit) kann hier nicht geboten werden. Auf der Liste von Tafel 20 ist der Status um 150 n. Chr. festgehalten. Vorherige und spätere Veränderungen des Status wie auch der Gebietsausdehnung sind nicht berücksichtigt. Neben dem Namen der einzelnen Provinzen ist auch das Jahr ihrer Einrichtung bzw. das Datum ihrer Selbständigkeit genannt (nicht aber das Jahr der Eroberung des Gebietes). Angaben in Klammern weisen darauf hin, daß das betreffende Gebiet vorher – oft unter anderem Namen – einer anderen Provinz zugehörte. Aus allem ergibt sich, daß die vorhandenen Quellen für genaue Angaben oft nicht ausreichen.

Register

Personen

Ü = Übersichten – T = Überblickstafeln –
K = Landkarten

Abdas   T 11
Abdon   T 6
Abi   T 12
Abia   Ü II – T 12, 12a, 14
Abida   T 5
Abiël   T 8, 8a
Abiëser   T 6a
Abigail   T 10
Abigal   T 10, 10a
Abihail   T 10
Abimaël   T 2
Abimelech   T 6a
Abinadab (Sohn d. Isai)   T 10
Abinadab (Sohn d. Saul)   T 8, 8a
Abisai   T 10
Abisalom   T 12a
Abital   T 10
Abjathar   T 7, 11, 11a
Abner   T 8, 8a
Abraham/Abram   T 2a, 3, 5, 5a
Absalom   Ü II – T 10, 10a
Achämenes   37
Ada   T 5
Adad-nirāri I.   Ü I
Adad-nirāri II.   Ü II
Adad-nirāri III.   10, 16, 34 – Ü IIa
Adbeel   T 5
Adonia   T 7, 10
Adoram (Adoniram [Beamter Davids])   T 11, 11a
Adoram (Sohn d. Joktan)   T 2
Adriël   T 8a
T. Aelius Caesar Hadrianus Antoninus Augustus
    Pius (= Antoninus Pius)   55 – Ü IVa
Aelius Gallus   61
P. Aelius Hadrianus (= Hadrian)   51, 55, 59
    Ü IVa – T 20
P. Aelius Seianus (= Sejan)   54
M. Aemilius Lepidus (= Lepidus)   53 – Ü IV
M. Aemilius Scaurus (= Scaurus)   60
Agrippa (Feldherr)   53
Agrippa I.   50, 68, 69 – Ü IVa – T 17, 19, 20
Agrippa II. (= M. Iulius Herodes Agrippa II.)   50
    Ü IVa – T 1a, 17, 19
Agrippina d. J. (= Iulia Agrippina)   54
Ahab   10, 16, 17, 33 – Ü II – T 12a, 13, 14
Ahas   11, 35 – Ü IIa – T 12, 12a, 14, 14a
Ahasja (König von Israel)   Ü II – T 13, 14
Ahasja (König von Juda)   10 – Ü II – T 12, 12a, 14
Ahia (Elide)   T 7
Ahia (Sohn d. Schischa)   T 11
Ahia von Silo   T 14
Ahikam   T 15

Ahilud   T 11
Ahimelech   T 7, 11, 11a
Ahinoam   T 8, 8a, 10
Ahischar   T 11
Ahitub   T 7, 11, 11a
Ahmose   21, 22
Ahzai   Ü III
Alexander (Sohn d. Aristobul II.)   T 17, 18
Alexander (Sohn d. Herodes)   T 19, 19a
Alexander (III.) d. Gr.   13, 18, 19, 27, 31, 40, 41,
    42, 43, 44, 46, 48, 52, 59, 63 – Ü III – T 1a, 16a
Alexander (IV.)   43
Alexander I. Balas   48, 49 – Ü IV
Alexander II. Zabinas   Ü IV
Alexander Jannäus/Jannai   49, 59, 60 – Ü IV
    T 17, 18 – K VIII
Alexandra (Tochter d. Aristobul II.)   T 18
Alexandra (Tochter d. Hyrkan II.)   T 18
Alexas   T 19
Alkibiades   41
Alkimos (Jakim)   Ü IV – T 17, 17a
Alluwamna   Ü I
Almodad   T 2
Amalek   T 5
Amasa   T 10, 10a
Amasis   26 – Ü III
Amazja   14 – Ü IIa – T 12, 12a, 14
Amel-Marduk (= Evil-Merodach)   31
Amenderes   25
Amenemhet (I.)   20
Amenemhet III.   20
Amenemope   Ü II
Amenmesse   24 – Ü I
Amenophis I.   22 – Ü I
Amenophis II.   22 – Ü I
Amenophis III.   22, 23 – Ü I
Amenophis IV. (Echnaton)   23 – Ü I
Amnon   T 10, 10a
Amon   Ü IIa – T 12, 14
Amos   10 – T 14, 14a
Amosis I.   Ü I
Amyrtaios   27 – Ü III
Ananel   Ü IV – T 17
Ananias   T 17
Ananos (Hannas)   Ü IVa – T 17, 17a
Ananos, Sohn d. Ananos (Hannas)   T 17
Andragoras   55
Andriskos   Ü IV
Anjotef VI.   21
L. Annaeus Seneca (= Seneca)   54 – Ü IVa
Antalkidas   39, 41 – Ü III
Antigonos (Sohn d. Johannes Hyrkan I.)   T 18
Antigonos Gonatas   43, 46 – Ü III
Antigonos (Mattathias Antigonos)   49, 57, 61
    Ü IV – T 17, 17a, 18, 19
Antigonos Monophthalmos   43, 46, 59 – Ü III
Antiochos I. Soter   43, 44, 46 – Ü III

Antiochos II. Theos   44, 46, 47 – Ü III
Antiochos III. d. Gr.   45, 47, 48, 51, 55, 56
Ü III, IV – T 17a
Antiochos IV. Epiphanes   45, 47, 48, 56 – Ü IV
    T 16a, 17, 17a
Antiochos V. Eupator   Ü IV – T 17, 17a
Antiochos VI. Epiphanes Dionysos   Ü IV
Antiochos VII. Sidetes   48, 56 – Ü IV
Antiochos VIII. Grypos   Ü IV
Antiochos IX. Kyzikenos   Ü IV
Antiochos X. Eusebes Philopator   Ü IV
Antiochos XII. Kallinikos   60
Antiochos XIII. Asiatikos   Ü IV
Antiochos Hierax   47, 55
Antipas (= Herodes Antipas)   50, 61, 68
    Ü IVa – T 19, 19a – K IX
Antipater (Vater d. Herodes)   49, 60, 61 – Ü IV
    T 19
Antipater (Sohn d. Herodes)   T 19
Antipater (Gatte d. Kypros)   T 19
Antipatros (Statthalter v. Makedonien)   42, 43
Antoninus Pius (T. Aelius Caesar Hadrianus
    Antoninus Augustus Pius)   55 – Ü IVa – T 20
M. Antonius   45, 49, 53, 57, 61 – Ü IV
M. Antonius Felix (= Felix)   50 – Ü IVa – T 19
Aphia   T 8
Apriës (= Hophra)   12, 26 – Ü IIa, III
Aram   T 2
Archelaus (= Herodes Archelaus)   50 – Ü IVa
    T 17, 19, 19a – K IX
Aretas I.   59
Aretas II.   59, 60
Aretas III.   60, 62
Aretas IV. (Äneas)   50, 61, 62, 69 – Ü IVa
    T 19, 19a
Arik-denilu   Ü I
Ariobarzanes   Ü IVa
Aristobul (Sohn d. Herodes)   T 19, 19a
Aristobul (Enkel d. Herodes)   T 19
Aristobul von Kleinarmenien   T 19
(Judas) Aristobul I.   49 – Ü IV – T 17, 18
    K VIII
Aristobul II.   49, 60 – Ü IV – T 17, 17a, 18
Aristobul III. (= Jonathan Aristobul III.)   Ü IV
    T 17, 18
Arminius   53
Armoni   T 8
Arnuwanda I.   Ü I
Arnuwanda III.   Ü I
Arpachschad   T 2, 3
Arsakes (I. Tiridates?)   55 – Ü III
Arses   40 – Ü III
Arsinoë   44
Artabanos   47, 55 – Ü IV
Artabanos I./II.   56 – Ü IV
Artabanos III.   58 – Ü IVa
Artabanos IV.   58 – Ü IVa
Artatama   Ü I
Artavasdes   Ü IVa
Artaxerxes I.   13, 39 – Ü III

Artaxerxes II. Mnemon   27, 39 – Ü III
Artaxerxes III. Ochos   18, 27, 39, 40 – Ü III
Asa   9, 16 – Ü II – T 12, 12a, 14
Asahel   T 10
Asarja (Usia)   10, 14 – Ü IIa – T 12, 12a, 14
Asarja (Sohn d. Nathan)   T 11
Asarja (Sohn d. Zadok)   T 11
Aschkenas   T 2
Asenath   T 5a
Assarhaddon   11, 18, 25, 30, 36 – Ü IIa
Asser   T 5
Assur   T 2
Assurbanipal   11, 25, 30, 36 – Ü IIa
Aššur-dan II.   32 – Ü II
Aššur-dan III.   Ü IIa
Aššur-etil-ilāni   Ü IIa
Assurnasirpal II.   33 – Ü II
Assur-nirāri V.   Ü IIa
Aššur-rabi II.   Ü II
Assur-resch-ischi II.   Ü II
Aššur-uballiṭ I.   32 – Ü I
Aššur-uballiṭ II.   Ü IIa
Astyages von Medien   Ü IIa
Asuba   T 12
Athalja   10 – Ü II – T 12, 14
Athenaios   59
Attalos I. von Pergamon   47
Augustus (= Octavian = C. Iulius Caesar Octavianus
    Augustus)   45, 53, 54, 57, 61, 69 – Ü IV, IVa
    T 20 – K X
Aziz von Emesa   T 19
Awapet I.   Ü IIa

Baësa   16 – Ü II – T 13, 14
Bagoas   40 – Ü III
Bakchides   T 18a
Bar Kochba (= Simeon ben Kosba)   51, 55, 59,
    64 – Ü IVa – T 17, 17a, 20
Barak   T 6
Baratarna   Ü I
Bardya   38
Baruch   T 15
Basemath   T 5
Bathseba   T 10, 12
Bazarphanes   57
Bechorath   T 8
Bel-šar-usur (= Belsazer)   31
Benaja   T 11, 11a
Ben-Ammi   T 3
Benhadad   Ü II
Benhadad von Damaskus   16 – Ü IIa
Benjamin   T 5
Berenike (Gattin d. Aristobul)   T 19
Berenike (Urenkelin d. Herodes)   T 19
Berenike (Tochter d. Ptolemaios)   46
Berenike IV.   Ü IV
Bessos   40, 42
Bethuël   T 4, 5a
Bilha   T 5
Bokchoris   25

Boëthos   T 17, 17a
Brutus (= D. Iunius Brutus)   53
Bus   T 4

C. Caecilius Plinius Secundus (= Plinius d. J.)
    55 – Ü IVa
Caesar (= C. Iulius Caesar)   45, 49, 52, 53, 57, 61
    Ü IV – T 20
Caligula (= C. [Iulius] Caesar)   54, 61 – Ü IVa
C. Cassius Longinus (= Cassius)   53
Catilina (= L. Sergius Catilina)   52 – Ü IV
Cheops   20
Chephren   20
Cicero (= M. Tullius Cicero)   52 – Ü IV
Cinna (= C. Cornelius Cinna)   52 – Ü IV
Claudius (= Tib. Claudius Nero Germanicus)
    54 – Ü IVa – T 19a
Tib. Claudius Nero (= Tiberius)   54, 69 – Ü IVa
    T 20 – K IX
Tib. Claudius Nero Germanicus (= Claudius)
    54 – Ü IVa
M. Cocceius Nerva (= Nerva)   55 – Ü IVa
C. Cornelius Cinna (= Cinna)   52 – Ü IV
A. Cornelius Palma   62
L. Cornelius Sulla (= Sulla)   52, 56 – Ü IV
Crassus (= M. Licinius Dives Crassus)   52, 53,
    57 – Ü IV

Damnaios   T 17
Dan   T 5
Daniel   T 14, 14a
Dareios I.   27, 38, 39 – Ü III
Dareios II. Ochos   39 – Ü III
Dareios III. Kodomannos   40, 42 – Ü III
David   7, 8, 9, 10, 12, 14, 15, 19, 66, 67 – Ü II
    T 7, 8a, 9, 9a, 10, 10a, 11, 11a, 12, 14 – K V
Debora   7 – Ü I – T 6
Dedan   T 2, 5
Demetrios I. (Antigonide)   Ü III
Demetrios I. Soter   48 – Ü IV – T 17a
Demetrios II. Nikator   48, 49, 56 – Ü IV
Demetrios III. Eukairos   Ü IV
Demetrios von Alexandrien   T 19
Dikla   T 2
Dina   T 5
Diodotos (Tryphon)   48, 49 – Ü IV
Diodotos I.   47, 55
Djoser   20
Domitian (= T. Flavius Domitianus)   50, 55
    Ü IVa
L. Domitius Ahenobarbus (= Nero)   50, 54, 58
    Ü IVa
Doris   T 19
Drusilla   T 19
Drusus   T 19
Duma   T 5

Eber   T 2, 3
Egla   T 10
Ehud   T 6

Eje   23 – Ü I
Ela   Ü II – T 13, 14
Elam   T 2
Elasa   T 15
Eldaa   T 5
Eleasar (Sohn d. Aaron)   T 16a
Eleasar (z. Zt. d. Bar Kochba)   T 17, 17a
Eleasar (Sohn d. Boëthos)   T 17
Eleasar (Sohn d. Hannas)   T 17
Eleasar (Sohn d. Onias)   T 16
Eleazar (Sohn d. Mattathias)   T 18
Eli   T 7, 11a
Elia   10 – T 14
Eliab   T 10, 10a
Elihoreph   T 11
Elionaios   T 17
Eliphas   T 5
Eliphelet   T 10
Elisa   10 – T 14
Elischa   T 2, 2a
Elischama   T 10
Elischua   T 10
Eljada   T 10
Eljaschib I.   T 16
Eljaschib II.   T 16
Ellem   T 17
Elnatan   Ü III
Elon   T 6
Eniel von Hamath   17
Enlil-narāri   Ü I
Epameinondas   41
Epha   T 5
Epher   T 5
Ephraim   T 5
Esau   T 5, 5a
Eschbaal (Jischwi)   8, 19 – Ü II – T 8, 8a, 9, 9a
Esra   12, 13, 39 – Ü III
Eumenes (Sohn d. Hieronymos)   43
Eumenes I. (Sohn d. Eumenes) von Pergamon
    46
Euthydemos   47, 55
Evil-Merodach (Amel-Marduk)   31
Exedares   58

Felix (= M. Antonius Felix)   50 – Ü IVa – T 19
Festus (Porcius Festus)   50 – Ü IVa
T. Flavius Domitianus (= Domitian)   50, 55
    Ü IVa
Flavius Iosephus (= Josephus)   T 16a, 18a
T. Flavius Vespasianus (= Titus)   50, 54 – Ü IVa
T. Flavius Vespasianus (= Vespasian)   54, 62
    Ü IVa

Gad (Sohn d. Jakob)   T 5
Gad (Prophet)   T 14
Gaëtam   T 5
Gaham   T 4
Galba (= Ser. Sulpicius Galba)   54 – Ü IVa
Gallio (= L. Iunius Annaeus Gallio)   Ü IVa
Gallus (= Aelius Gallus)   61

Jechonja (Jojachin)   12, 31 – Ü IIa – T 12, 12a, 14

Jedida   T 12

Jehoëser   Ü III

Jehu (König)   9, 10, 17, 33 – Ü II – T 13, 14

Jehu (Prophet)   T 14

Jephtha   7, 15 – T 6, 6a

Jerach   T 2

Jeremia   12 – Ü IIa – T 14, 15

Jerimoth   T 10

Jerobeam I.   9 – Ü II – T 9, 13, 14

Jerobeam II.   10, 15, 16 – Ü IIa – T 13, 14

Jeruscha   T 12

Jesaja   11 – Ü IIa – T 14

Jesua (Josua)   T 16, 16a

Jesus (Sohn d. Damnaios)   T 17

Jesus (Josua – [Sohn d. Gamaliel])   T 17

Jesus (Sohn d. Phiabi)   T 17

Jesus (Sohn d. See)   T 17

Jesus Christus   50, 68 – Ü IVa – T 17a – K IX

Jether (Jithra)   T 10a

Jetur   T 5

Jëusch   T 5

Jibhar   T 10

Jidlaph   T 4

Jimla   T 14

Jischbak   T 5

Jischwi (Eschbaal)   8, 19 – Ü II – T 8, 8a 9, 9a

Jiska   T 3

Jithra (Jether)   T 10, 10a

Jithream   T 10

Joab   T 10, 11, 11a

Joaddan   T 12

Joahas (König von Israel)   Ü II – T 13, 14

Joahas (König von Juda)   12, 26 – Ü IIa – T 12, 14

Joas (König von Israel)   16, 34 – Ü IIa – T 13, 14

Joas (König von Juda)   10 – Ü II – T 12, 12a, 14

Joasar   T 17

Jobab   T 2

Joel   T 14

Johanan I.   T 16

Johanan II.   T 16

Johanan III.   T 16

Johannes (Sohn d. Mattathias)   59 – T 18

Johannes d. Täufer   Ü IVa – T 19a

Johannes Hyrkan I.   14, 49, 56 – Ü IV – T 17, 18 K VIII

(Johannes) Hyrkan II.   49, 60 – Ü IV – T 17, 17a, 18, 18a

Jojachin (Jechonja)   12, 30, 31 – Ü IIa – T 12, 12a, 14

Jojada (Vater d. Benaja)   T 11

Jojada I.   T 16

Jojakim (Sohn d. Jesua)   T 16

Jojakim (König)   12, 26 – Ü IIa – T 12, 14, 15

Jokschan   T 5

Joktan   T 2

Jona   T 14, 14a

Jonadab   T 10

Jonathan (Elide)   T 7

Jonathan (Sohn d. Hannas)   T 17

Jonathan (Sohn d. Mattathias)   49 – Ü IV T 17, 18, 18a – K VIII

Jonathan (Sohn d. Saul)   T 8, 8a

Jonathan (Sohn d. Schamma)   T 10

Jonathan Aristobul III.   Ü IV – T 17, 18

Joram (König von Israel)   Ü II – T 13, 14

Joram (König von Juda)   Ü II – T 12, 12a, 14

Josaphat (Sohn d. Ahilud)   T 11

Josaphat (König)   14 – Ü II – T 12, 12a, 14

Joseph (Sohn d. Ellem)   T 17

Joseph (Bruder d. Herodes)   T 19

Joseph (Sohn d. Jakob)   T 5, 5a

Joseph (Sohn d. Kami)   T 17

Joseph (Gatte d. Maria)   T 12a

Joseph (Gatte d. Olympias)   T 19

Joseph (Gatte d. Salome)   T 19

Joseph Kabi   T 17

Joseph Kaiphas   Ü IVa – T 17

Josephus (= Flavius Iosephus)   T 16a, 18a

Josia   11, 12, 26 – Ü IIa – T 12, 12a, 14, 15

Jotape   T 19

Jotham   Ü IIa – T 12, 12a, 14, 14a

Jozadak   T 16, 16a

Juda   T 5

Judas (Sohn d. Simon)   T 18

(Judas) Aristobul I.   49 – Ü IV – T 17, 18 K VIII

Judas Makkabäus   48, 59 – Ü IV – T 17a, 18, 18a

Jugurtha   52 – Ü IV

Kallias   39, 41 – Ü III

Kambyses I.   37 – Ü IIa, III

Kambyses II.   12, 26, 27, 38, 59 – Ü III

Kami   T 17

Kamithos   T 17, 17a

Kanaan   T 2, 2a

Kantheras   T 17

Kaschta   25

Kassander   Ü III

Kedar   T 5

Kedma   T 5

Kemuël   T 4

Kenas   T 5

Kesed   T 4

Ketura   T 5, 5a

Kilab   T 10

Kinnamos   Ü IVa

Kis   T 8

Kleopatra (Schwester d. Alexander d. Gr.)   43

Kleopatra (Gattin d. Herodes)   T 19

Kleopatra II.   45 – Ü IV

Kleopatra III.   45 – Ü IV

Kleopatra IV.   Ü IV

Kleopatra VI. Tryphaina   Ü IV

Kleopatra VII.   45, 53, 61 – Ü IV

Kleopatra Berenike III.   Ü IV

Kleopatra Thea   Ü IV

Naphisch   T 5
Naphthali   T 5
Naramsin   28
Narmer   19
Nathan (Sohn d. David)   T 10, 11
Nathan (Prophet)   T 14
Nathanael   T 10
Nearchos   42
Nebajoth   T 5, 5a
Nebukadnezar I.   29 – Ü I
Nebukadnezar II.   12, 18, 26, 30, 31, 37 – Ü IIa
  T 1a, 15, 16a
Necho   11, 12, 26, 27, 30, 36 – Ü IIa
Nedebaios   T 17
Nehemia   12, 13, 39, 68 – Ü III – T 14
Nehuschta   T 12
Nektanebos I.   27 – Ü III
Nektanebos II.   27 – Ü III
Nepheg   T 10
Ner   T 8
Nero (= L. Domitius Ahenobarbus)   50, 54, 58
  Ü IVa
Nerva (= M. Cocceius Nerva)   55 – Ü IVa
Nikias   Ü III
Nimrod   T 2, 2a
Nitokris   26
Noah   T 2

Obadja   T 14
Obal   T 2
Obodas I.   60
Obodas II.   61
Obodas III.   61
Octavia   53
Octavian (= C. Iulius Caesar Octavianus Augustus
  = Augustus)   45, 53, 54, 57, 61, 69 – Ü IV, IVa
  T 20 – K X
Oholibama   T 5
Olympias   43 – T 19
Omar (Kalif)   T 1a
Omar (Sohn d. Eliphas)   T 5
Omri   9, 10, 16, 17 – Ü II – T 9, 9a, 12a,
  13, 14
Onias I.   T 16
Onias II.   T 16, 16a
Onias III.   48 – Ü IV – T 16, 17, 17a
Onias IV.   T 17a
Ophir   T 2
Orodes II.   57 – Ü IV
Orodes III.   Ü IVa
Osochor   Ü II
Osorkon I.   Ü II
Osorkon II.   Ü II
Osorkon III.   25
Osorkon IV.   Ü IIa
Osroes   58 – Ü IVa
Othniël   T 6
Otho (= M. Salvius Otho)   54 – Ü IVa
Ozem   T 10

Pakoros (Sohn d. Orodes)   57 – Ü IV
Pakoros (Sohn d. Vonones II.)   Ü IVa
Pakoros II. (Sohn d. Vologaises I.?)   58 – Ü IV,
  IVa
Palti(ël)   T 8a
Parmenion   48
Parsatatar   Ü I
Parthamasiris   58
Parthamaspates   58, 59 – Ü IVa
Parysatis   39
Paulus (Apostel)   50 – Ü IVa – T 17a
Pedaja   T 12, 12a
Pekach   11, 17 – Ü IIa – T 13, 14
Pekachja   Ü IIa – T 13, 14
Peleg   T 2, 2a, 3
Pemui   Ü IIa
Pennehesi   24
Peramesse   23
Perdikkas   43
Perikles   41 – Ü III
Petrus   Ü IVa
Petubastis   25
Phasael (Bruder d. Herodes)   49 – Ü IV – T 19
Phasael (Gatte d. Salampsio)   T 19
Pheroras   T 19
Phiabi   T 17, 17a
Philetairos   43
Philipp II. von Makedonien   40, 41, 63 – Ü III
Philipp V.   45, 47, 51
Philippion (Gatte d. Alexandra)   T 18
Philippos II. (Seleukide)   Ü IV
Philippos III. Arrhidaios   43
Philippus (Sohn d. Herodes)   50, 68 – Ü IVa
  T 19, 19a – K IX
Philon von Alexandrien   Ü IVa
Phraates (Sohn d. Phraates IV.)   Ü IVa
Phraates I.   Ü IV
Phraates II.   56 – Ü IV
Phraates III.   57 – Ü IV
Phraates IV.   57, 58 – Ü IVa
Phraates V.   58 – Ü IVa
Phriapatios   56 – Ü IV
Pije (Pianchi)   Ü IIa
Pildasch   T 4
Pinehas (Phannias)   T 17
Pinhas   T 7
Plinius d. J. (= C. Caecilius Plinius Secundus)
  55 – Ü IVa
Polemon von Kilikien   T 19
Cn. Pompejus   48, 49, 52, 53, 57, 60, 61, 68
  Ü IV – T 1a
Pontius Pilatus   50, 68 – Ü IVa
  K IX
Popillius Laenas   45, 47
Porcius Festus   50 – Ü IVa
Psammetich I.   26 – Ü IIa
Psammetich II.   26 – Ü IIa
Psammetich III.   26 – Ü III
Psusennes I.   Ü I
Psusennes II.   Ü II

Ptolemaios (Schwiegersohn d. Johannes Hyrkan I.)
T 18a
Ptolemaios I. Soter   43, 44, 46 – Ü III
Ptolemaios II. Philadelphos   43, 44, 46, 47
Ü III – T 16a
Ptolemaios III. Euergetes   45, 47 – Ü III – T 16a
Ptolemaios IV. Philopator   45, 47 – Ü III
Ptolemaios V. Epiphanes   45, 47 – Ü IV
Ptolemaios VI. Philometor   45 – Ü IV
Ptolemaios VII. Neos Philometor   45 – Ü IV
Ptolemaios VIII. Euergetes II.   45 – Ü IV
Ptolemaios IX. Soter II. Lathyros   Ü IV
Ptolemaios X. Alexander I.   Ü IV
Ptolemaios XI. Alexander II.   Ü IV
Ptolemaios XII. Auletes   45 – Ü IV
Ptolemaios XIII. Philopator Philadelphos   Ü IV
Ptolemaios XIV. Philopator   Ü IV
Ptolemaios XV. Kaisarion   Ü IV
Ptolemaios Keraunos   46 – Ü III
Ptolemaios von Chalkis   T 18
Pulu (Pul [= Tiglath-Pileser III.])   30, 34
Put   T 2
Pyrrhos   51

P. Quintilius Varus (= Varus)   53 – Ü IVa
Quirinius (= P. Sulpicius Quirinius)   Ü IVa
T 17

Rabel II.   62
Radamistus   58
Raddai   T 10
Ragma   T 2
Rahel   T 4, 5
Ramses I.   23 – Ü I
Ramses II.   7, 14, 24, 65 – Ü I
Ramses III.   18, 24 – Ü I
Ramses IV.   Ü I
Ramses V.   Ü I
Ramses VI.   Ü I
Ramses VII.   Ü I
Ramses VIII.   Ü I
Ramses IX.   Ü I
Ramses X.   Ü I
Ramses XI.   24 – Ü I
Razon (= Rezin)   10, 11, 17 – Ü IIa
Rebekka   T 4, 5, 5a
Regu   T 3
Reguël   T 5
Rehabeam   9, 25 – Ü II – T 9, 12, 14
Rehuma   T 4
Reson   15 – Ü II
Rezin (= Razon)   10, 11, 17 – Ü IIa
Rimsin   28
Riphath   T 2
Rizpa   T 8, 8a
Roxane   42
Ruben   67 – T 5

Saba   T 2, 5
Sabud   T 11

Sabta   T 2
Sabtecha   T 2
Sacharja (König)   T 13, 14 – Ü IIa
Sacharja (Prophet)   12 – T 14
Sahure   20
Salampsio   T 19
Salitis   21
Salmanasser I.   32 – Ü I
Salmanasser III.   10, 16, 33, 34 – Ü II
Salmanasser IV.   Ü IIa
Salmanasser V.   11, 30, 35, 67 – Ü IIa
Salome (Schwester d. Herodes)   61, 69 – T 19
Salome (Enkelin d. Herodes)   T 19, 19a
Salome Alexandra   49 – Ü IV – T 17a, 18, 18a
Salomo   8, 9, 14, 17, 19, 67 – Ü II – T 7, 9, 10,
11, 11a, 12, 14
M. Salvius Otho (= Otho)   54 – Ü IVa
Šamaš-šum-ukin   30, 36 – Ü IIa
Samuel   T 17
Sanatrukes   Ü IV
Sanballat   13
Sandrakottos   46
Sanherib   11, 17, 19, 25, 30, 35, 36, 67 – Ü IIa
Sara/Sarai   T 3, 5
Sardur II.   34
Sargon   28
Sargon II.   11, 17, 25, 30, 35, 67, 68 – Ü IIa
Saudet   61
Saul   8, 15, 19, 63 – Ü II – T 7, 8, 8a, 9, 9a, 11a
Sauššatar   Ü I
Scaurus (= M. Aemilius Scaurus)   60
Schabako   Ü IIa
Schaleph   T 2
Schallum   Ü IIa – T 13, 14
Schamgar   T 6, 6a
Schamma (Enkel d. Esau)   T 5
Schamma (Schima [Sohn d. Isai])   T 10, 10a
Schammua   T 10
Schamschiadad I.   31, 32
Schamschiadad V.   34 – Ü II
Schaphan   T 15
Scheba   Ü II
Schebitko   Ü IIa
Scheja (Schischa)   T 11, 11a
Schelach   T 2, 3
Schemaja   T 14
Schepenupet II.   25, 26
Schephatja   T 10
Scheschbazar   12 – Ü III – T 14
Schischa (Scheja)   T 11, 11a
Schobab   T 10
Schoschenk (Schischak) I.   9, 25, 63 – Ü II
Schoschenk II.   Ü II
Schoschenk III.   Ü II
Schoschenk IV.   Ü IIa
Schuach   T 5
Schuppiluliuma I.   23, 29, 32 – Ü I
Schuppiluliuma II.   Ü I
Sealthiël   T 12a
Seba   T 2

Uriël   T 12a
Urukagina   27, 28
Usal   T 2
Usia (= Asarja [Usia])   10, 14 – Ü IIa – T 12, 12a, 14
Utuchengal   28
Uz   T 2, 4

Valerius Gratus   Ü IVa – T 17, 17a
Vardanes   58 – Ü IVa
Varus (= P. Quintilius Varus)   53 – Ü IVa
P. Ventidius Bassus   57, 61
Vespasian (= T. Flavius Vespasianus)   54, 62 Ü IVa
A. Vitellius   54, 61 – Ü IVa – T 17, 17a
Vologaises I.   58 – Ü IVa
Vologaises II.   58, 59 – Ü IVa
Vologaises III.   Ü IVa
Vonones I.   Ü IVa
Vonones II.   58 – Ü IVa

Xerxes I.   27, 38, 40 – Ü III
Xerxes II.   39 – Ü III

Zadok   T 7, 11, 11a, 16a, 17a
Zarathustra   37
Zedekia   12, 18, 31 – Ü IIa – T 12, 14, 15
Zephanja   T 14
Zepho   T 5
Zeror   T 8
Zeruja   T 10, 10a, 11
Zibja   T 12
Zidanta II.   Ü I
Zimrilim   28, 32

Ethnographische und geographische Bezeichnungen

Namen von Stammvätern, die wenig bekannte und anderwärts kaum belegte Orte oder Stämme repräsentieren, sind nicht aufgenommen; vgl. dafür das Register der Personennamen.

Abila (im Ostjordanland)   K VIII, IX
Abila (in Syrien)   69 – K VIII, IX
Abilene   69 – K IX
Abimaël   T 2
Abu Simbel   24
Abydos   20
Achaja   52 – Ü IV – T 20 – K X
Achämeniden   12, 37, 38, 40, 42, 56 – Ü IIa
Achet-Aton   23 – K I
Achsib   K IV
Actium   45, 53, 61 – Ü IV – K X
Adoram   T 2
Aelia Capitolina (= Jerusalem)   51 – Ü IVa

Africa proconsularis   T 20 – K X
Ägäis / Ägäisches Meer   18, 40, 41, 44 – T 2a
Ägypten/Aegyptus, Ägypter   5, 6, 7, 8, 9, 11, 12, 14, 17, 18, 19–27, 29, 30, 31, 32, 35, 36, 37, 38, 39, 40, 42, 43, 44, 45, 46, 47, 48, 53, 57, 59, 61, 63, 65, 66, 67, 69 – Ü I, II, IIa, III, IV, IVa T 2, 2a, 11a, 15, 17a, 20 – K I, II, X
   Oberägypten   19, 21, 24, 25, 26, 44, 45 – T 2a
   Unterägypten   19, 25, 26, 36, 45 – T 2a
Aigospotamoi   41 – Ü III
Ajalon   K IV
Akkad   28, 31 – K I
Akko   7, 67, 68 – T 1a – K III, IV, V, VI, VII
Alanen   59 – Ü IVa
Alexandrette (= Iskenderun)   40
Alexandrien/Alexandria   42, 44, 45, 47 – Ü III, IVa – T 19 – K X
Alexandrium   K VIII, IX
Alexandrou Eschata   42
Almodad   T 2
Alpen   51
   Alpes Cottiae   T 20
   Alpes Maritimae   T 20
   Alpes Poeninae   69 – T 20
Amalek, Amalekiter   14 – T 5 – K IV
Amanusgebirge   33
Amarna   23, 29 – Ü I – K I
Amathus   K VIII
Ammān (= Rabba, Rabbat Ammon)   15
Ammon, Ammoniter   6, 7, 8, 13, 14, 15, 16, 63, 65 – Ü I, II – T 3, 5a, 6 – K II, IV, V, VI, VII
Amoriter   28 – T 2
Amurru   22, 23
Anamiter   T 2
Anathoth   T 7
Antiochien/Antiochia   46 – Ü III, IVa – K X
Antipatris   K IX
Apamea   46, 47 – Ü IV
Aphek (in Galiläa)   K IV
Aphek (in der Küstenebene)   18 – K III, IV
Apollonia   K VIII, IX
Appenninenhalbinsel s. Italien
Aqaba   14, 59
Aquitania   T 20 – K X
Araba   14, 59 – K I, III, V
Arabien/Arabia, Araber   14, 30, 36, 44, 59, 60, 61, 62 – T 1, 1a, 2a, 5a, 20 – K X
Arabisch-syrische Wüste   K I, II, V
Arachosien   42
Arad (in Südpalästina)   K IV, VII
Arados (= Arwad)   42
Aram, Aramäer   6, 8, 9, 10, 11, 13, 15–17, 29, 30, 32, 33, 34, 35, 63, 65, 66, 67 – Ü I, II – T 2, 4, 5a – K II, V
Ararat   33
Araxes   K I, II
Arimathia   K VIII, IX
Arka, Arkiter   T 2, 2a
Armenien/Armenia   33, 48, 55, 56, 57, 58, 59, 60, 64 – Ü IV, IVa – T 20 – K X

Kleinarmenien   T 19
Arnon   14 – K III, IV, VI, VII, VIII, IX
Arpachschad   T 2, 3
Arwad, Arwaditer   18 – T 2, 2a – K I, II, V
Aschkenas   T 2
Aschuriter   T 5
Asdod   18, 19, 24, 26, 35, 68, 69 – K II, III, IV,
    V, VI, VII, VIII, IX
Asien/Asia, Asiaten   21, 42, 43, 69 – Ü IV
    T 20 – K X
Askalon   18, 19, 24, 68, 69 – K III, IV, V, VI,
    VII, VIII, IX
Asser   17 – T 5 – K IV
Assur   28, 31, 32, 33, 36, 37 – T 2 – K I, II
Assyrien/Assyria, Assyrer   10, 11, 12, 14, 15,
    16, 17, 18, 19, 25, 26, 28, 29, 30, 31–37, 58, 59,
    65, 66, 67, 68 – Ü I, II, IIa, IVa – T 2a, 20 – K I,
    II, VI, X
Athen, Athener   27, 38, 39, 40, 41, 42, 43
    Ü III – K X
Äthiopien, Äthiopier   25f., 27, 44
Ätolien   51
Atropatene   Ü IVa
Attika   41, 46
Auranitis   68 – K VIII, IX
Avaris   21
Avdat   62

Babylonien/Babylon, Babylonier   11, 12, 13,
    14, 15, 17, 18, 19, 23, 26, 27–31, 32, 33, 34, 35,
    36, 37, 38, 42, 46, 55, 56, 63, 65, 66 – Ü I,
    II, IIa, III, IV – T 1, 1a, 2, 2a, 14, 14a, 15,
    16a, 17a – K I, II
»Bach Ägyptens«   35
Baetica   T 20 – K X
Baktrien   46, 47, 55, 56, 58
Basan   K III
Batanäa   68 – Ü IVa – K VIII, IX
Beerseba   K III, IV, V, VI, VII, VIII, IX
Behistun   38
Belgica   T 20 – K X
Benjamin   8, 16 – T 5, 6 – K IV
Bergvölker   28, 29, 32, 40
Berytos   K VIII, IX
Beth-Anath   K IV
Bethel   9 – K III, IV, V, VI, VII, VIII, IX
Bethlehem   T 6, 6a – K III, IV, VI, VII, VIII, IX
Bethsaida (Julias)   K VIII, IX
Beth-Schean   23 – K III, IV
Beth-Zur   K VII, VIII, IX
Birtha   K VII
Bithynien/Bithynia   47, 55, 69 – Ü IVa – T 20
    K X
Böotien   41
Bostra/Bozra (im Hauran)   60, 62 – K VI, VIII,
    IX
Bozra (in Edom)   K III, IV, VI
Britannia   69 – T 20 – K X
Brundisium   Ü IV – K X

Bubastis   25
Byblos   18, 20, 42 – K I, II
Byzanz, Byzantiner   T 1a – K X

Caesarea am Meer   68 – Ü IVa – K IX, X
Caesarea Philippi   68 – K IX
Cannae   51 – Ü III
Capitolias   K IX
Chaironeia   40, 41 – Ü III
Chaldäer   30, 35
Chalkis   50 – Ü IVa – T 17, 18, 19 – K VIII, IX
China   58
Chorazin   K IX
Coelesyrien   Ü IV
Colonia Agrippina   K X
Cypern/Cyprus   21, 26, 35, 38, 40, 44, 45
    Ü III, IV – T 2a, 20 – K I, II, V, X
Cyrenaika (s. auch Kyrene)   38

Dacia, Daker   55, 69 – T 20 – K X
Damaskus   8, 9, 10, 11, 15–17, 33, 34, 35, 60,
    61, 66, 67, 68, 69 – Ü II, IIa – K I, II, V, VI, VIII,
    IX, X
Dan   9, 17, 67 – T 5 – K III, IV, V, VI, VIII, IX
Dardanellen   39
Debir   K IV
Dedan   T 2, 5
Dekapolis   60, 69 – K IX
Delos   41
Delphi   41
Delta (des Nils)   21, 24, 25, 27, 44, 45
Dibon   15
Dijala   K I, II
Dikla   T 2
Dion   K VIII, IX
Dor/Dora   67, 68 – K III, IV, VI, VII, VIII,
    IX
Drangiana   42
Drusengebirge   60
Dura-Europos   46

Eben-Ezer   8 – T 7
Eber   T 2, 3
Ebla   28, 29
Edom, Edomiter   6, 8, 12, 13, 14, 15, 59, 63, 66,
    68 – Ü I, II – T 5a – K II, IV, V, VI
Ekbatana   38 – K II
Ekron   18, 19, 35 – K IV, VI
Elam, Elamiter   28, 29, 30, 35, 36, 65, 66 – Ü I,
    IIa – T 2 – K I, II
Elasa   T 18a
Elath   14 – K II, V
Elephantine   26, 27 – Ü III
Eleusis   55
Elischa   T 2, 2a
Eltheke   11, 25, 35 – Ü IIa – K VI
Emesa   T 19
Emmaus   K VIII, IX
Engedi   K VII, VIII, IX
Ephesus   52 – Ü IV – K X

Jerachmeeliter   67
Jericho   K III, IV, VII, VIII, IX
Jerusalem   7, 8, 9, 10, 11, 12, 13, 14, 16, 17, 18,
    23, 26, 30, 31, 35, 37, 39, 48, 49, 50, 51, 54, 57,
    60, 62, 63, 64, 66, 67 – Ü II, IIa, IV, IVa – T 1a,
    2a, 7, 9, 10a, 11a, 12, 12a, 15, 16a, 18a, 19a – K I,
    II, III, IV, V, VI, VII, VIII, IX, X
Jesreel   K III, IV
Jesreelebene   7, 66, 67 – T 6a – K III
Jibleam   K IV
Jobab   T 2
Joktan   T 2
Jonien   26, 38, 39, 40 – Ü III – T 2
Joppe (= Japho)   K VIII, IX
Jordan   7, 23, 45, 49, 59, 66, 69 – K III, IV, VI,
    VIII, IX
Joseph (Stamm)   T 5
Jotapata   K VIII
Juda   6–13, 14, 15, 16, 17, 18, 19, 25, 26, 30, 31,
    35, 37, 39, 63, 66, 67, 68 – Ü II, IIa – T 1a, 5, 6a,
    9, 9a, 12a, 14, 15 – K III, IV, VI, VII
Jüdisches Reich, Judäa, Juden   13, 14, 15, 19,
    39, 44, 45, 47, 48–51, 54, 57, 59, 60, 61, 63, 64,
    68, 69 – Ü IV, IVa – T 1a, 17a, 18a, 20 – K VIII,
    IX, X
Julias   K IX

Kadesch (in Südpalästina)   K I, II
Kadesch (am Orontes)   22, 23, 24, 65 – Ü I
    K I, V
Kalach   31, 33, 34 – K II
Kaleb   67 – T 6 – K IV
Kalirrhoë   K IX
Kana   K VIII, IX
Kanaan, Kanaanäer   7, 8, 9, 17, 18, 67 – Ü I
    T 1, 2, 2a, 6, 6a – K I
Kanatha   K VIII, IX
Kapernaum   K III, VIII, IX
Kaphtoriter   T 2, 2a
Kappadokien/Cappadocia   43, 56, 69 – T 20
    K X
Karien   26
Karioth   K IX
Karkar   10, 16, 17, 33 – Ü II – K II
Karkemisch   26, 30 – Ü IIa – K I, II
Karmel   66 – K III, VIII, IX
Karnajim   K VI, VII
Karnak   22
Karrhae   53, 57 – Ü IV
Karthago   17, 51 – Ü IV – K X
Kasluhiter   T 2
Kaspisches Meer   55 – K I, II
Kassiten   29, 32, 63, 65 – Ü I – K I
Kaukasus   33, 58
Kedar   T 5
Kedesch   K IV, VI
Kegila   K VII
Kelten   46, 51
Kenas, Kenisiter   67 – T 5
Keniter   67 – K IV

Kerak   15
Kilikien/Cilicia   35, 42, 56 – T 2, 19, 20 – K X
Kimmerier   36 – T 2
Kir-Hareseth (= Kerak)   15 – K III, IV, V, VI,
    VII
Kisch   27
Kison   K III, VI, VIII, IX
Kition   T 2a
Kitron   K IV
Kittiter   T 2, 2a
Kleinarmenien s. Armenien
Kleinasien   18, 26, 28, 29, 33, 35, 36, 37, 38, 39,
    40, 41, 44, 46, 47, 52, 57, 59, 64 – Ü I, IVa
    T 2a – K I
Kommagene   56
Korinth   40, 41, 51 – Ü IV – K X
Korsika/Corsica   51 – T 20 – K X
Kreta/Creta, Kreter   17, 18, 21, 69 – T 2a, 11a,
    20 – K X
Krether und Plether   19 – T 11, 11a
Ktesiphon   58, 59
Kurupedion   43 – Ü III
Kusch   22, 24 – T 2, 2a, 6a
Kuschan   58
Küste/Küstenebene   7, 17, 18, 22, 24, 35, 48,
    65, 66, 67, 69 – Ü I – K III
Kypros   K IX
Kyrene/Cyrene (s. auch Cyrenaika)   44, 45
    Ü IV – K X

Lachisch   K III, VI, VII
Lagasch   27, 28 – K I
Laodikeia   46
Larsa   28
Lehabiter   T 2, 2a
Leontopolis   Ü IV – T 17a
Letuschiter   T 5
Leuktra   41 – Ü III
Lëumiter   T 5
Levante   31
Levi   T 5
Libanon   15, 17, 22, 28, 32, 33 – T 2a – K III
Libyen, Libyer   22, 23, 24, 25, 26 – T 2, 2a
Lud   T 2
Luditer   T 2
Lugdunum/Lugdunensis   50 – T 20 – K X
Lusitania   T 20 – K X
Lydda   K VIII, IX
Lydien   12, 26, 37, 38, 42, 43, 66 – Ü III – T 2,
    2a – K II
Lykien/Lycia   42, 43, 69 – T 20 – K X

Maacha   15, 67 – T 4 – K V
Machärus   K VIII, IX
Madai   T 2
Magdala   K IX
Magnesia   47, 51 – Ü IV
Magog   T 2
Mahanajim   T 9 – K IV, VI

Corrigenda

Übersicht IV

Artabanos (um 210–191 v. Chr.) ist hier als
Arsakes II. bezeichnet.
Artabanos I. (128–123 v. Chr.) wird verschiedent-
lich auch als Artabanos II. gezählt.
Artabanos II. (86–? v. Chr.) ist erschlossen; mög-
licherweise trägt er einen anderen Namen.

Übersicht IVa

Bei Pakoros (II.) (Mitregent in Medien) ist (II.) zu
streichen.

Tafel 2

Bei Tiras muß es heißen: Etrurien

Tafel 14a

Anm. 1 muß es heißen: 1 Kön 12,22; 2 Chr 11,2;
12,5.7.15
Anm. 2 muß es heißen: 1 Kön 16,1.7.12; 2 Chr
19,2; 20,34

Karte III

Statt Kischun lies: Kison

Karte V

Bei der Überschrift ist zu ergänzen: (um 1000
v. Chr.)

Weiteres Material
zu den Zeittafeln

Synchronoptische Darstellung

Übersicht I: Der Alte Vordere Orient in der zweiten Hälfte des 2. Jahrtausends v. Chr. (in kleinerem Maßstab)

Übersicht II: Die Zeit des davidisch-salomonischen Einheitsstaates und der Reiche Israel und Juda (in zwei Teilen)

Übersicht III: Die Zeit nach der Zerstörung Jerusalems bis zum Ende des 3. vorchristlichen Jahrhunderts (in kleinerem Maßstab)

Übersicht IV: Der makkabäische Freiheitskampf bis zu den Anfängen der christlichen Kirche (200 v. Chr.–150 n. Chr. [in zwei Teilen])

Überblickstafeln

1. Die Kulturepochen Palästinas
2. Die Völkertafel Gen 10
3. Die Genealogie Abrahams
4. Die Nachkommen Nahors
5. Die Nachkommen Abrahams
6. Die großen und die kleinen Richter
7. Die Priesterfamilie der Eliden
8. Der Stammbaum Sauls
9. Die Anfänge des israelitischen Königtums
10. Die Familie Davids
11. Der Beamtenstab Davids und Salomos
12. Die Daviddynastie
13. Das nordisraelitische Königtum (926–721)
14. Die Propheten in der Geschichte Israels
15. Die Familie Schaphan
16. Die Hohenpriester in der persischen und ptolemäischen Zeit
17. Die Hohenpriester in der seleukidischen und römischen Zeit
18. Stammtafel der Hasmonäer
19. Die Familie des Herodes
20. Die Provinzen im Römischen Reich (um 150 n. Chr.)

Landkarten

Karte I: Der Alte Vordere Orient in der zweiten Hälfte des 2. Jahrtausends v. Chr.

Karte II: Der Alte Vordere Orient in der ersten Hälfte des 1. Jahrtausends v. Chr.

Karte III: Geographische Regionen in Palästina

Karte IV: Palästina nach der Einwanderung der Israeliten

Karte V: Die Staatenwelt Palästinas und Syriens zur Zeit Davids (um 1000 v. Chr.)

Karte VI: Die Provinzen und Vasallen des Assyrerreiches in Palästina

Karte VII: Die persischen Verwaltungsdistrikte in Palästina

Karte VIII: Palästina unter den Hasmonäern

Karte IX: Palästina zur Zeit Jesu

Karte X: Das Römische Reich zur Zeit von Augustus bis ca. 150 n. Chr.

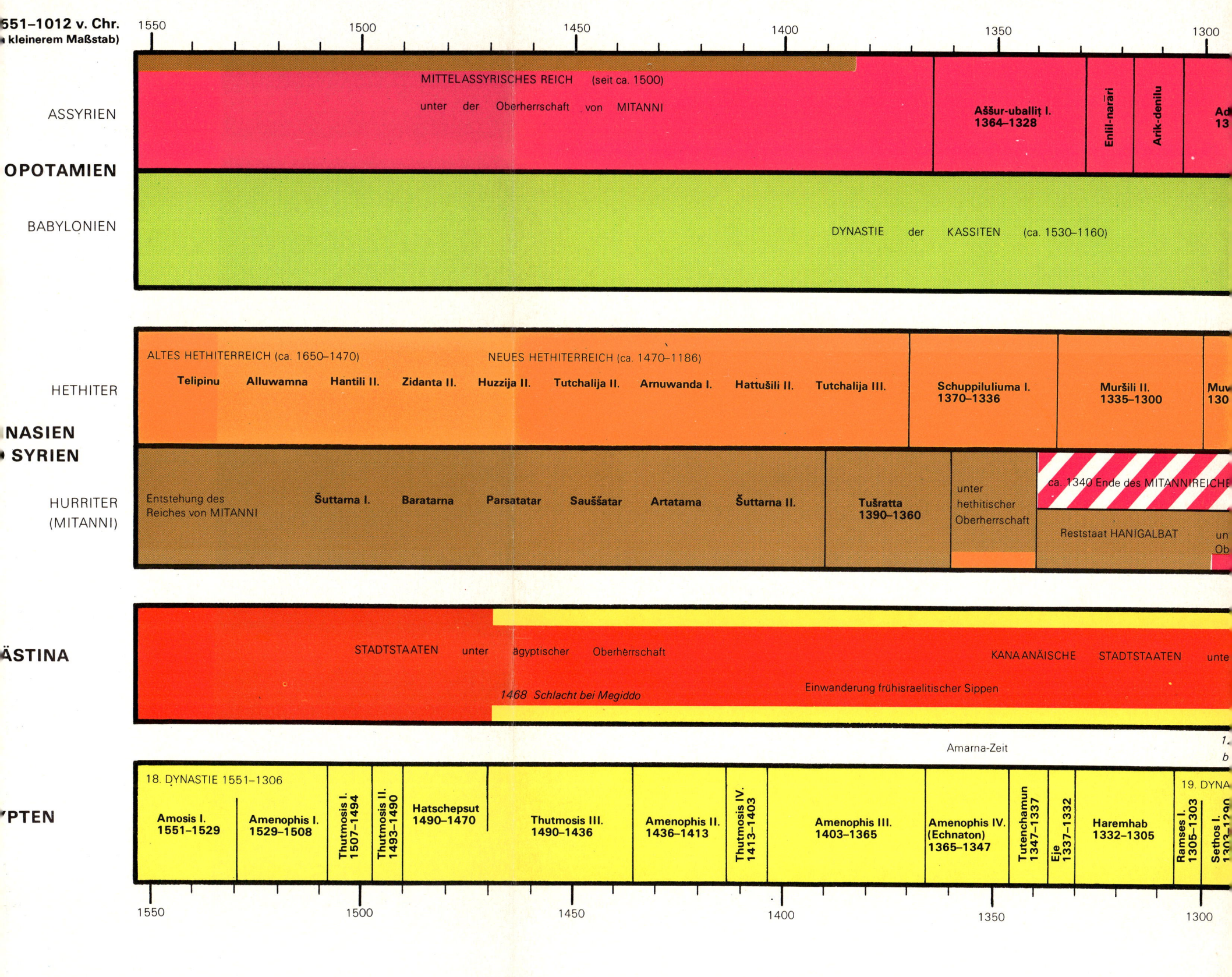

551–1012 v. Chr.
(kleinerem Maßstab)

| 1550 | 1500 | 1450 | 1400 | 1350 | 1300 |

ASSYRIEN

MITTELASSYRISCHES REICH   (seit ca. 1500)

unter   der   Oberherrschaft   von   MITANNI

Aššur-uballiṭ I.
1364–1328

Enlil-narāri

Arik-denilu

Ad…
13…

OPOTAMIEN

BABYLONIEN

DYNASTIE   der   KASSITEN   (ca. 1530–1160)

HETHITER

ALTES HETHITERREICH (ca. 1650–1470)   NEUES HETHITERREICH (ca. 1470–1186)

Telipinu   Alluwamna   Hantili II.   Zidanta II.   Huzzija II.   Tutchalija II.   Arnuwanda I.   Hattušili II.   Tutchalija III.

Schuppiluliuma I.
1370–1336

Muršili II.
1335–1300

Muv…
130…

NASIEN
SYRIEN

HURRITER
(MITANNI)

Entstehung des
Reiches von MITANNI

Šuttarna I.   Baratarna   Parsatatar   Sauššatar   Artatama   Šuttarna II.

Tušratta
1390–1360

unter
hethitischer
Oberherrschaft

ca. 1340 Ende des MITANNIREICHE…

Reststaat HANIGALBAT

un…
Ob…

ÄSTINA

STADTSTAATEN   unter   ägyptischer   Oberherrschaft

1468 Schlacht bei Megiddo

KANAANÄISCHE   STADTSTAATEN   unte…

Einwanderung frühisraelitischer Sippen

Amarna-Zeit

1…
b…

YPTEN

18. DYNASTIE 1551–1306

Amosis I.
1551–1529

Amenophis I.
1529–1508

Thutmosis I.
1507–1494

Thutmosis II.
1493–1490

Hatschepsut
1490–1470

Thutmosis III.
1490–1436

Amenophis II.
1436–1413

Thutmosis IV.
1413–1403

Amenophis III.
1403–1365

Amenophis IV.
(Echnaton)
1365–1347

Tutenchamun
1347–1337

Eje
1337–1332

Haremhab
1332–1305

19. DYNA…
Ramses I.
1305–1303

Sethos I.
1303–1290

| 1550 | 1500 | 1450 | 1400 | 1350 | 1300 |

ME

KLE
UN

PA

ÄG

Vorgeschichtliche Zeit

Altsteinzeit (Paläolithikum)	1 000 000-9 000 v. Chr.
Mittlere Steinzeit (Mesolithikum)	9 000-7 000
Jüngere Steinzeit (Neolithikum)	7 000-3 600
Kupfersteinzeit (Chalkolithikum)	3 600-3 100

Geschichtliche Zeit

Frühe Bronzezeit		3100-2000
Mittlere Bronzezeit	kanaanäische	2000-1550
Späte Bronzezeit	Zeit	1550-1200
Eisenzeit: Eisen I	israelitische	1200-900
Eisen II	Zeit	900-600
Eisen III	babylonisch-per-sische Zeit	600-300

Hellenistische Zeit	300-63 v. Chr.
Römische Zeit	63 v. Chr.-324 n. Chr.
Herodianische Zeit[2]	40 v. Chr. 90 n. Chr.
Christlich-byzantinische Zeit	325-636 n. Chr.
Arabisch-islamische Zeit	ab 636 n. Chr.

Omajjadenzeit	661-750
Kreuzfahrerzeit	1099-1291
Mamlukenzeit	1260-1516
Osmanisch-türkische Zeit	1517-1918

Anmerkungen

1 Die Zahlenangaben sind - besonders in den älteren Epochen - stark abgerundet und teilweise kontrovers.

Für die Trennung der Zeitalter sind folgende Ereignisse bedeutsam:

um 1 000 000 v. Chr.	älteste Spuren des Menschen in Palästina.
587 v. Chr.	Eroberung und Zerstörung Jerusalems durch die (Neu-)Babylonier unter Nebukadnezar II. Abbruch der davidischen Königsherrschaft; Ende der Unabhängigkeit Judas.
332 v. Chr.	Eroberung Palästinas durch Alexander d. Gr.; Beginn des hellenistischen Zeitalters.
63 v. Chr.	Einnahme Jerusalems durch die Römer unter Pompejus. Palästina und Syrien werden zur römischen Provinz Syria.
40 v. Chr.	Ernennung Herodes' d. Gr. zum König Judäas als Vasall des Römischen Reiches.
ca. 90 n. Chr.	Tod Agrippas II. Ende der Herodierherrschaft.
325	Konstantin d. Gr. Alleinherrscher; Beginn des christlich-byzantinischen Reiches.
636	Sieg der islamischen Araber über die Byzantiner am Jarmuk; arabische Eroberung Palästinas unter Kalif Omar.
1 099	Einnahme Jerusalems durch die Kreuzfahrer.
1 291	Räumung der letzten Kreuzfahrerfestung Akko.
1 517	Eroberung Palästinas durch die osmanischen Türken unter Selim I.

2 Die herodianische Epoche ist eine wichtige Unterperiode der Römerzeit in Palästina (vgl. Taf. 19).

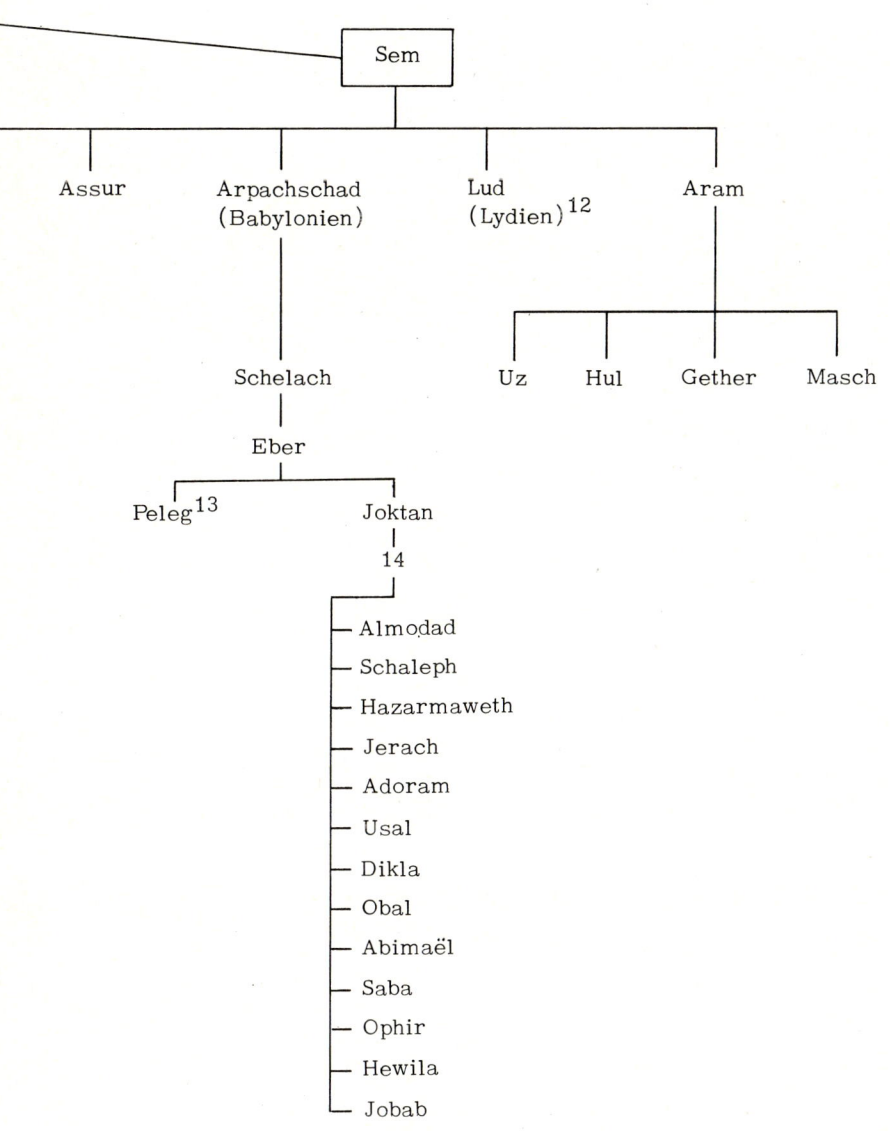

Die Völkertafel Gen 10[1]

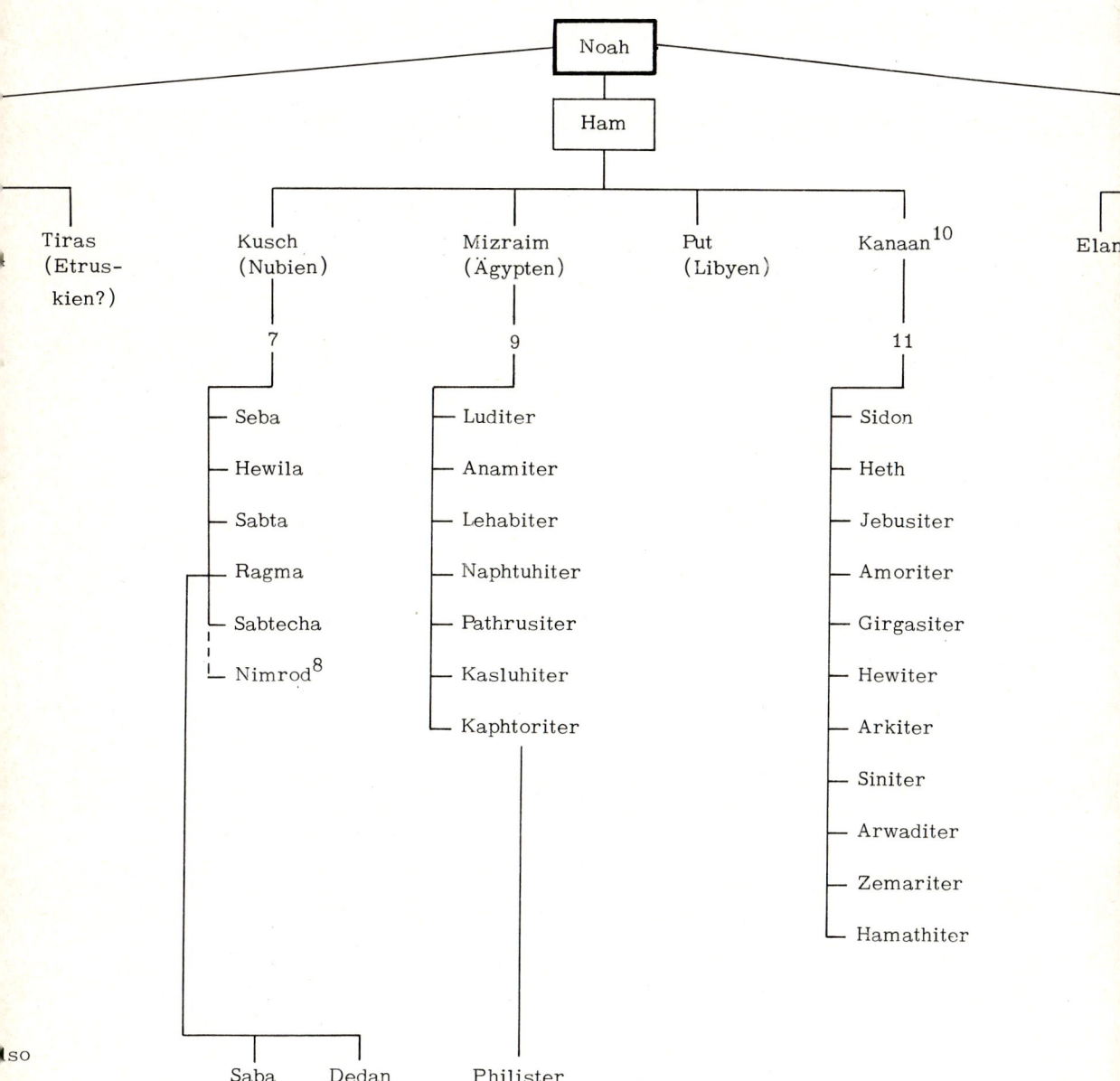

Noah

Ham

| Tiras (Etrus- kien?) | Kusch (Nubien) [7] | Mizraim (Ägypten) [9] | Put (Libyen) | Kanaan[10] [11] | Elam |

Kusch [7]:
— Seba
— Hewila
— Sabta
— Ragma
— Sabtecha
⌐ Nimrod[8]

Mizraim [9]:
— Luditer
— Anamiter
— Lehabiter
— Naphtuhiter
— Pathrusiter
— Kasluhiter
— Kaphtoriter

Kanaan [11]:
— Sidon
— Heth
— Jebusiter
— Amoriter
— Girgasiter
— Hewiter
— Arkiter
— Siniter
— Arwaditer
— Zemariter
— Hamathiter

Saba   Dedan

Philister

so

Anmerkungen

1 Der Text, der den Zusammenhang der damals bekannten Völkerwelt in der Form eines Familienstammbaumes darstellt und dadurch ihre Urverwandtschaft konstatiert, ist keine ursprüngliche literarische Einheit, sondern aus verschiedenen Teilen zusammengewachsen. Daraus erklären sich Diskrepanzen, Doppelungen und Widersprüche. Viele Namen sind selten, einige nur hier belegt, so daß die Deutung oft unsicher und gelegentlich unmöglich ist.

2 Die Völker des kleinasiatisch-ägäischen Kulturkreises.

3 Genauer: das Volk der Tibarener im östlichen Kleinasien, südlich des Schwarzen Meeres.

4 Genauer: das Volk der Moscher, südöstlich vom Schwarzen Meer.

5 Völkerschaften des nördlichen Kleinasien.

6 Namen aus dem Mittelmeerraum: Elischa - Cypern, Tarsis - Tartessos in Spanien, Kittiter - die Bewohner der Stadt Kition auf Cypern bzw. der Insel selbst, Rodaniter - die Bewohner der Insel Rhodos.

7 Fast durchweg Gebiete bzw. Völkerschaften auf der arabischen Halbinsel, und zwar vorwiegend im Süden.

8 Nimrod ist im Zusammenhang auffällig deplaziert, da er als urzeitlicher König von Babylonien und Assyrien in den mesopotamischen Bereich gehört. Möglicherweise geriet er durch eine Verwechslung unter die Kusch-Söhne.

9 Völkerschaften Ägyptens und der ägyptischen Einflußsphäre. Zu deuten sind: Naphtuhiter - evtl. die Bewohner von Unterägypten, Pathrusiter - die Bewohner von Oberägypten; Lehabiter - die Libyer und Kaphtoriter - die Kreter. Die Herkunft der Philister von Kreta wird auch in Am 9,7; Jer 47,4 vorausgesetzt.

10 Die überraschende Einordnung Kanaans unter die Hamiten statt unter die Semiten läßt sich wohl nur durch Erinnerung an politische Tatbestände erklären, nämlich an die langwährende Zugehörigkeit Palästinas und Syriens zur ägyptischen Einfluß- und Herrschaftssphäre.

11 Hier wird keineswegs das künftige Land Israels umschrieben, sondern Kanaan umfaßt Phönizien, Palästina und Teile Syriens. So steht Sidon für die Phönizier überhaupt, Heth für die nach Palästina verschlagenen und kanaanisierten Abkömmlinge des ehemaligen gewaltigen Hethiterreiches in Kleinasien. Darauf folgen palästinische Völkerschaften, von denen die Jebusiter in und um Jerusalem, die Hewiter in Mittelpalästina um Sichem und Gibeon lokalisiert werden können. Mit den Bewohnern der Städte Arka, Sini, Sumur und der Inselstadt Arwad verlagert sich die Beschreibung an die heutige libanesisch-syrische Mittelmeerküste, um mit den Hamathitern, den Bewohnern der Stadt Hamath (das heutige Hama am Orontes), im syrischen Binnenland zu enden.

12 Die Einordnung des kleinasiatischen Lydien unter die Semiten läßt sich wohl nur durch geschichtlich-politische Konstellationen erklären.

13 Von Peleg stammt Abraham und damit auch Israel ab, vgl. die Genealogie in Gen 11,10-32 (Taf. 3).

14 Es folgen die Namen von südarabischen Stämmen, die zu einem guten Teil nicht genauer lokalisiert werden können. Am bekanntesten sind Hazarmaweth (das heutige Hadramaut an der Südwestküste Arabiens), sowie Saba, das große altsüdarabische Reich der Sabäer.

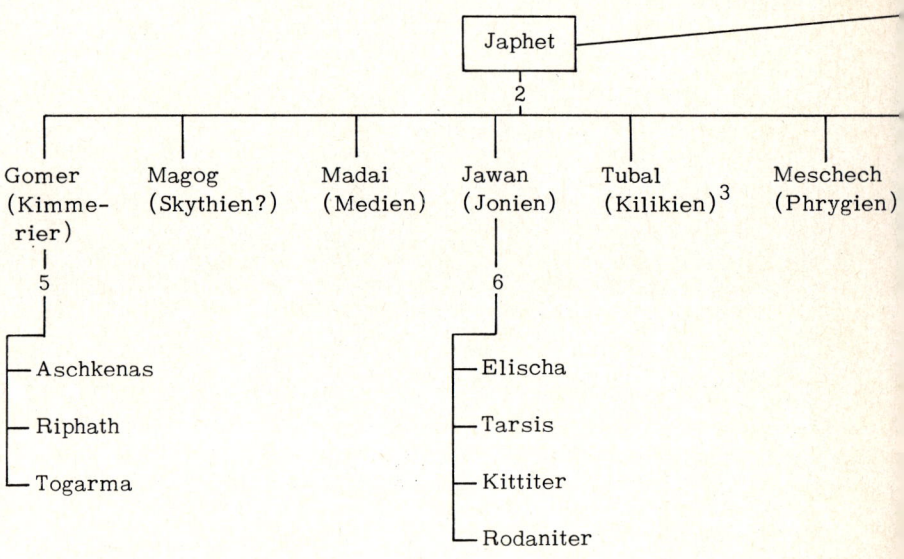

Aus typographischen Gründen wurden die Söhne verschiedener Stammväter, a
Brüder, untereinander gesetzt.

Die Genealogie Abrahams[1]

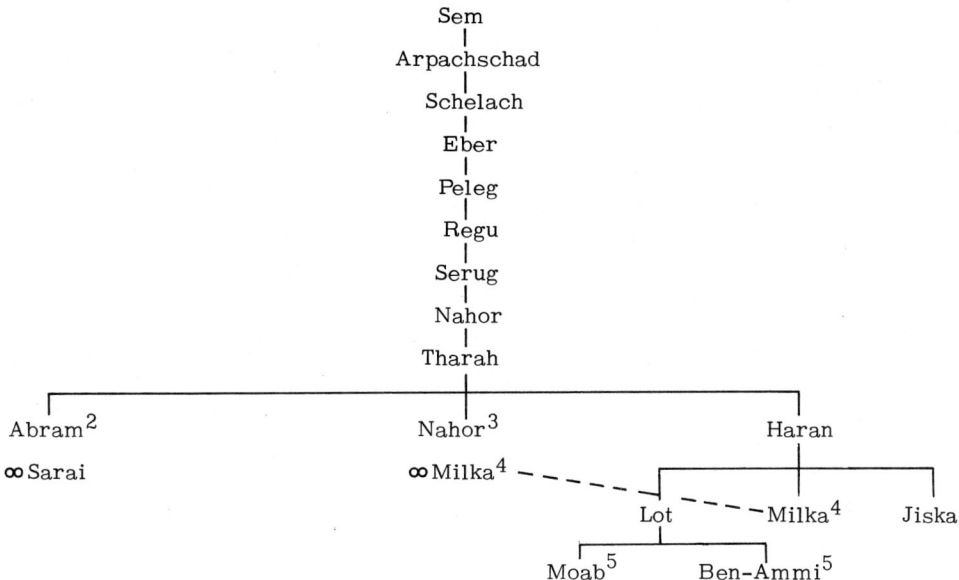

---

1 Nach Gen 11,10-32.

2 Vgl. Taf. 5.

3 Vgl. Taf. 4.

4 Nahor heiratete seine Nichte Milka (vgl. Taf. 4).

5 Nach Gen 19,30-38. Die Stammväter der Moabiter und der Ammoniter werden dort aus einer inzestuösen Verbindung Lots mit seinen Töchtern hergeleitet.

Die Nachkommen Nahors[1]

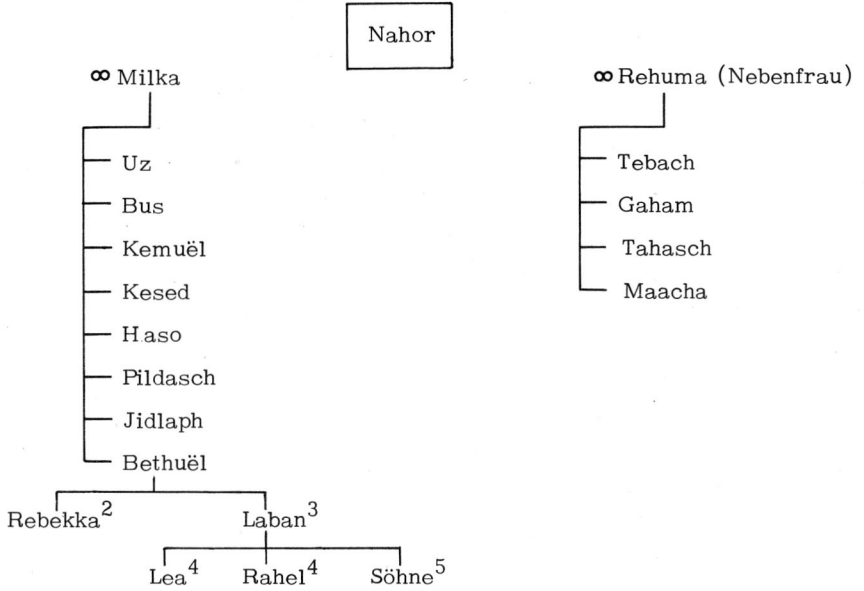

Aus typographischen Gründen wurden die Söhne Nahors, also Brüder, untereinander gesetzt.

---

1 Nach Gen 22,20-24. Die Liste, die die Namen aramäischer Stämme enthält,
drückt die Verwandtschaft Israels mit den Aramäern aus (vgl. Taf. 3), als deren
Stammvater Nahor gilt.

2 Vgl. Taf. 5.

3 Nach Gen 24,15.29; 28,5.

4 Nach Gen 29 - 31 (vgl. Taf. 5).

5 Nach Gen 31,1.

Die Nachkommen Abrahams [1]

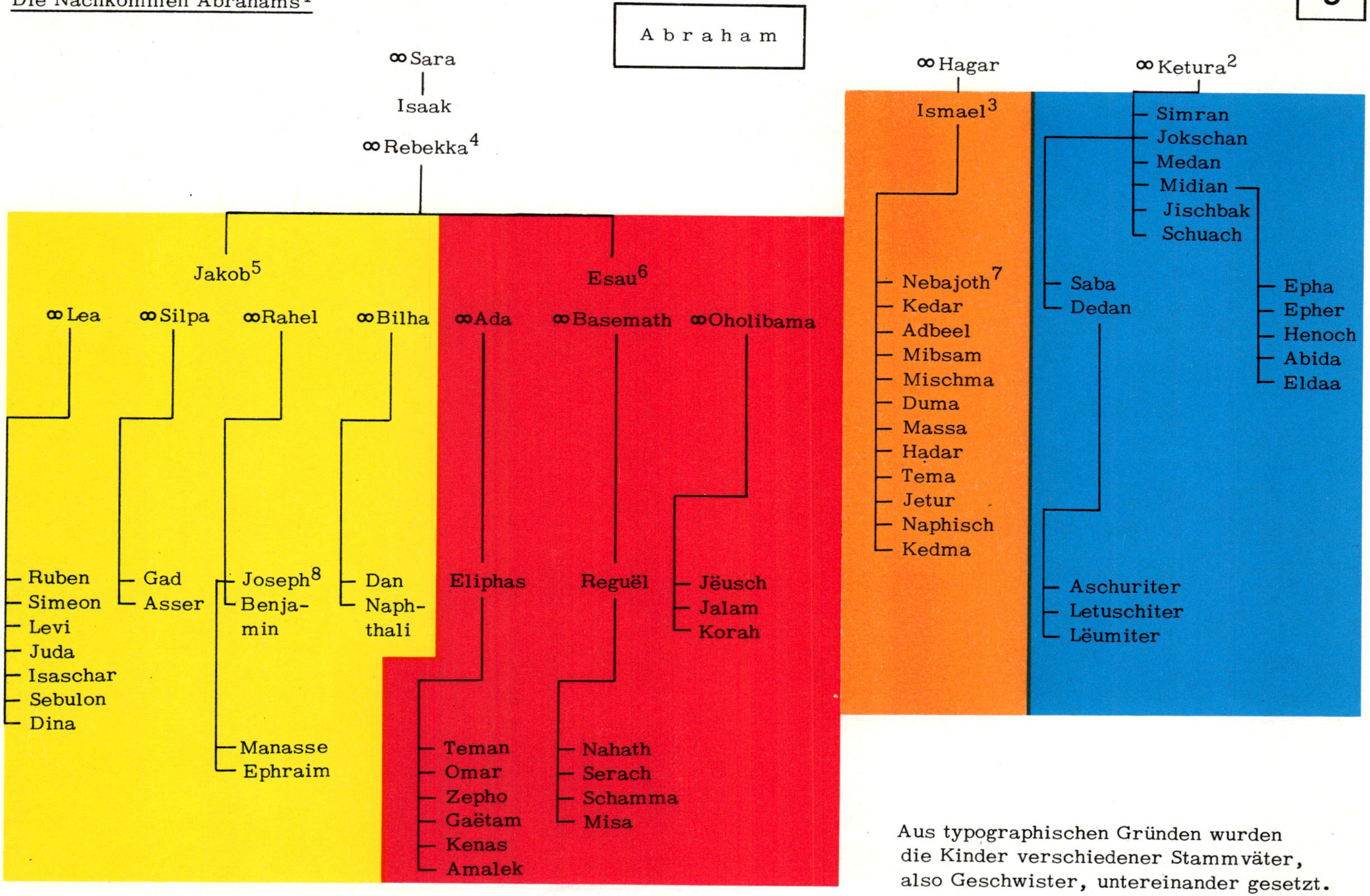

A b r a h a m

∞ Sara
Isaak

∞ Rebekka [4]

Jakob [5]

∞ Lea
- Ruben
- Simeon
- Levi
- Juda
- Isaschar
- Sebulon
- Dina

∞ Silpa
- Gad
- Asser

∞ Rahel
- Joseph [8]
  - Manasse
  - Ephraim
- Benjamin

∞ Bilha
- Dan
- Naphthali

Esau [6]

∞ Ada
- Eliphas
  - Teman
  - Omar
  - Zepho
  - Gaëtam
  - Kenas
  - Amalek

∞ Basemath
- Reguël
  - Nahath
  - Serach
  - Schamma
  - Misa

∞ Oholibama
- Jëusch
- Jalam
- Korah

∞ Hagar
- Ismael [3]
  - Nebajoth [7]
  - Kedar
  - Adbeel
  - Mibsam
  - Mischma
  - Duma
  - Massa
  - Hadar
  - Tema
  - Jetur
  - Naphisch
  - Kedma

∞ Ketura [2]
- Simran
- Jokschan
  - Saba
  - Dedan
    - Aschuriter
    - Letuschiter
    - Lëumiter
- Medan
- Midian
  - Epha
  - Epher
  - Henoch
  - Abida
  - Eldaa
- Jischbak
- Schuach

Aus typographischen Gründen wurden die Kinder verschiedener Stammväter, also Geschwister, untereinander gesetzt.

5

Anmerkungen

1 Diese Stammtafel, die aus den Angaben verschiedener Texte zusammengestellt wurde, gibt in familiengeschichtlichem Gewande völkergeschichtliche Konstellationen wieder. Auf solche genealogische Weise drückte Israel sein Bewußtsein der Verwandtschaft mit anderen Völkern aus. So werden hier arabische und südpalästinensische Stämme von Abrahams Nebenfrauen Hagar und Ketura sowie das Volk der Edomiter von Esau-Edom, dem Bruder des eigenen Stammvaters Jakob-Israel, hergeleitet. In analoger Weise gelten die Moabiter und die Ammoniter als Nachkommen Lots, des Neffen Abrahams (vgl. Taf. 3). Zur Verwandtschaft Israels mit den Aramäern vgl. Taf. 3-5.

2 Die Liste der Nachkommen der Ketura nach Gen 25,1-4. Aufgeführt sind Stämme des südpalästinensischen und nordwestarabischen Raumes. Der bekannteste dieser Stämme, Midian, hatte sein Verbreitungsgebiet im Süden und Südosten Palästinas. Die Sabäer lebten im Bereich des Roten Meeres.

3 Die Liste der Söhne Ismaels nach Gen 25,13-16. Es handelt sich um Stämme der nordwestarabischen Wüste.

4 Rebekka, die Tochter Bethuëls, des Sohnes Nahors, ist nach Ausweis der Genealogien Gen 11,30-32; 22,20-24 als Nichte ihres Mannes Isaak vorgestellt - ein ähnlicher Fall wie der Nahors, der seine Nichte Milka heiratete (11,29; vgl. Taf. 3 und 4).

5 Nach Gen 29,31 - 30,24; 35,16-21.22-26.

6 Die Liste der Nachkommen Esaus nach Gen 36,10-14. Die Namen repräsentieren Sippenverbände der Edomiter.

7 Möglicherweise ist Nebajoth als Stammvater der Nabatäer anzusehen (vgl. neben Gen 25,13-26 auch Jes 60,7).

8 Die Söhne Josephs von der Asenath nach Gen 41,50-52; 46,20; 48,1-20.

Die großen und die kleinen Richter[1]

g r o ß e   R i c h t e r   k l e i n e   R i c h t e r

Othniël aus Kaleb

➞ Kuschan-Rischathajim

von Mesopotamien[2]

Ehud aus Benjamin

➞ Moabiter

Schamgar

➞ Philister[3]

Debora aus Ephraim und

Barak aus Naphtali

➞ Kanaanäer unter Sisera[4]

Gideon aus Manasse[5]

➞ Midianiter

Jephtha aus Gilead[7]

➞ Ammoniter

Tola aus Isaschar

Jaïr aus Gilead

Jephtha aus Gilead

Ibzan aus Bethlehem[6]

Elon aus Sebulon

Abdon aus Ephraim[7]

Anmerkungen

1 Die Bezeichnungen "große" und "kleine Richter" beziehen sich zunächst nur auf den Umfang der von ihnen handelnden Überlieferungen. Über die "großen Richter" existieren mehr oder weniger umfangreiche Erzählungen im Richterbuch; die "kleinen Richter" sind nur in einer Liste (Ri 10,1-5; 12,8-15) erfaßt. Ein Bindeglied zwischen beiden Überlieferungsformen stellt Jephtha dar, der sowohl in Erzählungen als auch in der Richter-Liste figuriert.
Die Liste der "kleinen Richter" läßt an eine Amtssukzession denken. Wahrscheinlich übten sie tatsächlich eine Rechtsfunktion aus, waren also im eigentlichen Sinne "Richter". Die "großen Richter" waren hingegen wohl Kriegshelden, die ihren Stamm aus militärischer Bedrohung erretteten. Die Überlieferung hat ihnen später gesamtisraelitische Bedeutung zugeschrieben.

2 Dieser König, dessen Name eher nach Nubien weist (Kusch = Nubien), ist unbekannt; die ganze Überlieferung (Ri 3,7-11) ist historisch fragwürdig.

3 Die knappe Notiz über Schamgar in Ri 3,31 (vgl. 5,6) läßt keine genaueren geschichtlichen Umstände erkennen.

4 Es handelte sich wohl um eine Koalition kanaanäischer Stadtstaaten in der Jesreelebene und ihrer Umgebung unter Führung des Fürsten Sisera von Haroscheth. Der König Jabin von Hazor (vgl. Jos 11,1-15) gehört (trotz Ri 4,1-3.7.17.23f.) nicht in diesen historischen Zusammenhang.

5 Genauer: Aus der Sippe Abiëser, aus dem Ort Ophra in Manasse (Ri 6-8). Der in Ri 9 auf Gideon folgende Abimelech gehört weder zu den "großen" noch zu den "kleinen Richtern". Er war vielmehr Stadtkönig von Sichem und beherrschte einen kanaanäisch-israelitischen Staatsverband um Sichem, der indes bald zerbrach.

6 Es ist strittig, ob es sich um das bekannte Bethlehem in Juda oder um einen gleichnamigen Ort in Sebulon handelt.

7 Der in Ri 13-16 folgende Simson ist trotz 16,31 weder zu den "großen" noch zu den "kleinen Richtern" zu rechnen.

Die Priesterfamilie der Eliden

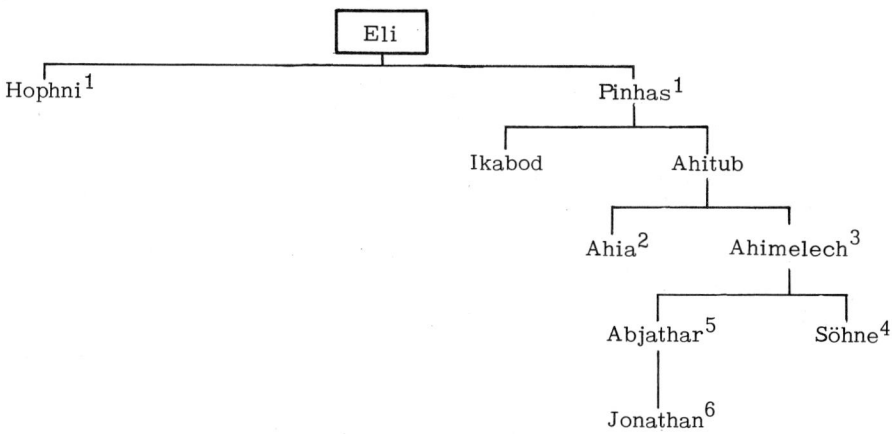

---

1 Beide fielen in der Schlacht von Eben-Ezer gegen die Philister (1 Sam 4,11). Ihr Vater Eli starb beim Empfang der Nachricht von ihrem Tod und vom Verlust der Gotteslade (4,12-18).

2 Begegnet nur 1 Sam 14,3 und ist vielleicht mit Ahimelech identisch.

3 Wurde mit seiner ganzen Familie (doch vgl. Anm. 5) bei der von Saul verfügten Ausmordung der Priesterstadt Nob erschlagen (1 Sam 22,6-19).

4 Vorausgesetzt in 1 Sam 22,16 und in der Formulierung von V.20.

5 Entkam dem Blutbad in Nob (1 Sam 22,20) und begleitete David in dessen Verfolgungszeit. In Jerusalem später königlicher Oberpriester neben Zadok; als Parteigänger Adonias von Salomo abgesetzt und nach Anathoth verbannt (1 Kön 2,26f.).

6 Nur in 2 Sam 15,27.36; 17,17.20 und 1 Kön 1,42f. belegt. Mit ihm verschwindet das Geschlecht Elis aus der uns bekannten Geschichte.

Der Stammbaum Sauls

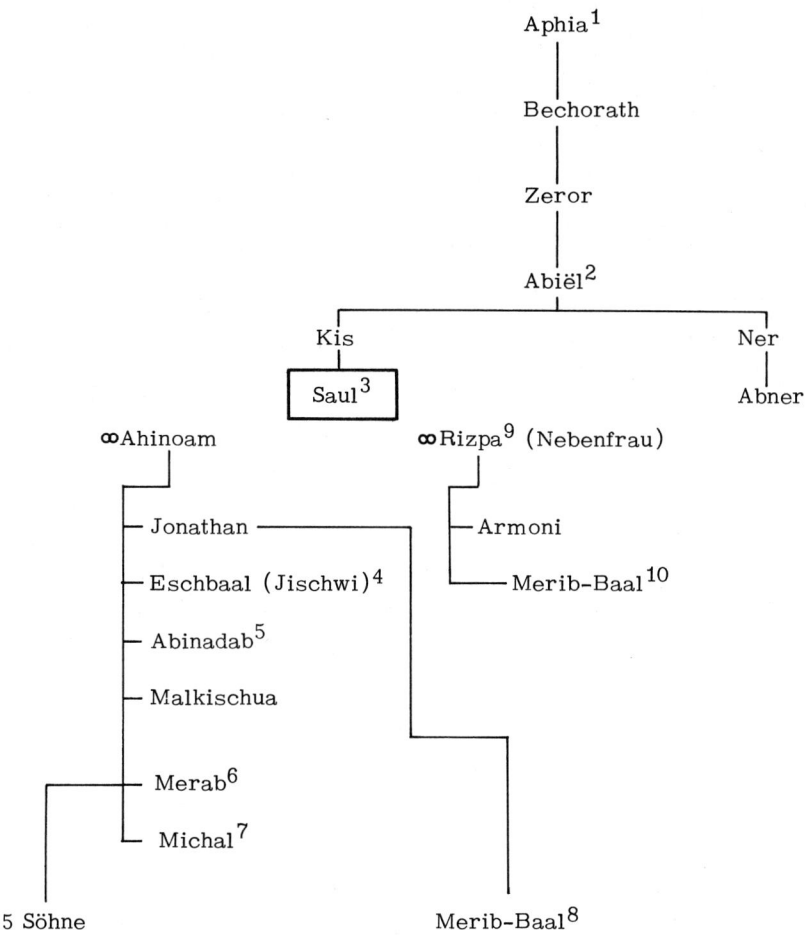

Aus typographischen Gründen wurden die Söhne und
Töchter Sauls, also Geschwister, untereinander
gesetzt.

Anmerkungen

1 Die Genealogie Sauls nach 1 Sam 9,1.

2 Die Nachkommen Abiëls nach 1 Sam 14,50f.

3 Die Kinder Sauls und der Ahinoam nach 1 Sam 14,49f. und 31,2. Saul lebte etwa von 1051-1004 und regierte von 1012-1004.

4 Jischwi (1 Sam 14,49) ist identisch mit demjenigen Sohn Sauls, der die Philisterschlacht auf dem Gebirge Gilboa überlebte (und deshalb in 31,2 fehlt) und danach von seinem Onkel Abner zum König über die Nordstämme erhoben wurde (2 Sam 2,8-10). Sein Name, noch in 1 Chr 8,33; 9,39 erhalten, lautete "Eschbaal" ("**Mann** des Baal") und wurde, da er den verabscheuten Gottesnamen Baal enthielt, in 2 Sam 2,8.10.12.15; 3,7f.14f.; 4,5.8.12 in "Isch-Boscheth" ("Mann der Schand**e**") geändert. Eine ähnliche Korrektur, aber in bonam partem, wird auch die Namensform "Jischwi" ("Mann Jahwes") in 1 Sam 14,49 darstellen.

5 Abinadab fehlt in 1 Sam 14,49, findet sich nur in 31,2.

6 Merab, die älteste Tochter Sauls, war eigentlich David zugesagt, wurde dann aber mit Adriël von Mehola vermählt (1 Sam 18,17.19). Die fünf Söhne aus dieser Ehe wurden von den Gibeoniten als Sühne für eine von Saul an Gibeon begangene Blutschuld hingerichtet (2 Sam 21,8f.).

7 Zweite Tochter Sauls, zunächst Frau Davids (1 Sam 18,20-27), in der Zeit der Verfolgung Davids von Saul mit Palti(ël) aus Gallim verheiratet (25,44), nach dem Tod Sauls von David zurückgefordert (2 Sam 3,14-16). Michal blieb kinderlos (6,16.20-23).

8 Die ursprüngliche Namensform steht noch in 1 Chr 8,34; 9,40. Sie wurde, da sie den verpönten Gottesnamen Baal enthielt, im 2 Samuel-Buch konsequent in "Mephiboscheth" entstellt - ein ähnlicher Fall wie bei "Eschbaal - Isch-Boscheth" (s.o. Anm. 4).

9 Die Söhne der Rizpa werden nur in 2 Sam 21,8 genannt. Sie wurden zusammen mit den Söhnen der Merab in Gibeon hingerichtet (s.o. Anm. 6).

10 Für den Namen dieses Sohnes Sauls und der Rizpa gilt dasselbe wie für den gleichnamigen Sohn Jonathans (s.o. Anm. 8).

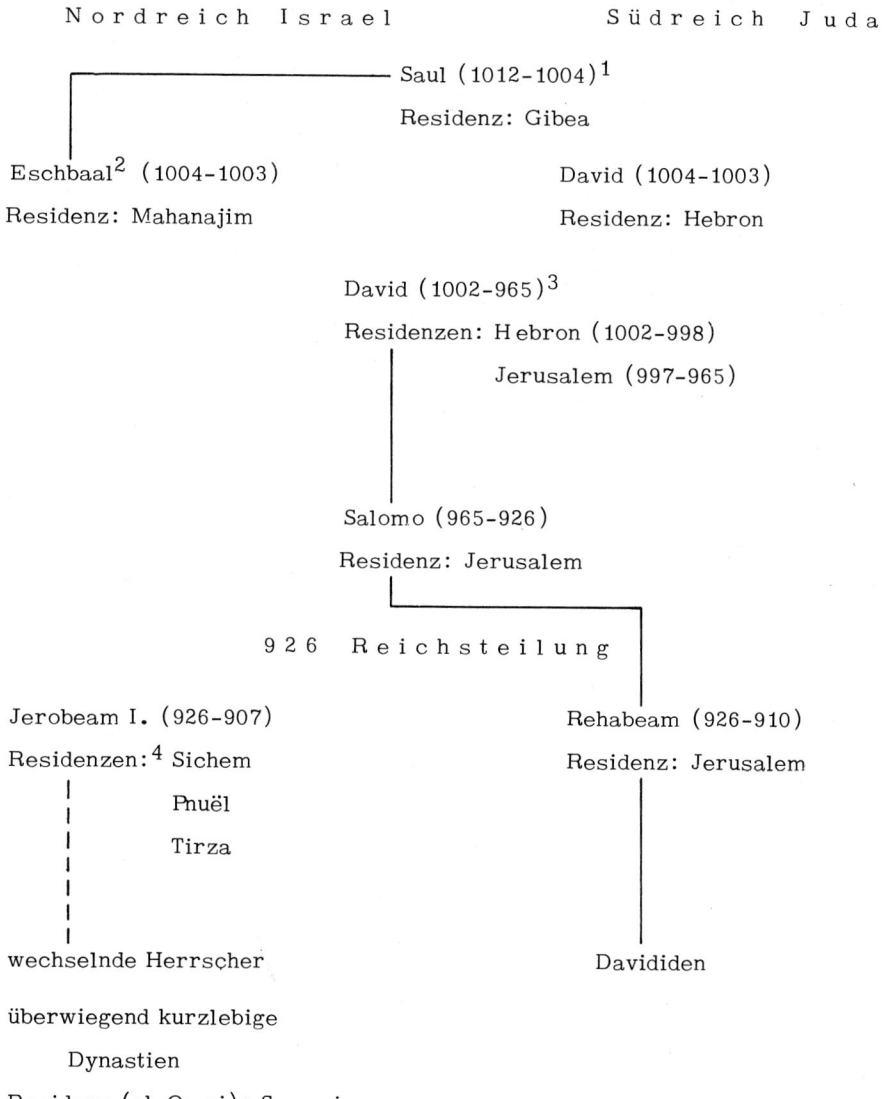

N o r d r e i c h   I s r a e l   S ü d r e i c h   J u d a

Saul (1012-1004)[1]

Residenz: Gibea

Eschbaal[2] (1004-1003)   David (1004-1003)

Residenz: Mahanajim   Residenz: Hebron

David (1002-965)[3]

Residenzen: Hebron (1002-998)

Jerusalem (997-965)

Salomo (965-926)

Residenz: Jerusalem

9 2 6   R e i c h s t e i l u n g

Jerobeam I. (926-907)   Rehabeam (926-910)

Residenzen:[4] Sichem   Residenz: Jerusalem

Phuël

Tirza

wechselnde Herrscher   Davididen

überwiegend kurzlebige

Dynastien

Residenz (ab Omri): Samaria

Anmerkungen

1 Ob Saul eine wirkliche Herrschaft auch über die um Juda gruppierten Südstämme ausübte, ist umstritten. Nach 2 Sam 2,9 umfaßte der Herrschaftsbereich Sauls und Eschbaals das ostjordanische Siedlungsgebiet, den galiläischen Norden und die mittelpalästinensischen Stämme. Eine wirksame Jurisdiktion über Juda stand ihm offenbar nicht zu. Jedoch besaßen die Südstämme keine Zentralgewalt und duldeten offenbar die Streif- und Kriegszüge Sauls innerhalb ihres Gebiets, ohne ihm allerdings Folge zu leisten.

2 Der Name des Saul-Sohnes ist in dieser zutreffenden Form (Bedeutung: "Mann des Baal") in 1 Chr 8,33; 9,39 erhalten. Im 2 Samuel-Buch wurde er durchgehend in Isch-Boscheth ("Mann der Schande") verwandelt, weil er den Namen des kanaanäischen Gottes Baal enthielt (vgl. Taf. 8, Anm. 4).

3 Das genaue Datum des Königsvertrages in Hebron, durch den David auch zum König der Nordstämme erhoben wurde (2 Sam 5,1-5), ist nicht bekannt. Es ist aber anzunehmen, daß dies nicht allzu lange nach der Ermordung Eschbaals (4,1-12) erfolgte.

4 Sichem und Pnuël: 1 Kön 12,25; Tirza: 14,17. Unter seinen Nachfolgern blieb Tirza Residenz, bis Omri 876 Samaria zur Königsstadt ausbaute (16,24).

Die Familie Davids[1]

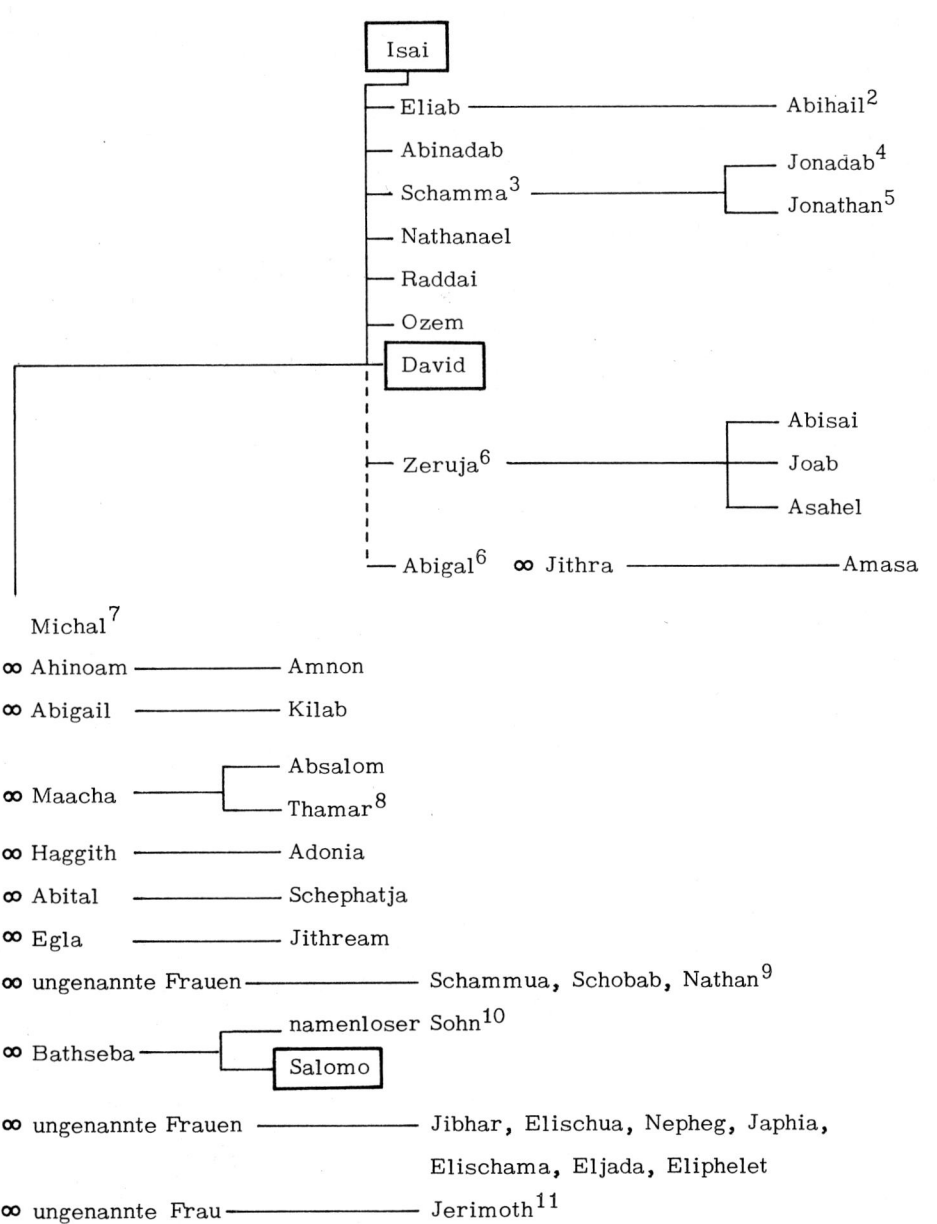

Aus typographischen Gründen wurden die Söhne Isais sowie die Halbschwestern und die Frauen Davids untereinander gesetzt.

1 Die Tafel ist aus den Angaben verschiedener Texte kombiniert und deshalb weder vollständig noch ganz homogen (1 Sam 16,10f.; 17,12 setzen acht Söhne Isais voraus, 1 Chr 2,13-15 nennen aber nur sieben Namen). Als Grundgerüst dienten die Genealogie 1 Chr 2,13-17 und die Listen der in Hebron (2 Sam 3,2-5) sowie der in Jerusalem (5,14-16) geborenen Söhne Davids.

2 Diese Tochter Eliabs begegnet nur in 2 Chr 11,18.

3 Die Namen der drei älteren Söhne Isais finden sich auch in 1 Sam 16,6-9; 17,3 (28). Nach diesen Stellen auch die Namensform "Schamma". Die gleiche Person heißt "Schima" in 2 Sam 13,3.32; 21,21; 1 Chr 2,13; 20,7.

4 Nach 2 Sam 13,3.5.32.35 Freund und Ratgeber des David-Sohnes Amnon.

5 Nach 2 Sam 21,21/1 Chr 20,7 einer der Helden Davids.

6 Nach 2 Sam 17,25 waren Zeruja und Abigal keine Töchter Isais, sondern eines gewissen Nahasch, damit Halbschwestern Davids von einer gemeinsamen Mutter (vgl. auch die Formulierung in 1 Chr 2,16). Die Söhne der beiden Frauen spielten eine bedeutende Rolle im Heerbann Davids. Der Vater Amasas heißt in 2 Sam 27,25 "Jithra", in 1 Kön 2,5.32; 1 Chr 2,17 "Jether".

7 Vgl. Taf. 8.

8 Vollschwester Absaloms (2 Sam 13).

9 Vgl. Taf. 12, Anm. 9.

10 Das im Ehebruch gezeugte und als Säugling verstorbene Kind (2 Sam 12).

11 Nur in 2 Chr 11,18 genannt.

David 2 Sam 8,16-18 jetzige Ordnung[2]	David 2 Sam 8,16-18 rekonstruierte Ordnung[2]	David[1] 2 Sam 20,23-26	Salomo 1 Kön 4,2-6
Joab, der Sohn der Zeruja: Oberbefehlshaber des Heerbanns	Joab, der Sohn der Zeruja: Oberbefehlshaber des Heerbanns	Joab: Oberbefehlshaber des Heerbanns	Asarja, der Sohn Zadoks: Priester
Josaphat, der Sohn Ahiluds: Herold[3]	Seraja[9]: Schreiber	Benaja, der Sohn Jojadas: Befehlshaber der Krether und Plether[6]	Elihoreph und Ahia, die Söhne Schischas[9]: Schreiber
Zadok (der Sohn Ahitubs)[4] und Abjathar, der Sohn Ahimelechs[5]: Priester	Josaphat, der Sohn Ahiluds: Herold[3]	Adoram[8]: Oberaufseher der Fronarbeiter	Josaphat, der Sohn Ahiluds: Herold[3]
Seraja[9]: Schreiber	Benaja, der Sohn Jojadas: Befehlshaber der Krether und Plether[6]	Josaphat, der Sohn Ahiluds: Herold[3]	Benaja, der Sohn Jojadas: Oberbefehlshaber[10] ...[11]
Benaja, der Sohn Jojadas: Befehlshaber der Krether und Plether[6]	Zadok (der Sohn Ahitubs)[4] und Abjathar, der Sohn Ahimelechs[5]: Priester	Scheja[9]: Schreiber	Asarja, der Sohn Nathans: Chef der Gauvögte[12]
Söhne Davids: Priester[7]	Söhne Davids: Priester[7]	Zadok und Abjathar: Priester	Sabud, der Sohn Nathans: Freund des Königs[13]
		Ira, der Jaïriter: Priester Davids[7]	Ahischar: Haushofmeister[14]
			Adoniram[8], der Sohn Abdas: Oberaufseher der Fron- arbeiter

Anmerkungen

1 Die Einordnung des Textes an dieser Stelle und das Auftreten des in 2 Sam 8,16 bis 18 noch fehlenden "Chefs des Fronwesens" bestätigen, daß diese Liste jünger ist als die in 2 Sam 8,16-18 enthaltene.

2 Die Liste ist wahrscheinlich nicht in der ursprünglichen Reihenfolge erhalten. Die Ursache der Verwirrung liegt in dem Irrtum eines Abschreibers, der die in jeweils zwei Halbzeilen geschriebene Anordnung als zwei Kolumnen mißverstand und daher von oben nach unten statt Zeile für Zeile las und abschrieb.

3 Auch als "Sprecher" oder "Berichterstatter" zu übersetzen. Die Funktion umfaßt die Aufgaben eines Mittlers zwischen dem König und den Außenstehenden ("Herold") sowie die eines "Protokollchefs".

4 Die Angabe des Vaters Zadoks ist ein sekundärer Zusatz. Ahitub war ein Enkel Elis und demnach Vater Ahimelechs und Großvater Abjathars. Seine Verbindung mit Zadok ist ein Versuch, den ohne Stammbaum auftretenden, also nicht aus einer anerkannten Priesterfamilie stammenden, vielleicht sogar aus einem jebusitisch-jerusalemischen Geschlecht hervorgegangenen Zadok in die Reihe der Eliden einzubeziehen. Die israelitische Herkunft Zadoks mußte besonders dann von Bedeutung werden, als nach der Entfernung Abjathars durch Salomo (1 Kön 2,26f.35) die Zadokiden allein das Priesteramt am Jerusalemer Tempel innehatten. Geschichtlich ist diese Verknüpfung Zadoks mit dem Haus Elis nicht zutreffend, denn nach 1 Sam 22,20 kamen alle Nachkommen Elis außer Abjathar bei dem von Saul angerichteten Blutbad in Nob um (vgl. auch Anm. 5 u.Taf. 7,Anm. 3).

5 "Ahimelech, der Sohn Abjathars" ist ein Fehler, der die Abstammungsverhältnisse umkehrt (vgl. noch 2 Sam 20,25). Ahimelech war der Vater Abjathars und kam mit seiner Familie bei der Ausmordung der Stadt Nob ums Leben (1 Sam 22,6-23).

6 Die "Krether und Plether" bildeten eine Elitetruppe von Söldnern vorwiegend kretischer und philistäischer Herkunft, die in Jerusalem stationiert war und die Leibgarde des Königs darstellte.

7 Jeweils Zusatz zur bereits abgeschlossenen Liste.

8 Adoram und Adoniram sind wohl ein und dieselbe Person, vgl. noch 1 Kön 5,28; 12,18. Sein Ressort entstand erst in der späteren Zeit Davids und fehlt noch in der ersten Liste.

9 Scheja und Schischa sind offenbar Varianten des gleichen Namens. Es ist nicht ausgeschlossen, daß auch der Seraja von 2 Sam 8,17 dieselbe Person ist. "Seraja" wäre dann die israelisierte Form eines ausländischen Namens. "Schischa" ist ohnehin nichts anderes als die Umschreibung des ägyptischen Titels "Schreiber".

10 Nach der Ermordung Joabs erhielt Benaja auch den Oberbefehl über den Heerbann (1 Kön 2,35), so daß er die Führung über die gesamte Militärmacht - Stammeskontingente wie Söldnertruppen - innehatte. Seit der Zeit Salomos verschwindet das Nebeneinander des Heerbanns der Stämme und der Söldnertruppen. Letztere werden das bestimmende militärische Potential.

11 Im Text steht noch "Zadok und Abjathar waren Priester", ein irriger Zusatz nach 2 Sam 20,25, der mit V.2 kollidiert. Zur Zeit der Liste war Abjathar offenbar längst aus Jerusalem verbannt (1 Kön 2,26f.) und Zadok nicht mehr am Leben (V.2).

12 Der Titel erscheint nur an dieser Stelle.

13 Auch dieser Titel ist nur hier belegt. Es gibt allerdings einen "Freund Davids",

Nasenai (2 Sam 15,37; 16,16), der aber nicht in den Beamtenlisten Davids vor=
kommt.

14 Titel und Ressort gibt es erst seit der Regierung Salomos. Da dieses Amt die Verwaltung des königlichen Landbesitzes und damit die wirtschaftliche Versorgung
des Hofes einschloß, wuchs es in der Folgezeit immer mehr an Bedeutung und
rückte an die erste Stelle des königlichen Beamtenstabes.

David (1004-965: 1004-998 in Hebron, 997-965 in Jerusalem)
∞ Bathseba
|
Salomo (965-926)
∞ Naama
|
Rehabeam (926-910)
∞ Maacha (Michaja)[2]
|
Abia (910-908)
∞ Maacha[2]
|
Asa (908-868)
∞ Asuba
|
Josaphat (868-847)[3]
|
⎛ Joram (Mitregent ab 852, König 847-845)
⎝ ∞ Athalja ⌐
|
Ahasja ¦ (845)
∞ Zibja ¦
|
Athalja ⌐' (845-840)[4]
|
Joas (840-801)
∞ Joaddan
|
Amazja (801-787, entthront, 773 getötet)
∞ Jecholja
|
Asarja (Usia) (787-736)[5]
∞ Jeruscha
|
Jotham (Mitregent 759-744)[6]
|
Ahas (Mitregent ab 744, König 736-729)
∞ Abi
|
Hiskia (728-700)
∞ Hephzibah
|
Manasse (696-642)
∞ Meschullemeth
|
Amon (641-640)
∞ Jedida
|
Josia (639-609)
∞ Hamutal   ∞ Sebuda

Joahas (609: 3 Monate)[7]

                    |
                    Jojakim (608-598)
                    ∞ Nehuschta
                    |
                    Jojachin (ca. 6.12.598 - 16.3.597)[7]
                    (Jechonja)

Zedekia (597–587) |
|
|
5 8 7   A b b r u c h d e s d a v i d i s c h e n K ö n i g t u m s
|
|
|
Pedaja[8]
|
|
Serubabel[9]

Die Daviddynastie

Anmerkungen

1 Viele Ansetzungen sind unsicher und umstritten. Für einige Könige gibt es (nach Jepsen) auch Alternativdatierungen: Jotham (756-741), Ahas (Mitregent 741 bis 736, König 736-726), Hiskia (725-697).
Zu den Zahlenangaben muß vermerkt werden, daß sich das israelitische Jahr nicht mit dem unsrigen deckt, sondern im Herbst (ab 8. Jh. v. Chr. im Frühjahr) begann. Exakt wären demnach gebrochene Zahlenangaben für Jahre, also z.B.: Josia (640/39-609/8).

2 Maacha, Tochter Abisaloms, heißt sowohl die Mutter Abias (1 Kön 15,2) als auch die seines Sohnes Asa (15,10.13). Eine Namensidentität verschiedener Personen ist ausgeschlossen. Es ist möglich, sich Maacha als Mutter Abias wie Asas vorzustellen, die demnach (gegen 1 Kön 15,8) Brüder gewesen wären. Wahrscheinlicher aber ist, daß die Angabe in 1 Kön 15,2 auf einer Verwechslung - evtl. nach Verlust des Namens - beruht, während der wirkliche Name "Michaja, Tochter Uriëls, aus Gibea" noch in 2 Chr 13,2 (gegen 11,20-22) erhalten ist.

3 Keine Angabe über den Namen der Frau Josaphats und Mutter Jorams.

4 Tochter Ahabs (2 Kön 8,18) oder Omris (8,26). Riß nach dem Tod ihres Sohnes Ahasja (9,27-29) die Herrschaft in Jerusalem an sich und rottete die Davidfamilie nahezu restlos aus. Durch einen Putsch der Jerusalemer Tempelpriesterschaft, loyaler Truppen und der judäischen Landbevölkerung wurde sie gestürzt und getötet und durch ihren Enkel Joas ersetzt (2 Kön 11).

5 Asarja wurde noch zu Lebzeiten seines Vaters Amazja und an seiner Stelle König (2 Kön 14,21, im Zusammenhang unzutreffend nach dem Tod Amazjas untergebracht). Seine Erkrankung am Aussatz bedingte seine Isolierung und seinen Rückzug von den Regierungsgeschäften (15,5), die sein Sohn Jotham als Regent übernahm. Aus chronologischen Gründen muß man annehmen (gegen 1 Kön 15,7.32, die eine Sukzession voraussetzen), daß Asarja seinen Sohn überlebte, so daß Jotham zwar eine faktische, aber niemals eine nominelle Alleinherrschaft ausübte.

6 Der Name der Frau Jothams und Mutter Ahas' ist nicht überliefert.

7 Keine Angaben über den Namen der Königsgemahlin.

8 Nach 1 Chr 3,19 war Pedaja, der dritte Sohn Jojachins (Jechonjas), der Vater Serubabels. Daß an vielen anderen Stellen (Esra 3,2.8; 5,2; Neh 12,1; Hag 1,1.12.14; 2,2.23) Serubabel als Sohn Sealthiëls, des Erstgeborenen Jojachins, erscheint, erklärt man einleuchtend aus der Sitte der Leviratsehe (Dtn 25,5-10): Nach dem Tod des leiblichen Vaters Pedaja nahm der ältere Bruder des Verstorbenen dessen Witwe zur Frau, so daß Serubabel nun als sein Sohn galt.

9 Im Matthäusevangelium (1,6) ist der Stammbaum Jesu von David über Salomo, im Lukasevangelium (3,31) über Nathan (vgl. Taf. 10) geführt. Gemeinsam sind beiden - neben Joseph (Mt 1,16; Lk 3,23) - Serubabel und Sealthiël (vgl. dazu auch Anm. 8).

Jerobeam I. (926-907)

Nadab (907-906)

- ermordet -

Baësa (906-883)

Ela (883-882)

- ermordet -

Omri (882-871)   Tibni (882-878)   Simri (882: 7 Tage)

Ahab (871-852)   - Tod -   - Selbsttod -

Ahasja (852-851)   Omri-Dynastie

Joram (851-845)

- ermordet -

Jehu (845-818)

Joahas (818-802)

Joas (802-787)

Jerobeam II. (787-747)   Jehu-Dynastie

Sacharja (747)

- ermordet -

Schallum (747: 1 Monat)

- ermordet -

Menahem (747-738)

Pekachja (737-736)

- ermordet -

Pekach (735-732)

- ermordet -

Hosea (731-723)

7 2 2 Eroberung Samarias, Ende des Nordreichs

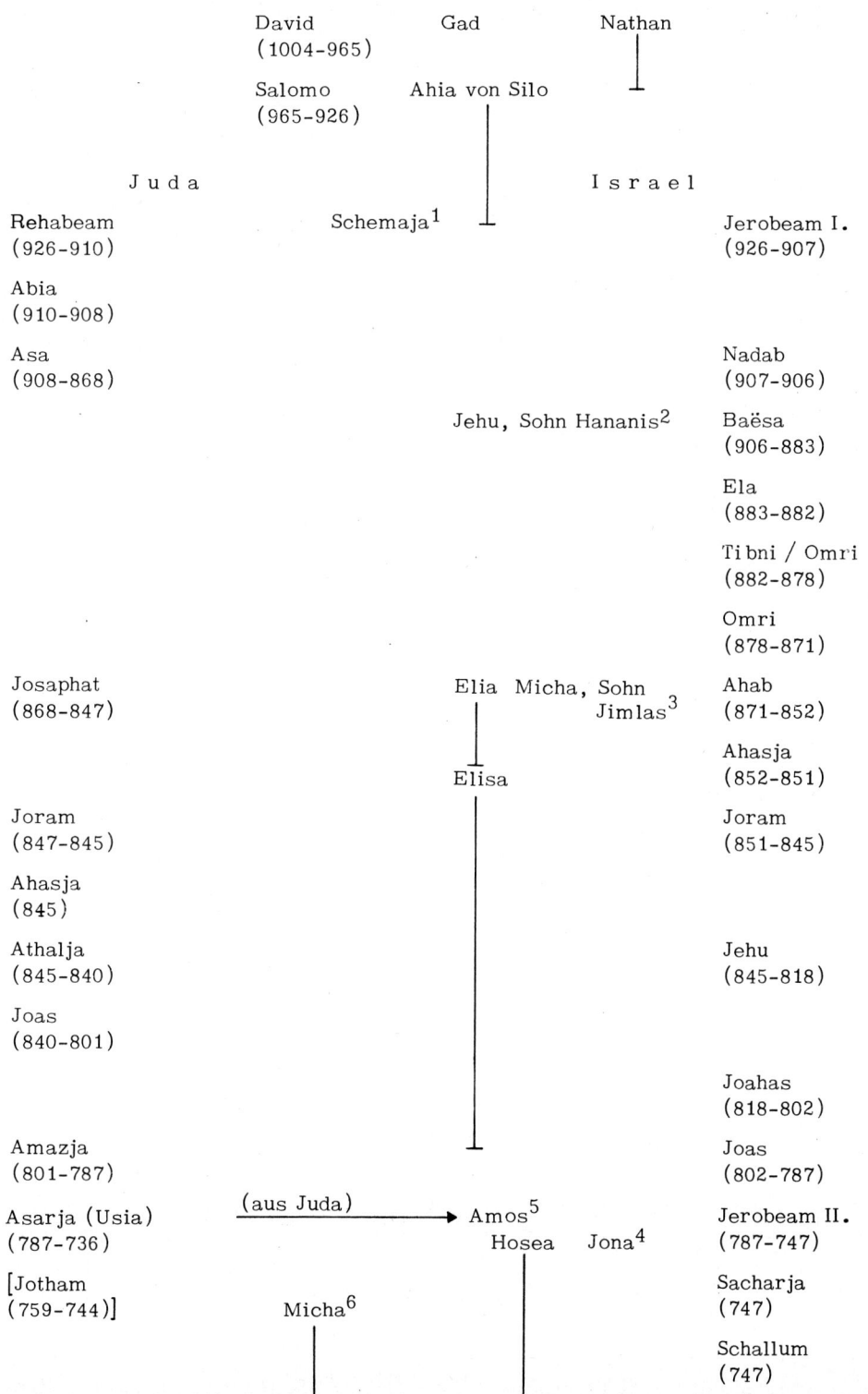

David
(1004-965)   Gad   Nathan

Salomo   Ahia von Silo
(965-926)

J u d a   I s r a e l

Rehabeam   Schemaja[1]   Jerobeam I.
(926-910)   (926-907)

Abia
(910-908)

Asa   Nadab
(908-868)   (907-906)

              Jehu, Sohn Hananis[2] Baësa
                                     (906-883)

                                     Ela
                                     (883-882)

                                     Tibni / Omri
                                     (882-878)

                                     Omri
                                     (878-871)

Josaphat   Elia Micha, Sohn   Ahab
(868-847)   Jimlas[3]   (871-852)

                                     Ahasja
              Elisa   (852-851)

Joram   Joram
(847-845)   (851-845)

Ahasja
(845)

Athalja   Jehu
(845-840)   (845-818)

Joas
(840-801)

                                     Joahas
                                     (818-802)

Amazja   Joas
(801-787)   (802-787)

Asarja (Usia) (aus Juda)   Amos[5] Jerobeam II.
(787-736)   Hosea   Jona[4] (787-747)

[Jotham   Sacharja
(759-744)]   (747)

              Micha[6]   Schallum
                                     (747)

[Ahas

(744-736)]

Menahem
(747-738)

Pekachja
(737-736)

Jesaja

Ahas
(736-729)

Pekach
(735-732)

Hiskia
(728-700)

Hosea
(731-723)

Manasse
(696-642)

(Ende des Reiches Israel)

Amon
(641-640)

Josia   Zephanja   Nahum   Jeremia   Hulda[7]
(639-609)

Joahas
(609)

Jojakim   Habakuk   Uria[8]
(608-598)

Jojachin
(598-597)

Zedekia   BABYLONISCHES EXIL
(597-587)   Hesekiel

EXILSZEIT   Obadja
(587-539)   Deuterojesaja[9]

NACHEXILISCHE ZEIT

Scheschbazar[11]   Tritojesaja[10]
(um 535)

Serubabel   Haggai   Sacharja
(ca. 525-515)
                        Maleachi[12]

Nehemia
(445-433)

(400-350)   Joel

(um 165)   Daniel[13]

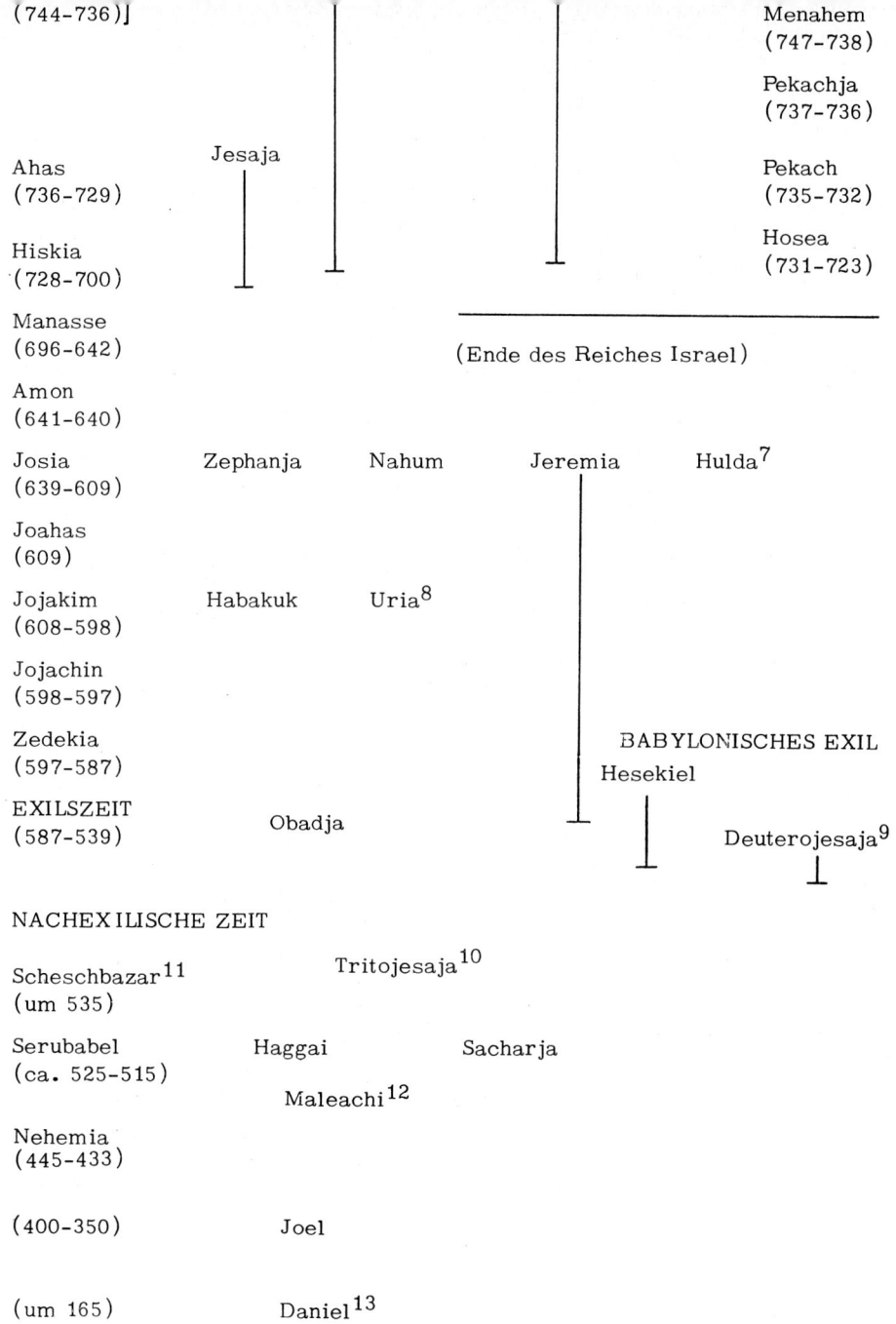

Anmerkungen

1 Nur in 1 Kön 12,22-24; Geschichtlichkeit fraglich.

2 Nur in 1 Kön 16,7; Geschichtlichkeit fraglich.

3 1 Kön 22,1-28.

4 Nur in 2 Kön 14,25. Dieser Prophet aus dem 8. Jh. v. Chr. ist auch die Hauptfigur des Jona-Buches, das indes aus sehr viel späterer Zeit (etwa 4. Jh. v. Chr.) stammt und bis auf den Namen nichts mit jenem Propheten zu tun hat.

5 Mit Amos, dessen Auftreten (um 760 v. Chr.) wahrscheinlich nur sehr kurz war, beginnen die sog. Schriftpropheten, d.h. nicht: Propheten, die schriftstellerisch tätig waren, sondern solche, deren Überlieferungen in Prophetenbüchern niedergelegt wurden.

6 Nach der Überschrift des Micha-Buches (1,1) wirkte der Prophet unter Jotham, Ahas und Hiskia. Die datierbaren Texte seines Buches bezeugen allerdings eine Wirksamkeit nur unter Hiskia.

7 Prophetin, vgl. 2 Kön 22,14-20.

8 Nur in Jer 26,20-23.

9 Namentlich nicht bekannter Prophet, der im babylonischen Exil wirkte. Seine Verkündigung ist in den Kapiteln Jes 40-55 enthalten.

10 Ebenfalls namentlich nicht bekannter Prophet, auf den der Kern der Kapitel Jes 56-66 zurückgeht.

11 Vgl. Esra 1,8.11; 5,14-16.

12 Der hinter diesem Buch stehende Prophet ist uns dem Namen nach unbekannt, denn Maleachi bedeutet einfach "mein Bote" und ist 3,1 entnommen.

13 Das Buch Daniel ist - entgegen seiner Einordnung in der Luther-Bibel - keine Prophetenschrift, sondern gehört zur apokalyptischen Literatur. Es enthält nur wenige wirkliche Zukunftsankündigungen; es stellt vielmehr überwiegend Vorgänge der eigenen Zeit, der Epoche um 165 v. Chr., in verhüllter Form dar und legt sie als Vorhersagen in den Mund Daniels, eines sagenhaften Sehers und Weisen aus der lange vergangenen Zeit des babylonischen Exils.

Die Familie Schaphan[1]

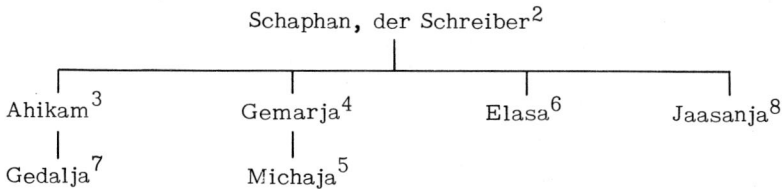

Schaphan, der Schreiber[2]

Ahikam[3]   Gemarja[4]   Elasa[6]   Jaasanja[8]

Gedalja[7]   Michaja[5]

---

1 Diese Familie, die offenbar der Jerusalemer Oberschicht angehörte, spielte eine wichtige Rolle in der ausgehenden judäischen Königszeit. Ihre Angehörigen waren Minister und sonstige hohe Staatsbeamte und übten beträchtlichen Einfluß auf die Außen-, Innen- und Religionspolitik der letzten judäischen Könige aus, wenngleich sie sich nicht immer gegen andere Gruppen durchzusetzen vermochten. So unterstützten sie offensichtlich die Kultreform des Königs Josia, schützten den Propheten Jeremia vor Verfolgungen und opponierten in Übereinstimmung mit der Botschaft Jeremias gegen die wiederholten Versuche der Könige, im Bündnis mit Ägypten die babylonische Oberherrschaft abzuschütteln.
Die hier gegebene Genealogie ist aus verschiedenen Textangaben kombiniert und demnach weder vollständig noch ganz sicher.

2 Unter Josia "Schreiber", d.h. einer der obersten Staatsbeamten ("königlicher Privatsekretär" ebenso wie "Staatssekretär"), der auch eine Aufsichtsfunktion über den Tempel ausübte und in religionspolitischen Fragen aktiv wurde (2 Kön 22/2 Chr 34).

3 Sohn Schaphans (die Altersreihenfolge der Söhne ist allerdings ungewiß); schon zu dessen Lebzeiten unter den hohen Beamten des Hofes (2 Kön 22,12.14), später Schützer des Propheten Jeremia (Jer 26,24).

4 Hoher Beamter z.Z. Jojakims. Gehört zu denjenigen Beamten, die über den Inhalt der Rolle mit der Botschaft Jeremias erschrecken und den König an der Vernichtung des Dokumentes hindern wollen (Jer 36,10-25).

5 Sohn Gemarjas; hört die Verlesung der Rolle Jeremias durch Baruch und benachrichtigt sogleich die Beamten; sein Status ist nicht genannt (Jer 36,11-13).

6 Unter Zedekia einer der beiden Häupter einer Gesandtschaft, die der König in offensichtlich wichtiger diplomatischer Mission zu Nebukadnezar nach Babylon sandte, nahm dabei eine Botschaft Jeremias an die Deportierten des Jahres 597 v. Chr. mit (Jer 29,3).

7 Nach Fall und Zerstörung Jerusalems (587) von den Babyloniern zum Statthalter in Juda eingesetzt, residierte in Mizpa, dort von Ismael, einem Angehörigen der Königsfamilie, ermordet (2 Kön 25,22-26; Jer 39,14; 40,5 - 41,18).

8 Erscheint, als einziger mit Namen genannt, unter den Ältesten Israels, die nach einer Vision Hesekiels im Tempelbezirk Götzenbildern Opfer darbringen (Ez 8,11). Dieser Passus widerspricht allem, was wir sonst über die Haltung der Schaphan-Familie wissen und fällt auch aus dem Zusammenhang. Vermutlich handelt es sich um einen Einschub, dessen Herkunft und Intention (Verunglimpfung eines Angehörigen dieser Familie?) jedoch ungewiß bleiben.

Anmerkungen

1 Die Übernahme des hohepriesterlichen Amtes war den Geschlechtern vorbehalten, die sich auf Zadok oder Eleasar zurückführen konnten (1 Chr 5,27-41). Die Erbfolge endete, als Antiochos IV. Hohepriester einsetzte (vgl. Taf. 17). Die zeitlichen Angaben sind in dieser Periode unsicher; der Geburtstermin der einzelnen Hohenpriester ist erschlossen. Die Namen einiger Hoherpriester sind nach dem Prinzip der Papponymie ergänzt, nach der jeweils der Sohn den Namen des Großvaters erhielt.

2 Jesua (Josua) war der erste Hohepriester nach dem Exil (Hag 1,1); als erster trug er offensichtlich den Titel "der größte Hohepriester" (von Luther mit "Hoherpriester" wiedergegeben). Er war der Enkel des letzten Hohenpriesters (des "Oberpriesters") vor dem Exil, Seraja, den Nebukadnezar II. getötet hatte. Jesua war in Babylon geboren (etwa 570), kam zusammen mit Serubabel nach Jerusalem und leitete später den Bau des Tempels. Er war Zadokide (vgl. Ez 44,15). Sein Vater Jozadak ist 1 Chr 5,41 und Neh 12,26 erwähnt.

3 Neh 12,10ff.

4 Diese Hohenpriester sind wahrscheinlich zu ergänzen.

5 Neh 3,1; 12,10.

6 Neh 13,28 (?).

7 Neh 12,22ff.

8 Wahrscheinlich ist er - entgegen der Angabe bei Josephus - vor Alexander d. Gr. anzusetzen.

9 1 Makk 12,7ff.

10 Sir 50,1-26. Umstritten ist, ob er mit Simon II. identisch ist.

11 Da er sich gegen die Steuerpolitik von Ptolemaios II. Philadelphos wandte, ist er als dessen Zeitgenosse anzusehen.

12 Zeitansetzung ist unsicher.

13 Er übte seine Tätigkeit als Hoherpriester während der Herrschaft von Ptolemaios III. Euergetes I. aus.

14 2 Makk 3,4 (?).

15 Vgl. Taf. 17. Vielleicht ist er auch mit Onias II. identisch.

	vermeintl. Geburtsjahr	Amtszeit
Jesua (Josua)[2], Sohn d. Jozadak	etwa 570	
Jojakim[3], Sohn d. Jesua	etwa 545	
Eljaschib I.[4], Bruder d. Jojakim	etwa 545	
Johanan I.[4]	etwa 520	
Eljaschib II.[5]	etwa 495	
Jojada I.[6], Sohn d. Eljaschib	etwa 470	
Johanan II.[7], Sohn d. Jojada	etwa 445	
Jaddua II.[8], Sohn d. Johanan	etwa 420	
Johanan III.[4]	etwa 395	
Jaddua III.[4]	etwa 370	
Onias I.[9], Sohn d. Jaddua	etwa 345	etwa 323–300
Simon I.[10] (d. Gerechte), Sohn d. Onias	etwa 320	um 250
Eleasar[11], Sohn d. Onias	etwa 315	
Manasse[12], Bruder d. Onias	etwa 340	
Onias II.[13], Sohn d. Simon	etwa 290	um 240
Simon II.[14], Sohn d. Onias II.	etwa 265	
Onias III.[15], Sohn d. Simon II.	etwa 240	– 175

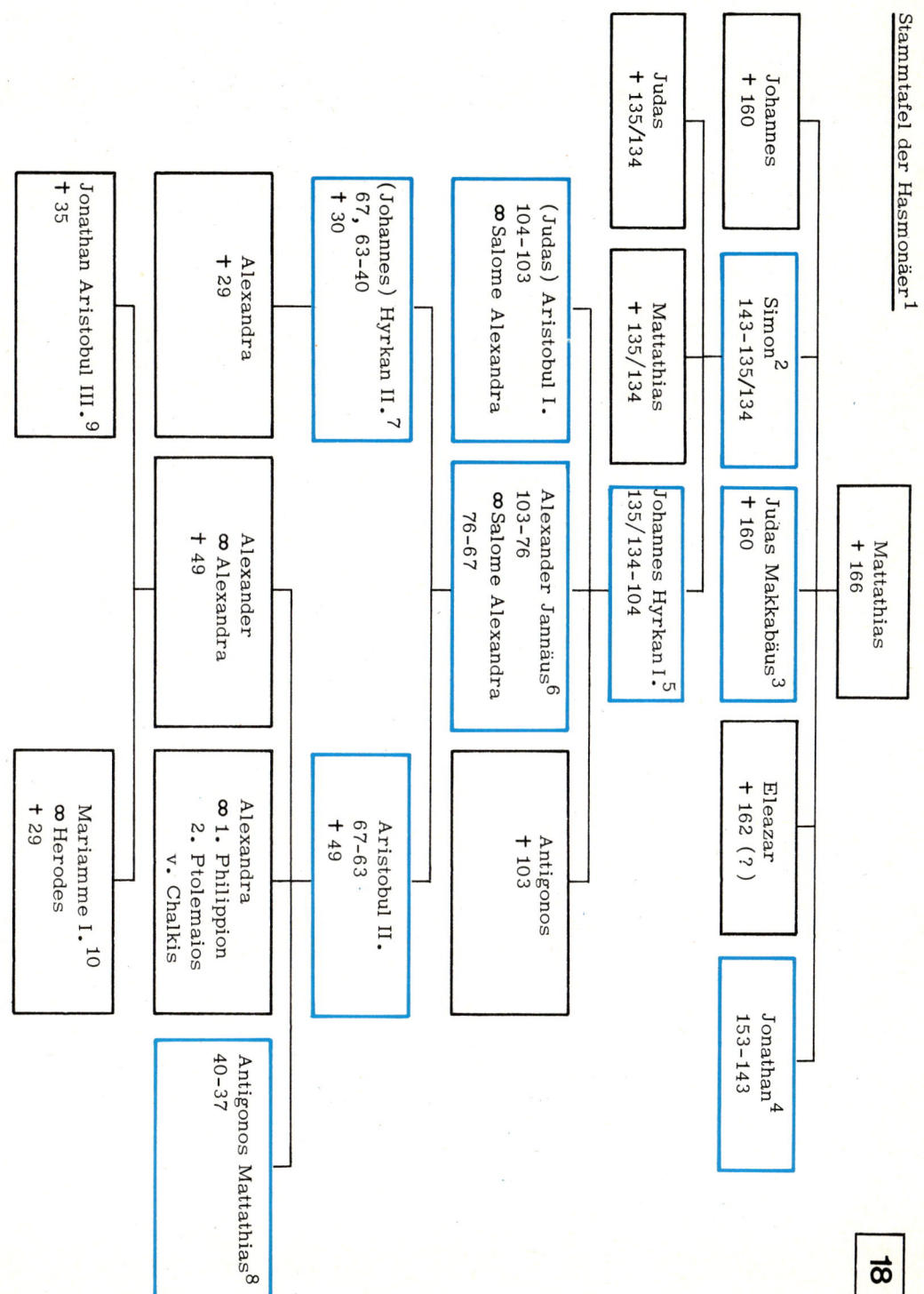

Mattathias
+ 166

Johannes
+ 160

Judas
+ 135/134

Simon[2]
143–135/134

Judas Makkabäus[3]
+ 160

Eleazar
+ 162 (?)

Jonathan[4]
153–143

Mattathias
+ 135/134

Johannes Hyrkan I.[5]
135/134–104

(Judas) Aristobul I.
104–103
∞ Salome Alexandra

Alexander Jannäus[6]
103–76
∞ Salome Alexandra

Antigonos
+ 103

(Johannes) Hyrkan II.[7]
67, 63–40
+ 30

Alexandra
+ 29

Aristobul II.
67–63
+ 49

Alexander
∞ Alexandra
+ 49

Alexandra
∞ 1. Philippion
2. Ptolemaios
v. Chalkis

Jonathan Aristobul III.[9]
+ 35

Mariamme I.[10]
∞ Herodes
+ 29

Antigonos Mattathias[8]
40–37

18

Anmerkungen

1   Die Anfänge der Geschichte der Hasmonäer (bzw. des Makkabäischen Freiheits-
    kampfes) sind in den beiden Makkabäerbüchern geschildert, wobei die Sicht des
    hasmonäischen Herrscherhauses für die Art der Darstellung bestimmend war.
    Der Freiheitskampf gegen die Seleukiden wie die weitere Geschichte des jüdischen
    Volkes ist in den·Büchern des jüdischen Historikers Flavius Josephus nachge-
    zeichnet. Diejenigen Personen, die die Herrschaft über Judäa innehatten, sind
    durch verstärkte Umrandung gekennzeichnet.

2   Nach Jonathans Ermordung stand er dem jüdischen Volk vor.

3   Mit seinem Namen ist der Freiheitskampf gegen die seleukidischen Herrscher
    sowie die Entsühnung des Tempels von Jerusalem (164) verbunden. Er fiel im
    weiteren Kampf gegen den seleukidischen Feldherrn Bakchides bei Elasa (160).

4   Nach dem Tod von Judas Makkabäus führte er den Freiheitskampf weiter; bei dem
    Versuch, aus den Rivalitätskämpfen Nutzen zu ziehen, wurde er ermordet.

5   Er wurde zusammen mit zwei seiner Söhne von seinem Schwiegersohn Ptolemaios
    ermordet.

6   Wahrscheinlich nahm er als erster dieses Geschlechts den Königstitel an. Nach
    seinem Tode herrschte seine Frau Salome Alexandra über das jüdische Reich;
    als Hoherpriester wurde ihr Sohn Hyrkan II. eingesetzt (vgl. Taf. 17).

7   Vgl. Taf. 17.

8   Von den Parthern als König über Judäa eingesetzt (40-37); er unterlag jedoch
    im Kampf mit Herodes, der von Rom zum König über Judäa ernannt worden war.

9   Er war auf Drängen seiner Schwester Mariamme (I.) zum Hohenpriester einge-
    setzt worden (vgl. Taf. 17); Herodes ließ ihn jedoch bald ermorden.

10 Vgl. Taf. 19.

Mauretania Tingitana (e)	41 n.Chr.
Mauretania Caesariensis (e)	41 n.Chr.
Britannia (c)	43 n.Chr.
Judaea[1]	6-41, 44 n.Chr.
Thracia (d)	46
Alpes Cottiae (e)	unter Nero
Germania	89 n.Chr.
später: superior (c) und inferior (c)	
Cilicia (d)	103 v.Chr/seit Hadrian erneut selbständig
Dacia (c)	107 n.Chr.
später: superior (d) und inferior (d)	
Arabia (d)	106 n.Chr
Armenia	114-117 n.Chr.
Mesopotamia	115-117 n.Chr.
Assyria	115-117 n.Chr.
Epirus (e)	unter Hadrian oder Antoninus Pius
Alpes Poeninae (e)	(unter Augustus) im 2. Jahrhundert

Rang des Provinzstatthalters:

a = Proconsul im konsularischen Rang
b = Proconsul im prätorischen Rang
c = Legatus Augusti pro praetore im konsularischen Rang
d = Legatus Augusti pro praetore im prätorischen Rang
e = procurator Augusti ⎤
    praeses   ⎬ Statthalter im ritterlichen Rang
    praefectus ⎦

1   Nach Absetzung von Herodes Archelaus (6 n.Chr.) bekam Judäa
    einen Statthalter aus dem Ritterstand; für die militärischen
    Belange war der Legat von Syrien zuständig. Von 41-44 n.Chr.
    wurde das Land noch einmal Teil eines Königreiches. Nach dem
    Tod des Herrschers (Agrippa I.) wurde es endgültig kaiser-
    liche Provinz; zunächst unter einem Beamten aus dem Ritter-
    stand; später sind auch Statthalter aus dem Senatorenstand
    bezeugt. Wahrscheinlich nach der Niederschlagung des
    Barkochba-Aufstandes büßte die Provinz ihren Namen ein und
    wurde unter Hinzunahme hellenistischer Städte als Provincia
    Syria Palaestina geführt.

<u>Die Provinzen im Römischen Reich</u> (um 150 n.Chr.)

Senatorische Provinzen

	Jahr der Einrichtung
Sicilia (b)	241 v.Chr.
(Hispania) Baetica (b)	197 v.Chr.
Macedonia (b)	148 v.Chr.
Africa proconsularis (a)	146 v.Chr.
Asia (a)	129 v.Chr.
Gallia Narbonensis (b)	121 v. Chr.
Achaia (b)	(146) 27 v.Chr.
Cyprus (b)	(58) 27 v. Chr.
Creta et Cyrene (b)	(74 bzw. 67) 27 v.Chr.
Lycia et Pamphylia (b)	(103) 25 v.Chr.

Kaiserliche Provinzen

Sardinia et Corsica (e)	227 v.Chr.
(Hispania) Tarraconensis (c)	197 v.Chr.
Illyricum/Dalmatia (c)	167 v.Chr.
Pontus et Bithynia (d)	63 v.Chr.
Syria (c)	63 v.Chr.
Aegyptus (e)	30 v.Chr.
Galatia (d)	25 v.Chr.
Alpes Maritimae (e)	14 v.Chr.
Noricum (e)	nach 15 v.Chr.
Raetia (e)	nach 15 n. Chr.
Pannonia (c)	(9 v.Chr.) 10 n.Chr.
später: superior (c) und inferior (d)	
(Hispania) Lusitania (d)	unter Augustus oder Tiberius
Gallia Lugdunensis (d)	(unter Caesar) 17 n.Chr.
Gallia Aquitania (d)	(unter Caesar) 17 n.Chr.
Gallia Belgica (d)	(unter Caesar) 17 n.Chr.
Cappadocia (c)	17 n.Chr.
Moesia (c)	(unter Augustus ?) 15 n.Chr.
später: superior (c) und inferior (c)	